Instituto Internacional de
Literatura Iberoamericana

Índice

de la

Revista Iberoamericana

Números

41 - 161

Los motivos de la cubierta han sido tomados de los libros:

Carlos Radicati di Primeglio (de la Sociedad Peruana de Historia), *El sistema contable de los Incas: Yupana y Quipu*. Primera Edición. Librería Studium S.A., Plaza Francia 1164. Apartado 2139 - Lima 1 - PERÚ.

Quipu y Yupana. Colección de escritos. Editado por el Consejo Nacional de Ciencia y Tecnología. Ministerio de la Presidencia (CONCYTEC) s/f.

Quipus pertenecientes a la colección de Carlos Radicati.

© Consejo Nacional de Ciencia y Tecnología. Paseo de la República 3505 - San Isidro - Lima-PERÚ.

ÍNDICE POR AUTORES .... 9 - 138

ÍNDICE TEMÁTICO 141-202

© INSTITUTO INTERNACIONAL DE LITERATURA IBEROAMERICANA 1994
Universidad de Pittsburgh
1312 Cathedral of Learning
Pittsburgh, PA 15260

Colaboraron en la preparación de este índice:

Diseño de tapa: Lillian Seddon Lozano
Composición: Erika Braga
Colaboración: Margarita Leño Gordon y Bladimir Ruiz

PRÓLOGO

La historia del *Índice de la Revista Iberoamericana*

Este *Índice de la Revista Iberoamericana* representa la realización de un proyecto iniciado por el Director Ejecutivo del IILI, Alfredo Roggiano, unos años antes de su muerte en octubre de 1991. Hubo índices anuales de aparición esporádica a lo largo de los treinta y cinco años que dirigió Roggiano la *Revista Iberoamericana*, pero no llegó a elaborar un índice completo de los 113 números publicados bajo su dirección (hubo varias tentativas a través de los años para preparar un índice más extenso pero no se llevaron a cabo por una u otra razón).

El nuevo *Índice* incluye los estudios, notas, entrevistas, bibliografías y reseñas de los 113 números dirigidos por Alfredo Roggiano, más cinco de los nueve números publicados desde su desaparición. Consiste en más de 2,500 entradas que forman efectivamente dos índices de referencias cruzadas; uno es un índice de los autores por orden alfabético y el otro consiste en un índice de los temas referidos.

El sistema de computación para la producción electrónica del *Índice* lo creó Ricardo Kaliman, de la Universidad de Tucumán, quien se doctoró en la Universidad de Pittsburgh bajo la dirección del Profesor Roggiano. Kaliman hizo también la mayor parte del trabajo heroico de revisar los números 41-154 de la *Revista Iberoamericana* para catalogar los artículos temáticos. Los números 155-161 los completó Bladimir Ruiz, de Venezuela, quien actualmente estudia el doctorado en el Departamento de Lenguas y Literaturas Hispánicas en Pittsburgh.

La computación de los artículos no realizada por Kaliman fue obra de Erika Braga, Secretaria Administrativa del IILI, quien también hizo una revisión total del formato del *Índice* con la ayuda de Margarita Leño. Las dos compartieron la lectura minuciosa de las pruebas. Lillian Seddon de Lozano, Secretaria de Canje y Correspondencia, seleccionó las fotografías de los *quipus* de la tapa y contratapa, las que representan un sistema contable algo anterior al creado electrónicamente por Ricardo Kaliman. Para completar el *Índice*, quedan por hacer los números 1-40 y los números desde 162 en adelante, y las más de 20 *Memorias* de los *Congresos*.

Claves del uso del *Índice*

El *Índice* se compone de dos secciones: (a) un índice de artículos por orden alfabético de autores, y (b) un índice temático. El índice por autores (a) contiene todos los datos de los artículos necesarios para ubicarlos así como para citarlos. Incluye además la categorización de cada artículo como "Estudio", "Nota", "Reseña", "Bibliografía", etc. asignada por los editores de la *Revista Iberoaméricana*.

El *Índice* está ordenada alfabéticamente según el apellido del autor y dentro de cada referencia autorial según el orden cronológico de publicación. Así ordenados, los artículos se identifican en primer lugar por su orden alfabético y en segundo lugar por orden numérico. Por ejemplo, "C179" identifica al artículo número 179 de la sección C, el primer artículo bajo el nombre "Cornejo Polar, Antonio".

Por lo tanto, los datos de cada artículo aparecen una sola vez, siempre en el índice (a). Para autores cuyos nombres presentan varias opciones, se ha empleado el nombre final para la entrada (Cruz, Sor Juana Inés de la; Vega, Inca Garcilaso de la; Parra, Teresa de la). Los textos tienen una entrada separada únicamente si son anónimos (p.ej. *Jicoténcal*).

Hay tres tipos de entrada principale en el índice temático (b): 1) por autores estudiados; 2) por países; y 3) por géneros, períodos y otros tópicos. De lo contrario, se los hallará bajo el nombre de su autor. La clasificación dentro de cada autor ha sido sensible también a aquellos enfoques globales sobre un género u otra actividad practicada por ese autor. En las entradas por autores, las referencias que no figuran bajo ninguna de estas discriminaciones aluden a trabajos que refieren a otros aspectos de los autores, o a varios al mismo tiempo (p. ej. entrevistas).

Dentro de las entradas por países hay una primera subclasificación por períodos, que respeta los criterios de periodización adoptados por los autores de los artículos, pero sin desmedro de la funcionalidad del Índice. Así hay discriminaciones cronológicas (*Siglo XIX, Siglo XX, Contemporánea*,[1] estéticas (*romanticismo, modernismo, vanguardismo*) e históricas (*colonial, Revolución Mexicana*). Dentro de cada una de estas divisiones y para la entrada primaria, se encontrarán las discriminaciones por géneros u otros tópicos pertinentes (—Mestizaje, —Autoras), sin bastardillas y señaladas por un guión.

Los artículos cuyo alcance histórico no encuadra en ninguna de esas especificidades aparecen directamente bajo el nombre del país (o del período). En una palabra, la clasificación refleja el nivel de generalidad adoptado en cada artículo. Para los numerosos casos en que el enfoque del autor apunta a la literatura continental, se ha seleccionado el ítem *Latinoamérica, Hispanoamérica* o *Iberoamérica*, así como especificaciones regionales: *Centroamérica, Caribe*; o culturales: *Afroamérica*.

Por ejemplo, si bien el *modernismo* figura como tema bajo distintos países, figura también con respecto a su alcance continental bajo *Latinoamérica*. En efecto, se recomienda al usuario la consulta preliminar de esta entrada, *Latinoamérica*, o las variantes que se han empleado en distintas épocas: *Hispanoamérica o Iberoamérica*, si se trata de géneros, estéticas (vanguardismo, posmodernismo) o tópicos (dictadura, cultura popular, filosofía, etc.). Finalmente, algunos de los géneros y otros tópicos tienen entradas independientes para incluir aquellos artículos con un correspondiente grado de generalidad (*testimonio, teoría crítica, feminismo, vanguardismo*).

EJEMPLOS DEL EMPLEO DE *ÍNDICE*

Si el usuario busca "Crítica literaria" encontrará entradas bajo *Hispanoamérica, Iberoamérica, Latinoamérica*, países individuales como *Cuba, Chile, España*, autores individuales como Gutiérrez Nájera, etc. Si el usuario busca "Revistas", no hallará una entrada principal, pero sí entradas bajo *Hispanoamérica*, y distintos países como *Cuba*, en donde figura tres veces: bajo los períodos *Siglo XIX, Siglo XX* y *Contemporáneo*.

No queda exento este *Índice* de ciertos criterios quizás algo arbitrarios. Si, por ejemplo, el usuario busca "escritoras" debe consultar "autoras". Distintas entradas se encontrarán bajo una entrada principal, *Autoras*, además de bajo *Hispanoamérica, Latinoamérica* y varios países. Además, en su forma actual el *Índice* no señala el hecho de que el número doble, Nos. 132-133, sea un "Número especial dedicado a las escritoras de América Hispánica". Es de esperar que en futuras ediciones se pueda corregir y enriquecer el *Índice* según las exigencias de los investigadores que lo empleen. Con este fin invitamos a todos los usuarios que nos sugieran mejoramientos o correcciones de esta primera edición.

En efecto, el *Índice* hace de la *Revista Iberoamericana* una enciclopedia extensa de la literatura latinoamericana. Su forma electrónica facilitará la tarea continua de ponerlo al día, de corregir y hasta de concebir de otro modo, de ser necesario, ediciones futuras del *Índice*.

Por último, quisiera agradecer profundamente a todos los que colaboraron en la realización de este proyecto, el que espero sea de gran utilidad para los estudiosos de la literatura y cultura iberoamericanas.

KEITH MCDUFFIE
Director Ejecutivo, IILI

---

[1] Por *Contemporánea* se ha comprendido el período posterior a 1940. *Siglo XX*, en cambio, incluye los artículos que se dedican a las décadas anteriores y no caen bajo ningún rubro estético como *vanguardismo* o *posmodernismo*. También se incluye bajo *Siglo XX* los artículos que generalizan en torno a un período amplio de este siglo, aunque incluya el abarcado por *Contemporánea*.

Índice

alfabético
por autores

A

ABELLA, Rosa

[A1] "Bibliografía de la novela publicada en Cuba, y en el extranjero por cubanos, desde 1959 hasta 1965" (Bibliografía)
RI 62 (julio-diciembre 1966): 307-311.

[A2] "Bibliografía de la novela reimpresa en Cuba desde 1959 hasta 1965" (Bibliografía)
RI 62 (julio-diciembre 1966): 313-318.

ACEVEDO, Ramón Luis

[A3] "El dictador y la dictadura en *Las fieras del trópico*, de Rafael Arévalo Martínez" (Estudio)
RI 146-147 (enero-junio 1989): 475-491.

[A4] "Lucia Guerra Cunningham: *Texto e ideología en la narrativa chilena*" (Reseña)
RI 154 (enero-marzo 1991): 373-378.

ACEVEDO, Rubén

[A5] "Napoleón Baccino Ponce de León: *Maluco. La novela de los descubridores*" (Reseña)
RI 160-161 (julio-diciembre 1992): 1187-1190.

ACUÑA M., María Eugenia

[A6] "Carlos Gagini y el romanticismo en Costa Rica" (Estudio)
RI 138-139 (enero-junio 1987): 121-137.

ACHÚGAR, Hugo

[A7] "Marilyn R. Frankenthaler: *J. C. Onetti: la salvación por la forma*" (Reseña)
RI 108-109 (julio-diciembre 1979): 671-673.

[A8] "Modernización, europeización, cuestionamiento. El lirismo social en Uruguay entre 1895 y 1911" (Estudio)
RI 114-115 (enero-junio 1981): 7-32.

[A9] "Eduardo Galeano: *Días y noches de amor y de guerra*" *(Reseña)*
RI 130-131 (enero-junio 1985): 357-358.

[A10] "'El fardo' de Rubén Darío: Receptor armonioso y receptor heterogéneo" (Estudio)
RI 137 (octubre-diciembre 1986): 857-874.

[A11] "Hugo J. Verani: *Las vanguardias literarias en Hispanoamérica (Manifiestos, proclamas y otros escritos)*" (Reseña)
RI 144-145 (julio-diciembre 1988): 1027-1029.

ADORNO, Rolena

[A12] "Bartolomé de Las Casas y Domingo de Santo Tomás en la obra de Felipe Waman Puma" (Nota)
RI 120-121 (julio-diciembre 1982): 673-679.

[A13] "La soledad común de Waman Puma de Ayala y José María Arguedas" (Estudio)
RI 122 (enero-marzo 1983): 143-148.

AGOSÍN, Marjorie

[A14] "Lucía Fox: *Ayer es nunca jamás (colección de dramas)*" (Reseña)
RI 120-121 (julio-diciembre 1982): 743-744.

[A15] "Agujas que hablan: Las arpilleristas chilenas" (Estudio)
RI 132-133 (julio-diciembre 1985): 523-529.

[A16] "Para un retrato de Yolanda Bedregal" (Nota)
RI 134 (enero-marzo 1986): 267-270.

[A17] "Ramón Vinyes: *Entre sambas y bananas*" (Reseña)
RI 140 (julio-septiembre 1987): 689-690.

AGUADO-ANDREUT, S.

[A18] "Análisis de un soneto de Darío: Hombre y poeta" (Nota)
RI 49 (enero-junio 1960): 135-139.

AGÜERA, Victorio G.

[A19] "El discurso de lo imaginario en *Tiene los cabellos rojizos y se llama Sabina*, de Julieta Campos" (Estudio)
RI 132-133 (julio-diciembre 1985): 531-537.

AGUILAR-MELANTZON, Ricardo

[A20] "Efraín Huerta en la poesía mexicana" (Estudio)
RI 151 (abril-junio 1990): 419-430.

AGUILERA-MALTA, Demetrio

[A21] "Agustín Yáñez: *Las tierras flacas*" (Reseña)
RI 55 (enero-junio 1963): 191-193.

AGUILÚ DE MURPHY, Raquel

[A22] "Soledad e incomunicabilidad en la obra teatral de Iván García" (Estudio)
RI 142 (enero-marzo 1988): 259-269.

[A23] "Proceso transformacional del personaje del amo en *Concierto barroco*" (Estudio)
RI 154 (enero-marzo 1991): 161-170.

AGUINAGA, Raúl de

[A24] "Mary A. Calleiro: *Teatro*" (Reseña)
RI 152-153 (julio-diciembre 1990): 1373-1374.

AGUIRRE, Elvira

[A25] "Horizonte mágico-mítico en la obra de José María Arguedas" (Nota)
RI 135-136 (abril-septiembre 1986): 537-546.

AGUIRRE, J. M.

[A26] "Pies/Palomas: Casal, Vielé-Griffin, Valéry, Pemán" (Nota)
RI 91 (abril-junio 1975): 257-261.

AGUIRRE, Raúl Gustavo

[A27] "'Demencia el camino más alto y más desierto ...' Jacobo Fijman: El gran olvidado" (Nota)
RI 75 (abril-junio 1971): 429-436.

AINSA, Fernando

[A28] "Las 'tensiones' de Carlos Martínez Moreno" (Estudio)
RI 76-77 (julio-diciembre 1971): 677-688.

[A29] "Las dos orillas de Julio Cortázar" (Estudio)
RI 84-85 (julio-diciembre 1973): 425-456.

[A30] "Los símbolos 'naturalizados' de *Los tres gauchos orientales*" (Estudio)
RI 87-88 (abril-septiembre 1974): 409-432.

[A31] "Imagen y la posibilidad de la utopía en *Paradiso*, de Lezama Lima" (Estudio)
RI 123-124 (abril-septiembre 1983): 263-277.

[A32] "Catarsis liberadora y tradición resumida: Las nuevas fronteras de la realidad en la narrativa uruguaya contemporánea" (Estudio)
RI 160-161 (julio-diciembre 1992): 807-825.

AIZENBERG, Edna

[A33] "Cansinos-Assens y Borges: En busca del vínculo judaico" (Nota)
RI 112-113 (julio-diciembre 1980): 533-544.

[A34] "El *Bildungsroman* fracasado en Latinoamérica: El caso de *Ifigenia*, de Teresa de la Parra" (Estudio)
RI 132-133 (julio-diciembre 1985): 539-546.

ALAVA, Alex de

[A35] "Revisión de revistas" (Estudio)
RI 160-161 (julio-diciembre 1992): 877-889.

ALAZRAKI, Jaime

[A36] "Las crónicas de don Bustos Domecq" (Nota)
RI 70 (enero-marzo 1970): 87-93.

[A37] "Poética de la penumbra en la poesía más reciente de P. Neruda" (Estudio)
RI 82-83 (enero-junio 1973): 263-291.

[A38] "Homo Sapiens vs. Homo Ludens en tres cuentos de Cortázar" (Estudio)
RI 84-85 (julio-diciembre 1973): 611-624.

[A39] "El género literario del *Martín Fierro*" (Estudio)
RI 87-88 (abril-septiembre 1974): 433-458.

[A40] "Borges o el difícil oficio de la intimidad: Reflexiones sobre su poesía más reciente" (Estudio)
RI 100-101 (julio-diciembre 1977): 449-463.

[A41] "Cortázar en la década de 1940: 42 textos desconocidos" (Nota)
RI 110-111 (enero-junio 1980): 259-267.

[A42] "*62, modelo para armar:* Novela caleidoscopio" (Estudio)
RI 116-117 (julio-diciembre 1981): 155-163.

[A43] "Tres formas del ensayo contemporáneo: Borges, Paz, Cortázar" (Estudio)
RI 118-119 (enero-junio 1982): 9-20.

[A44] "Génesis de un estilo: *Historia universal de la infamia*" (Estudio)
RI 123-124 (abril-septiembre 1983): 247-261.

[A45] "Los últimos cuentos de Julio Cortázar" (Estudio)
RI 130-131 (enero-junio 1985): 21-46.

ALBALA, Eliana

[A46] "Juan José Arreola: Fragmentos para el rompecabezas de un mundo que se perdió como las piedras" (Entrevista)
RI 148-149 (julio-diciembre 1989): 675-683.

ALBÁN, Laureano

[A47] "Eunice Odio: Una mujer contra las máscaras (*Los elementos terrestres* ante 'Máscaras mexicanas')" (Estudio)
RI 138-139 (enero-junio 1987): 325-330.

ALBISTUR, Jorge

[A48] "Emilio Oribe, o la hoguera hecha estatua" (Nota)
RI 160-161 (julio-diciembre 1992): 1001-1013.

ALEGRÍA, Fernando

[A49] "Juan Antonio Ayala: *Lydia Nogales, un suceso en la historia literaria de El Salvador*" (Reseña)
RI 44 (julio-diciembre 1957): 365-366.

[A50] "Nicanor Parra: *La cueca larga*" (Reseña)
RI 47 (enero-junio 1959): 183-186.

[A51] "Introducción a los cuentos de Baldomero Lillo" (Estudio)
RI 48 (julio-diciembre 1959): 247-263.

[A52] "Alberto Zum Felde: "*Indice crítico de la literatura hispano-americana. La narrativa*" (Reseña)
RI 50 (julio-diciembre 1960): 337-340.

[A53] "Homero Castillo y Raúl Silva Castro: *Historia bibliográfica de la novela chilena*" (Reseña)
RI 51 (enero-junio 1961): 181-182.

[A54] "Seymour Menton: *Historia crítica de la novela guatemalteca*" (Reseña)
RI 52 (julio-diciembre 1961): 367-368.

[A55] "*Rayuela:* O el orden del caos" (Estudio)
RI 69 (septiembre-diciembre 1969): 459-472.

[A56] "Rómulo Gallegos" (Nota)
RI 70 (enero-marzo 1970): 61-63.

[A57] "*La barcarola*: Barca de la vida" (Estudio)
RI 82-83 (enero-junio 1973): 73-98.

[A58] "*Tres inmensas novelas*: La parodia como antiestructura" (Nota)
RI 106-107 (enero-junio 1979): 301-307.

ALLENDE, Isabel

[A59] "La magia de las palabras" (Ensayo)
RI 132-133 (julio-diciembre 1985): 447-452.

ALVAREZ, Nicolás Emilio

[A60] "Borges y Tzinacán" (Estudio)
RI 127 (abril-junio 1984): 459-473.

[A61] "Esther Mocega-González: *Hispanoamérica: El círculo perpetuo*" (Reseña)
RI 152-153 (julio-diciembre 1990): 1374-1376.

[A62] "Lectura y re-escritura; la mitopoiesis de 'La casa de Asterión de Borges'" (Estudio)
RI 155-156 (abril-septiembre 1991): 507-518.

ALVAREZ-BORLAND, Isabel

[A63] "Identidad cíclica de *Tres tristes tigres*" (Estudio)
RI 154 (enero-marzo 1991): 215-233.

ALVES PEREIRA, Teresinha

[A64] "Clarice Lispector: *Agua Viva*" (Reseña)
RI 90 (enero-marzo 1975): 166-167.

[A65] "Benito Barreto: *Mutirão para Matar*" (Reseña)
RI 91 (abril-junio 1975): 369-370.

AMAR SÁNCHEZ, Ana María

[A66] "Juan José Hernández: La constitución de un nuevo referente" (Estudio)
RI 125 (octubre-diciembre 1983): 919-927.

[A67] "La propuesta de una escritura (En homenaje a Rodolfo Walsh)" (Estudio)
RI 135-136 (abril-septiembre 1986): 431-445.

[A68] "La ficción del testimonio" (Estudio)
RI 151 (abril-junio 1990): 447-461.

AMARAL, Pedro V.

[A69] "Borges, Babel y las matemáticas" (Nota)
RI 75 (abril-junio 1971): 421-428.

AMORÓS, Amparo

[A70] "Una metafísica del mito originario: La poesía de Laureano Albán" (Nota)
RI 138-139 (enero-junio 1987): 353-361.

AMOROSO LIMA, Alceu

[A71] "O modernismo brasileiro" (Estudio)
RI 46 (julio-diciembre 1958): 353-373.

ANADÓN, José

[A72] "Tres notas sobre Pineda y Bascuñán" (Nota)
RI 86 (enero-marzo 1974): 111-118.

[A73] "Entrevista a Carlos Fuentes (1980)" (Entrevista)
RI 123-124 (abril-septiembre 1983): 621-630.

ANDERSON, Robert Roland

[A74] "*La nueva cristiada* de Juan Manuel de Berriozabal (Refundición romántica de la epopeya de Fray Diego de Hojeda)" (Estudio)
RI 96-97 (julio-diciembre 1976): 329-348.

ANDERSON IMBERT, Enrique

[A75] "Omar del Carlo: *Proserpina y el extranjero. El jardín de ceniza*" (Reseña)
RI 44 (julio-diciembre 1957): 367-368.

[A76] "Julio Cortázar: *Final del juego*" (Reseña)
RI 45 (enero-junio 1958): 173-175.

[A77] "Ezequiel Martínez Estrada: *Tres dramas*" (Reseña)
RI 48 (julio-diciembre 1959): 367-368.

[A78] "Un cuento de Borges: 'La casa de Asterión'" (Estudio)
RI 49 (enero-junio 1960): 33-43.

[A79] "Análisis de *El Señor Presidente*" (Estudio)
RI 67 (enero-abril 1969): 53-57.

[A80] "Filosofía del escenario" (Estudio)
RI 78 (enero-marzo 1972): 47-55.

[A81] "La filosofía del tiempo en Andrés Bello" (Nota)
RI 104-105 (julio-diciembre 1978): 535-543.

[A82] "Alejandro Korn y el positivismo" (Nota)
RI 118-119 (enero-junio 1982): 369-376.

ANDINO, Alberto

[A83] "José Batres Montúfar, romántico travieso, y sus *Tradiciones de Guatemala*" (Nota)
RI 66 (julio-diciembre 1968): 339-349.

ANDRADE, Ana Luiza

[A84] "Crítica e criação: Síntese do Trajeto Ficcional de Osman Lins" (Estudio)
RI 126 (enero-marzo 1984): 113-127.

ANDREA, Pedro F. de

[A85] "Miguel Ángel Asturias. Anticipo bibliográfico" (Bibliografía)
RI 67 (enero-abril 1969): 133-269.

ANDREU, Alicia G.

[A86] "El folletín: De Galdós a Manuel Puig" (Nota)
RI 123-124 (abril-septiembre 1983): 541-546.

ANDREU, Jean L.

[A87] "*Hijo de hombre* de A. Roa Bastos: Fragmentación y unidad" (Estudio)
RI 96-97 (julio-diciembre 1976): 473-483.

[A88] "El hombre y el agua en la obra de Augusto Roa Bastos" (Estudio)
RI 110-111 (enero-junio 1980): 97-121.

ANGEL, Albalucía

[A89] "Una autobiografía a vuelo de pájara" (Ensayo)
RI 132-133 (julio-diciembre 1985): 453-456.

ANTELO, Raúl

[A90] "Veredas de enfrente: martinfierrismo, ultraísmo, modernismo" (Estudio)
RI 160-161 (julio-diciembre 1992): 853-876.

ANTEZANA, Luis H.

[A91] "Rasgos discursivos de la narrativa minera boliviana" (Estudio)
RI 134 (enero-marzo 1986): 111-126.

ANTON-PACHECO, José A.

[A92] "La religiosidad de Jorge Luis Borges a propósito de Swedenborg" (Nota)
RI 151 (abril-junio 1990): 513-517.

APARICIO, Frances

[A93] "Música y poesía en *La barcarola* de Pablo Neruda" (Estudio)
RI 141 (octubre-diciembre 1987): 767-786.

APRATTO, Roberto

[A94] "Casaravilla: La práctica de los sentidos" (Nota)
RI 160-161 (julio-diciembre 1992): 947-952.

ARA, Guillermo

[A95] "Eduardo Gutiérrez: *Croquis y siluetas militares. Escenas contemporáneas de nuestros campamentos*" (Reseña)
RI 45 (enero-junio 1958): 175-178.

[A96] "Pastor S. Obligado: *Tradiciones argentinas*. Selección y estudio preliminar de Antonio Pagés Larraya" (Reseña)
RI 45 (enero-junio 1958): 179-182.

[A97] "Las ediciones del *Facundo*" (Estudio)
RI 46 (julio-diciembre 1958): 375-394.

[A98] "Robert G. Mead: *Temas hispanoamericanos*" (Reseña)
RI 49 (enero-junio 1960): 163-165.

[A99] "S. Samuel Trifilo: *La Argentina vista por viajeros ingleses: 1810-1860*" (Reseña)
RI 49 (enero-junio 1960): 165-168.

[A100] "Gutiérrez Girardot: *Jorge Luis Borges*" (Reseña)
RI 51 (enero-junio 1961): 182-184.

[A101] "Sarmiento y Hernández: Divergencia y conciliación" (Estudio)
RI 87-88 (abril-septiembre 1974): 245-257.

ARAÚJO, Helena

[A102] "Algunas post-nadaístas" (Estudio)
RI 128-129 (julio-diciembre 1984): 821-837.

[A103] "Yo escribo, yo me escribo..." (Ensayo)
RI 132-133 (julio-diciembre 1985): 457-460.

[A104] "Armando Romero: *Las palabras están en situación*" (Reseña)
RI 135-136 (abril-septiembre 1986): 743-745.

ARAÚJO, Nara

[A105] "Constantes ideotemáticas en la Avellaneda" (Nota)
RI 152-153 (julio-diciembre 1990): 715-722.

ARAYA S., Seidy

[A106] "La enajenación social de la mujer en *A ras del suelo*, de Luisa González" (Estudio)
RI 138-139 (enero-junio 1987): 419-434.

ARCINIEGAS, Germán

[A107] "Los cuadros de costumbres y las malas costumbres" (Estudio)
RI 41-42 (enero-diciembre 1956): 245-259.

[A108] "Sarmiento" (Estudio)
RI 46 (julio-diciembre 1958): 395-415.

ARCOS, Jorge Luis

[A109] "Obra y pensamiento poético en Fina García Marruz" (Nota)
RI 152-153 (julio-diciembre 1990): 1195-1202.

ARELLANO, Jesús

[A110] "Antonio Magaña Esquivel y Ruth S. Lamb: *Breve historia del teatro mexicano*" (Reseña)
RI 47 (enero-junio 1959): 186-188.

ARELLANO, Jorge Eduardo

[A111] "Nota preliminar" (Nota)
RI 157 (octubre-diciembre 1991): 839-840.

[A112] "Desarrollo del cuento en Nicaragua" (Nota)
RI 157 (octubre-diciembre 1991): 999-1017.

ARENAS, Reinaldo

[A113] "Meza, el precursor" (Nota)
RI 152-153 (julio-diciembre 1990): 777-779.

ARIAS, Arturo

[A114] "Miguel Ángel Asturias: *París 1924-1933: Periodismo y creación literaria*" (Reseña)
RI 159 (abril-junio 1992): 693-696.

ARMAS, Emilio de

[A115] "Julián del Casal y el modernismo" (Nota)
RI 152-153 (julio-diciembre 1990): 781-791.

ARNADE, Charles W.

[A116] "Sverker Arnoldsson: *La conquista española en América según el juicio de la posteridad. Vestigios de la leyenda negra*" (Reseña)
RI 51 (enero-junio 1961): 184-185.

ARNONI PRADO, Antônio

[A117] "Maria Luisa Nunes: *Lima Barreto. Bibliography and Translations*" (Reseña)
RI 126 (enero-marzo 1984): 307-309.

ARONNE-AMESTOY, Lida

[A118] "El mito contra el mito: Narración e ideografía en *El otoño del patriarca*" (Nota)
RI 135-136 (abril-septiembre 1986): 521-530.

[A119] "Fernando Burgos: *La novela moderna hispanoamericana*" (Reseña)
RI 140 (julio-septiembre 1987): 690-691.

[A120] "Terry J. Peavler: *Julio Cortázar*" (Reseña)
RI 155-156 (abril-septiembre 1991): 739-741.

ARRIETA, Rafael Alberto

[A121] "Pedro Henríquez Ureña, profesor en la Argentina" (Nota)
RI 41-42 (enero-diciembre 1956): 85-98.

ARROM, José Juan

[A122] "Sobre la primera generación criolla en Hispanoamérica (1564-1594)" (Nota)
RI 52 (julio-diciembre 1961): 313-321.

[A123] "Lo tradicional cubano en el mundo novelístico de José Lezama Lima" (Nota)
RI 92-93 (julio-diciembre 1975): 469-477.

[A124] "Precursores coloniales de la narrativa hispanoamericana: José de Acosta o la ficción como biografía" (Estudio)
RI 104-105 (julio-diciembre 1978): 369-383.

ARRUFAT, Anton

[A125] "El nacimiento de la novela en Cuba" (Nota)
RI 152-153 (julio-diciembre 1990): 747-757.

ARTALEJO, Lucrecia

[A126] "Creación y subversión: La narrativa histórica de Antonio Benítez Rojo" (Estudio)
RI 152-153 (julio-diciembre 1990): 1027-1038.

ASENJO, F. G.

[A127] "Francisco Romero: *Theory of Man*" (Reseña)
RI 60 (julio-diciembre 1965): 303-304.

ASHHURST, Anna Wayne

[A128] Leopoldo Lugones, hijo: *Las primeras letras de Leopoldo Lugones. Reproducción facsimilar de sus primeros trabajos literarios escritos entre sus dieciocho y veinticinco años. Edición conmemoratoria. XXV aniversario de su muerte*" (Reseña)
RI 58 (julio-diciembre 1964): 325-327.

[A129] "Manuel García Blanco: *América y Unamuno*" (Reseña)
RI 59 (enero-junio 1965): 123-126.

[A130] "Nilita Vientós Gastón: *Indice cultural. Tomo II. 1957-1958*" (Reseña)
RI 60 (julio-diciembre 1965): 304-305.

[A131] "Hanne Gabriele Reck: *Horacio Quiroga, biografía y crítica*" (Reseña)
RI 66 (julio-diciembre 1968): 365-366.

[A132] "Betty Tyree Osiek: *José Asunción Silva; estudio estilístico de su poesía*" (Reseña)
RI 68 (mayo-agosto 1969): 401-403.

[A133] "David William Foster: *The Myth of Paraguay in the Fiction of Augusto Roa Bastos*" (Reseña)
RI 73 (octubre-diciembre 1970): 657-658.

[A134] "Julio César Chaves: *Unamuno y América*" (Nota)
RI 73 (octubre-diciembre 1970): 658-659.

[A135] "Bárbara Bockus Aponte: *Alfonso Reyes and Spain*" (Reseña)
RI 89 (octubre-diciembre 1974): 707-708.

ASTURIAS, Miguel Ángel

[A136] "Un mano a mano de Nobel a Nobel. Pablo Neruda visto por Miguel Ángel Asturias" (Testimonio)
RI 82-83 (enero-junio 1973): 15-20.

AUBRUN, Charles V.

[A137] "Poesía épica y novela: El episodio de Glaura en *La Araucana* de Ercilla" (Estudio)
RI 41-42 (enero-diciembre 1956): 261-273.

AUGIER, Ángel

[A138] "José María Heredia: Novela y realidad de América Latina" (Nota)
RI 152-153 (julio-diciembre 1990): 733-746.

AVELLANEDA, Andrés O.

[A139] "Ariel Dorfman: *Imaginación y violencia en América*" (Reseña)
RI 75 (abril-junio 1971): 459-461.

[A140] "Estela Dos Santos: *Las despedidas*" (Reseña)
RI 80 (julio-septiembre 1972): 549-551.

[A141] "'Best-seller' y código represivo en la narrativa argentina del ochenta: el caso Asís" (Estudio)
RI 125 (octubre-diciembre 1983): 983-996.

[A142] "Daniel Balderston: *El precursor velado: R. L. Stevenson en la obra de Borges*" (Reseña)
RI 135-136 (abril-septiembre 1986): 745-747.

[A143] "Francine Masiello: *Lenguaje e ideología. Las escuelas argentinas de vanguardia*" (Reseña)
RI 144-145 (julio-diciembre 1988): 1029-1031.

AVILA, Affonso

[A144] "Do barroco ao Modernismo: O Desenvolvimento Cíclico do Projeto Literário Brasileiro" (Nota)
RI 98-99 (enero-junio 1977): 27-38.

AVILA, Hermana Mary, C.S.J.

[A145] "Principios cristianos en los cuentos de Rubén Darío" (Estudio)
RI 47 (enero-junio 1959): 29-39.

AVILA, Pablo

[A146] "Una oda desconocida de Fernando Calderón" (Documentos)
RI 56 (julio-diciembre 1963): 321-324.

AZEVES, Ángel Héctor

[A147] "John F. Garganigo y Walter Rela: *Antología de la literatura gauchesca y criollista*" (Reseña)
RI 68 (mayo-agosto 1969): 403-404.

[A148] "José Hernández: *Los otros poemas*" (Reseña)
RI 68 (mayo-agosto 1969): 404-405.

B

BABÍN, María Teresa

[B1] "Francisco Manrique Cabrera: *Historia de la literatura puertorriqueña*" (Reseña)
RI 43 (enero-junio 1957): 178-179.

[B2] "Expresión de Puerto Rico en la literatura contemporánea (1934-1956)" (Nota)
RI 44 (julio-diciembre 1957): 353-358.

[B3] "Concha Meléndez: *Figuración de Puerto Rico y otros estudios*" (Reseña)
RI 49 (enero-junio 1960): 168-169.

BACARISSE, Pamela

[B4] "Manuel Puig (1932-1990)" (Necrológica)
RI 152-153 (julio-diciembre 1990): 1365-1370.

[B5] "*Sangre de amor correspondido* de Manuel Puig: Subjetividad, identidad y paranoia" (Estudio)
RI 155-156 (abril-septiembre 1991): 469-479.

[B6] "Clarice Lispector: *A Paixão Segundo G. H.*" (Reseña)
RI 159 (abril-junio 1992): 696-700.

BACARISSE, Salvador

[B7] "La filosofía de la historia del compilador de *Yo, el supremo*, de Augusto Roa Bastos" (Nota)
RI 130-131 (enero-junio 1985): 249-259.

BACH, Caleb

[B8] "Un existencialista argentino sondea la tenebrosidad de la naturaleza humana" (Ensayo)
RI 158 (enero-marzo 1992): 45-51.

BAEZA FLORES, Alberto

[B9] "Notas marginales a los poetas dominicanos de la generación de 1965, ampliadas" (Estudio)
RI 142 (enero-marzo 1988): 153-170.

BAGBY, Alberto I., Jr.

[B10] "Earl W. Thomas: *The Syntax of Spoken Brazilian Portuguese*" (Reseña)
RI 72 (julio-septiembre 1970): 509-510.

[B11] "Eduardo Barrios: *Brother Asno*, Traducción de Edmundo García Girón" (Reseña)
RI 75 (abril-junio 1971): 461-464.

BAK, Jolanta K.

[B12] "La distancia artística en *La Habana para un infante difunto*" (Nota)
RI 154 (enero-marzo 1991): 245-255.

BAKER, Armand F.

[B13] "La visión del mundo en los cuentos de Enrique Anderson Imbert" (Estudio)
RI 96-97 (julio-diciembre 1976): 497-516.

[B14] "Enrique Anderson Imbert: *La botella de Klein*" (Reseña)
RI 96-97 (julio-diciembre 1976): 621-622.

[B15] "El tiempo y el proceso de individuación en *La última niebla*" (Estudio)
RI 135-136 (abril-septiembre 1986): 393-415.

BALDERSTON, Daniel

[B16] "Los cuentos crueles de Silvina Ocampo y Juan Rodolfo Wilcock" (Estudio)
RI 125 (octubre-diciembre 1983): 743-752.

[B17] "La literatura antiperonista de J. R. Wilcock" (Nota)
RI 135-136 (abril-septiembre 1986): 573-581.

[B18] "Ramona Lagos: *Jorge Luis Borges, 1923-1980: Laberintos del espíritu, interjecciones del cuerpo*" (Reseña)
RI 140 (julio-septiembre 1987): 691-694.

[B19] "Christopher Towne Leland: *The Last Happy Men: The Generation of 1922, Fiction, and the Argentine Reality*" (Reseña)
RI 141 (octubre-diciembre 1987): 1037-1038.

BALLADARES, José Emilio

[B20] "Pablo Antonio Cuadra, peregrino de la esperanza" (Estudio)
RI 157 (octubre-diciembre 1991): 971-985.

BANNURA-SPIGA, Maria Grazia

[B21] "La obra narrativa de G. Cabrera Infante en sus rupturas: El libro como poética del cuerpo" (Estudio)
RI 154 (enero-marzo 1991): 195-201.

BARALT, Luis A.

[B22] "Manuel Pedro González y Ivan A. Schulman: *José Martí. Esquema ideológico*" (Reseña)
RI 53 (enero-junio 1962): 215-216.

BARBOSA, João Alexandre

[B23] "O curso do discurso: Leitura de *O cão sem plumas* de João Cabral de Melo Neto" (Ensayo)
RI 98-99 (enero-junio 1977): 149-167.

BAREIRO SAGUIER, Rubén

[B24] "El criterio generacional en la literatura paraguaya" (Estudio)
RI 58 (julio-diciembre 1964): 293-303.

[B25] "Hugo Rodríguez-Alcalá: *La literatura paraguaya*" (Reseña)
RI 72 (julio-septiembre 1970): 510-511.

[B26] "Octavio Paz y Francia" (Estudio)
RI 74 (enero-marzo 1971): 251-264.

BARQUET, Jesús J.

[B27] "Función del mito en los *Viajes de Penélope* de Juana Rosa Pita" (Estudio)
RI 152-153 (julio-diciembre 1990): 1269-1283.

BARRADAS, Efraín

[B28] "Alvaro de Villa y José Sánchez-Boudy: *Lezama Lima: peregrino inmóvil ("Paradiso" al desnudo). Un estudio crítico de "Paradiso"*" (Reseña)
RI 94 (enero-marzo 1976): 135-136.

[B29] "Luis Rafael Sánchez: *La guaracha del Macho Camacho*" (Reseña)
RI 102-103 (enero-junio 1978): 231-234.

[B30] "José Luis González: *Balada de otro tiempo*" (Reseña)
RI 108-109 (julio-diciembre 1979): 673-675.

[B31] "Charles Pilditch: *René Marqués: A Study of his Fiction*. Eleanor J. Martin: *René Marqués*" (Reseña)
RI 110-111 (enero-junio 1980): 301-303.

[B32] "Manuel Ramos Otero: *El cuento de la mujer del mar*" (Reseña)
RI 118-119 (enero-junio 1982): 427-428.

[B33] "Aurora de Albornoz y Julio Rodríguez Luis: *"Sensemayá": La poesía negra en el mundo hispanohablante*" (Reseña)
RI 120-121 (julio-diciembre 1982): 745-746.

[B34] "La necesaria innovación de Ana Lydia Vega: Preámbulo para lectores vírgenes" (Estudio)
RI 132-133 (julio-diciembre 1985): 547-556.

[B35] "La seducción de las máscaras: José Alcántara Almánzar, Juan Bosch y la joven narrativa dominicana" (Estudio)
RI 142 (enero-marzo 1988): 11-25.

BARREDA, Pedro M.

[B36] "Patriarcado, poeta, poesía: la lírica de Emilio Ballagas" (Estudio)
RI 152-153 (julio-diciembre 1990): 1153-1170.

BARRENECHEA, Ana María

[B37] "Notas al estilo de Sarmiento" (Estudio)
RI 41-42 (enero-diciembre 1956): 275-294.

[B38] "Ensayo de una tipología de la literatura fantástica (A propósito de la literatura hispanoamericana)" (Estudio)
RI 80 (julio-septiembre 1972): 391-403.

[B39] "Borges y los símbolos" (Nota)
RI 100-101 (julio-diciembre 1977): 601-608.

[B40] "En memoria de Raimundo Lida" (Necrológica)
RI 112-113 (julio-diciembre 1980): 517-521.

[B41] "La crisis del contrato mimético en los textos contemporáneos" (Nota)
RI 118-119 (enero-junio 1982): 377-381.

[B42] "Los dobles en el proceso de escritura de *Rayuela*" (Estudio)
RI 125 (octubre-diciembre 1983): 809-828.

[B43] "Sarmiento y el binomio *Buenos Aires/ Córdoba*" (Estudio)
RI 143 (abril-junio 1988): 449-459.

BARRERA, Ernesto M.

[B44] "Frank Dauster: *Ensayos sobre teatro hispanoamericano*" (Reseña)
RI 95 (abril-junio 1976): 315-316.

BARRERA, Trinidad

[B45] "Adolfo Bioy Casares, la aventura de vivir" (Estudio)
RI 159 (abril-junio 1992): 343-355.

BARSY, Kalman Jorge

[B46] "Notas sobre la estructura de *Memórias postumas de Bras Cubas*" (Estudio)
RI 80 (julio-septiembre 1972): 463-476.

BARY, David

[B47] "Vicente Huidobro: *Comienzos de una vocación poética*" (Estudio)
RI 45 (enero-junio 1958): 9-42.

[B48] "Antonio de Undurraga: *Poesía y prosa de Vicente Huidobro*. Antología precedida del ensayo *Teoría del creacionismo*" (Reseña)
RI 48 (julio-diciembre 1959): 368-370.

[B49] "Perspectiva europea del creacionismo" (Estudio)
RI 51 (enero-junio 1961): 127-136.

[B50] "Vicente Huidobro: El poeta contra su doctrina" (Estudio)
RI 52 (julio-diciembre 1961): 301-312.

[B51] "Vicente Huidobro: El estilo *Nord-Sud*" (Estudio)
RI 53 (enero-junio 1962): 87-101.

[B52] "El *Altazor* de Huidobro según un texto inédito de Juan Larrea" (Documentos)
RI 102-103 (enero-junio 1978): 165-182.

[B53] "Sobre los orígenes de *Altazor*" (Nota)
RI 106-107 (enero-junio 1979): 111-116.

[B54] "Poesía y narración en cuatro novelas mexicanas" (Estudio)
RI 148-149 (julio-diciembre 1989): 903-914.

BASTOS, María Luisa

[B55] "Literalidad y trasposición: *Las repercusiones incalculables de lo verbal*" (Estudio)
RI 100-101 (julio-diciembre 1977): 535-547.

[B56] "Edgardo Cozarinsky: *Borges y el cine*. J. M. Cohen: *Jorge Luis Borges*. Jorge Luis Borges: *Prólogos*" (Reseña)
RI 100-101 (julio-diciembre 1977): 750-755.

[B57] "Clichés lingüísticos y ambigüedad en *Pedro Páramo*" (Estudio)
RI 102-103 (enero-junio 1978): 31-44.

[B58] "Violeta Peralta y Liliana Befumo Boschi: *Rulfo. La soledad creadora*" (Reseña)
RI 102-103 (enero-junio 1978): 235-237.

[B59] "Nila Gutiérrez Marrone: *El estilo de Juan Rulfo: estudio lingüístico*" (Reseña)
RI 108-109 (julio-diciembre 1979): 675-680.

[B60] "Escrituras ajenas, expresión propia: *Sur* y los *Testimonios* de Victoria Ocampo" (Estudio)
RI 110-111 (enero-junio 1980): 123-137.

[B61] "Roberto Echavarren: *El espacio de la verdad. Práctica del texto en Felisberto Hernández*" (Reseña)
RI 123-124 (abril-septiembre 1983): 633-635.

[B62] "Habla popular/discurso unificador: *El sueño de los héroes*, de Adolfo Bioy Casares" (Estudio)
RI 125 (octubre-diciembre 1983): 753-766.

[B63] "Relectura de *La última niebla*, de María Luisa Bombal" (Estudio)
RI 132-133 (julio-diciembre 1985): 557-564.

[B64] "Mireya Camurati: *Bioy Casares y el alegre trabajo de la inteligencia*" (Reseña)
RI 158 (enero-marzo 1992): 263-265.

BATCHELOR, C. Malcolm

[B65] "Arthur Azevedo e a *Comédia carioca*" (Estudio)
RI 43 (enero-junio 1957): 61-69.

BECCO, Horacio Jorge

[B66] "David Viñas: *Los años despiadados*" (Reseña)
RI 43 (enero-junio 1957): 170-171.

[B67] "Luis Mario Lozzia: *Domingo sin fútbol*" (Reseña)
RI 43 (enero-junio 1957): 190-191.

[B68] "Bibliografía de Ricardo Rojas" (Bibliografía)
RI 46 (julio-diciembre 1958): 335-350.

BEER, Gabriella de

[B69] "Ramón Rubín y *El callado dolor de los tzotziles*" (Nota)
RI 127 (abril-junio 1984): 559-568.

[B70] "Octavio G. Barreda. *Obras: poesía, narrativa, ensayo*. Recopilación, edición, introducción, notas e índices de María de Lourdes Franco Bagnouls" (Reseña)
RI 141 (octubre-diciembre 1987): 1038-1039.

[B71] "El Ateneo y los ateneístas: un examen retrospectivo" (Estudio)
RI 148-149 (julio-diciembre 1989): 737-749.

[B72] "Emilio Carilla: *Pedro Henríquez Ureña, Signo de América*" (Reseña)
RI 154 (enero-marzo 1991): 378-379.

[B73] "Pedro Henríquez Ureña: *Memorias-Diario*" (Reseña)
RI 154 (enero-marzo 1991): 380-382.

[B74] "Alfredo A. Roggiano: *Pedro Henríquez Ureña en México*" (Reseña)
RI 155-156 (abril-septiembre 1991): 742-744.

BELLI, Carlos Germán

[B75] "En torno a Vallejo" (Estudio)
RI 71 (abril-junio 1970): 159-164.

BELLINI, Giuseppe

[B76] "Miguel Ángel Asturias en Italia" (Estudio)
RI 67 (enero-abril 1969): 105-115.

[B77] "Fin de mundo: Neruda entre la angustia y la esperanza" (Estudio)
RI 82-83 (enero-junio 1973): 293-300.

BENÍTEZ, Hilda O. / Antonio BENÍTEZ-ROJO

[B78] "Eréndira liberada: La subversión del mito del macho occidental" (Estudio)
RI 128-129 (julio-diciembre 1984): 1057-1075.

BENÍTEZ, Rubén

[B79] "Una posible fuente española del *Fausto* de Estanislao del Campo" (Estudio)
RI 60 (julio-diciembre 1965): 151-171.

[B80] "Schopenhauer en *Lo fatal* de Rubén Darío" (Nota)
RI 80 (julio-septiembre 1972): 507-512.

[B81] "Cortázar: 'que supo abrir la puerta para ir a jugar'" (Estudio)
RI 84-85 (julio-diciembre 1973): 483-501.

[B82] "La condición humana en el *Martín Fierro*" (Estudio)
RI 87-88 (abril-septiembre 1974): 259-277.

BENÍTEZ, Susana

[B83] "José Pedro Díaz: *Tratados y ejercicios*" (Reseña)
RI 160-161 (julio-diciembre 1992): 1190-1191.

BENÍTEZ-ROJO, Antonio

[B84] "'El camino de Santiago', de Alejo Carpentier, y el *Canon Perpetuus*, de Juan Sebastián Bach: Paralelismo estructural" (Estudio)
RI 123-124 (abril-septiembre 1983): 293-322.

[B85] "Edward J. Mullen, ed.: *The Life and Poems of a Cuban Slave. Juan Francisco Manzano. 1797-1854*" (Reseña)
RI 123-124 (abril-septiembre 1983): 635-639.

[B86] "Eréndira liberada: La subversión del mito del macho occidental" (Estudio)
RI 128-129 (julio-diciembre 1984): 1057-1075.

[B87] "Cirilo Villaverde, fundador" (Nota)
RI 152-153 (julio-diciembre 1990): 769-776.

[B88] "Lorraine Elena Roses: *Voices of the Storyteller. Cuba's Lino Novás Calvo*" (Reseña)
RI 152-153 (julio-diciembre 1990): 1376-1378.

BERGERO, Adriana

[B89] "La descentralización textual en *Polvo y ceniza*, de Eliecer Cárdenas" (Estudio)
RI 144-145 (julio-diciembre 1988): 933-958.

BERLER, Beatrice

[B90] "Azuela y la veracidad histórica" (Documentos)
RI 62 (julio-diciembre 1966): 289-305.

BERMÚDEZ-GALLEGOS, Marta

[B91] "*The little school* por Alicia Partnoy. El testimonio en la Argentina" (Estudio)
RI 151 (abril-junio 1990): 463-476.

BERNAL, Alfredo Alejandro

[B92] "*La Araucana* de Alonso de Ercilla y Zúñiga y *Comentarios Reales de los Incas* del Inca Garcilaso de la Vega" (Estudio)
RI 120-121 (julio-diciembre 1982): 549-562.

[B93] "Super-hombre *versus* super-mujer: Tiranía y sexo en *Pubis angelical*, de Manuel Puig" (Nota)
RI 137 (octubre-diciembre 1986): 991-997.

BERNAL CEPEDA, Luis Niray

[B94] "Tomás Carrasquilla y Manuel González Zeledón" (Estudio)
RI 138-139 (enero-junio 1987): 41-58.

BERNUCCI, Leopoldo M.

[B95] "Vargas Llosa y la tradición bíblica: *La guerra del fin del mundo*" (Nota)
RI 141 (octubre-diciembre 1987): 965-977.

[B96] "Vera Mascarenhas de Campos: *Borges & Guimarães (na esquina rosada do grande sertão)*" (Reseña)
RI 154 (enero-marzo 1991): 382-383.

BERROA, Rei

[B97] "José Alcántara Almánzar: *Estudios de poesía dominicana*" (Reseña)
RI 118-119 (enero-junio 1982): 429-430.

[B98] "Laureano Albán: Un poeta con duende" (Nota)
RI 123-124 (abril-septiembre 1983): 577-588.

[B99] "Santiago Mutis Durán y Roberto Burgos Cantor: *La novia enamorada del cielo*. Santiago Mutis Durán: *Tú también eres de lluvia*" (Reseña)
RI 128-129 (julio-diciembre 1984): 1095-1097.

[B100] "Recordar para vivir: Historia, alegoría y dialéctica en la crónica de Pedro Mir" (Estudio)
RI 142 (enero-marzo 1988): 27-51.

BEVERLEY, John

[B101] "Literatura e ideología: En torno a un libro de Hernán Vidal" (Estudio)
RI 102-103 (enero-junio 1978): 77-88.

[B102] "Richard L. Jackson: *The Black Image in Latin American Literature*" (Reseña)
RI 102-103 (enero-junio 1978): 237-240.

[B103] "Fernando Ainsa: *Los buscadores de la utopía. La significación novelesca del espacio latinoamericano*" (Reseña)
RI 108-109 (julio-diciembre 1979): 680-683.

[B104] "Hugo Achúgar: *Ideología y estructuras narrativas en José Donoso (1950-1970)*" (Reseña)
RI 110-111 (enero-junio 1980): 303-307.

[B105] "Sobre Góngora y el gongorismo colonial" (Estudio)
RI 114-115 (enero-junio 1981): 33-44.

[B106] "Luis Iñigo Madrigal (coord.): *Historia de la literatura hispanoamericana*. Tomo I. *Epoca Colonial*" (Reseña)
RI 130-131 (enero-junio 1985): 359-362.

[B107] "Julio Ramos: *Desencuentros de la modernidad en América Latina. Literatura y política en el siglo XIX*" (Reseña)
RI 155-156 (abril-septiembre 1991): 745-749.

BIANCHI, Soledad

[B108] "*La traición de Rita Hayworth*, una novela dialógica" (Estudio)
RI 141 (octubre-diciembre 1987): 837-859.

BIEDER, Maryellen

[B109] "De *Señas de identidad* a *Makbara*: Estrategia narrativa en las novelas de Juan Goytisolo" (Estudio)
RI 116-117 (julio-diciembre 1981): 89-96.

BLANCO-GONZÁLEZ, Bernardo

[B110] "Manuel Gálvez (1882-1963)" (Necrológica)
RI 56 (julio-diciembre 1963): 311-315.

BLASI, Alberto

[B111] "Mito y escritura en *Don Segundo Sombra*" (Nota)
RI 102-103 (enero-junio 1978): 125-132.

[B112] "Una biografía literaria: Estrategia y sentido" (Nota)
RI 110-111 (enero-junio 1980): 177-187.

[B113] "Vanguardismo en el Río de la Plata: Un *Diario* y una *Exposición*" (Estudio)
RI 118-119 (enero-junio 1982): 21-36.

[B114] "Bella Jozef: *O jogo mágico*" (Reseña)
RI 123-124 (abril-septiembre 1983): 639-641.

[B115] "Eugenio Cambaceres: *En la sangre*" (Reseña)
RI 137 (octubre-diciembre 1986): 1063-1064.

[B116] "Carlos Cortínez: *Abba*" (Reseña)
RI 137 (octubre-diciembre 1986): 1064-1066.

[B117] "Gustav Siebenmann: *Ensayos de literatura hispanoamericana*" (Reseña)
RI 146-147 (enero-junio 1989): 509-511.

[B118] "José Hernández: *Martín Fierro.*
Testo originale con traduzione, commenti e note, di Giovanni Meo Zilio" (Reseña)
RI 150 (enero-marzo 1990): 291-293.

[B119] "Alfonso Rangel Guerra: *Las ideas literarias de Alfonso Reyes*" (Reseña)
RI 155-156 (abril-septiembre 1991): 749-751.

BLOCK DE BEHAR, Lisa

[B120] "Noemí Ulla: *Aventuras de la imaginación: De la vida y los libros de Adolfo Bioy Casares*" (Reseña)
RI 155-156 (abril-septiembre 1991): 751-754.

[B121] "Nota preliminar" (Nota)
RI 160-161 (julio-diciembre 1992): 759-765.

BLÜHER, Karl Alfred

[B122] "La crítica literaria en Valery y Borges" (Estudio)
RI 135-136 (abril-septiembre 1986): 447-461.

BOCKUS APONTE, Bárbara

[B123] "La creación del espacio literario en *El recurso del método*" (Nota)
RI 96-97 (julio-diciembre 1976): 567-572.

BONATTI, María

[B124] "Dante en la lectura de Borges" (Nota)
RI 100-101 (julio-diciembre 1977): 737-744.

[B125] "*Juan Moreira* en un contexto modernista" (Nota)
RI 104-105 (julio-diciembre 1978): 557-567.

BORELLO, Rodolfo A.

[B126] "Hernández y Ascasubi" (Estudio)
RI 87-88 (abril-septiembre 1974): 393-408.

[B127] "Bibliografía sobre Adolfo Bioy Casares (Algunas nuevas fichas)" (Bibliografía)
RI 91 (abril-junio 1975): 367-368.

[B128] "El Evangelio según Borges" (Estudio)
RI 100-101 (julio-diciembre 1977): 503-516.

BORGESON, Paul W., Jr.

[B129] "Ernesto Cardenal: *Respuesta a las preguntas de los estudiantes de letras*" (Entrevista)
RI 108-109 (julio-diciembre 1979): 627-638.

[B130] "Bibliografía de y sobre Ernesto Cardenal" (Bibliografía)
RI 108-109 (julio-diciembre 1979): 641-650.

[B131] "José Luis González-Balado: *Ernesto Cardenal: poeta, revolucionario, monje*" (Reseña)
RI 112-113 (julio-diciembre 1980): 651-652.

[B132] "Lenguaje hablado/lenguaje poético: Parra, Cardenal y la antipoesía" (Nota)
RI 118-119 (enero-junio 1982): 383-389.

[B133] "Juan Rulfo: *'El gallo de oro' y otros textos para cine*" (Reseña)
RI 120-121 (julio-diciembre 1982): 747-749.

[B134] "La Espiga Amotinada y la poesía mexicana" (Estudio)
RI 148-149 (julio-diciembre 1989): 1177-1190.

[B135] "Ernesto Cardenal: *Canto Cósmico*" (Reseña)
RI 157 (octubre-diciembre 1991): 1077-1080.

BORINSKY, Alicia

[B136] "Correspondencia de Macedonio Fernández a Gómez de la Serna" (Documentos)
RI 70 (enero-marzo 1970): 101-123.

[B137] "Néstor Sánchez: *El amhor, los Orsinis y la muerte*" (Reseña)
RI 78 (enero-marzo 1972): 151-151.

[B138] "Macedonio y el humor de Cortázar" (Estudio)
RI 84-85 (julio-diciembre 1973): 521-535.

[B139] "*Altazor*: Entierros y comienzos" (Nota)
RI 86 (enero-marzo 1974): 125-128.

[B140] "¿Qué leemos cuando leemos?" (Nota)
RI 89 (octubre-diciembre 1974): 659-667.

[B141] "Castración y lujos: La escritura de Manuel Puig" (Estudio)
RI 90 (enero-marzo 1975): 29-45.

[B142] "Lecturas y traducción: *Dormir al sol* de Adolfo Bioy Casares" (Nota)
RI 91 (abril-junio 1975): 249-251.

[B143] "Re-escribir y escribir: Arenas, Menard, Borges, Cervantes, Fray Servando" (Estudio)
RI 92-93 (julio-diciembre 1975): 605-616.

[B144] "Borges en nuestra biblioteca" (Nota)
RI 100-101 (julio-diciembre 1977): 609-613.

[B145] "Macedonio Fernández: *Manera de una psique sin cuerpo*" (Reseña)
RI 102-103 (enero-junio 1978): 241-242.

[B146] "Ana María Barrenechea: *Textos hispanoamericanos de Sarmiento a Sarduy*" (Reseña)
RI 110-111 (enero-junio 1980): 307-309.

[B147] "Interlocución y aporía. Notas a propósito de Alberto Girri y Juan Gelman" (Estudio)
RI 125 (octubre-diciembre 1983): 879-887.

[B148] "José Emilio Pacheco: Relecturas e historia" (Nota)
RI 150 (enero-marzo 1990): 267-273.

BOTERO, Ebel

[B149] "Eduardo Blanco Amor: *La catedral y el niño*" (Reseña)
RI 44 (julio-diciembre 1957): 368-371.

BOTERO ZEA, Juan Carlos

[B150] "La lucidez salvadora de Ernesto Sábato" (Estudio)
RI 158 (enero-marzo 1992): 61-67.

BOURGEOIS, Louis C.

[B151] "Enrique Espinoza (comp.): *El Hermano Errante: Antología de Augusto d'Halmar*" (Reseña)
RI 58 (julio-diciembre 1964): 327-329.

BRATOSEVICH, Nicolás

[B152] "Análisis rítmico de 'Oda con un lamento'" (Estudio)
RI 82-83 (enero-junio 1973): 227-243.

[B153] "El desplazamiento como metáfora en tres textos de Jorge Luis Borges" (Estudio)
RI 100-101 (julio-diciembre 1977): 549-560.

BRAVO-ELIZONDO, Pedro

[B154] "Instituto de Investigaciones Humanísticos: *Gabriela Mistral*. Introducción de Mirella Servodidio y Marcelo Coddou" (Reseña)
RI 118-119 (enero-junio 1982): 430-432.

BRAYNER, Sonia

[B155] "Jorge de Lima e a *Invenção de Orfeu*" (Nota)
RI 126 (enero-marzo 1984): 175-187.

BRODY, Robert

[B156] "*Mascaró, el cazador americano* en la trayectoria novelística de Haroldo Conti" (Estudio)
RI 108-109 (julio-diciembre 1979): 537-552.

BROWNING, John D.

[B157] "*El cristiano errante* de Antonio José de Irisarri: Su génesis, su acogida y sus 'páginas perdidas'" (Estudio)
RI 73 (octubre-diciembre 1970): 613-627.

BROWNLOW, Jeanne P.

[B158] "La ironía estética de Darío: Humor y discrepancia en los cuentos de *Azul*" (Estudio)
RI 146-147 (enero-junio 1989): 377-393.

BRUSHWOOD, John S.

[B159] "Gerardo Sáenz: *Luis G. Urbina, vida y obra*" (Reseña)
RI 54 (julio-diciembre 1962): 383-384.

[B160] "La arquitectura de las novelas de Agustín Yáñez" (Estudio)
RI 72 (julio-septiembre 1970): 437-451.

[B161] "Sobre el referente y la transformación narrativa en las novelas de Carlos Fuentes y Gustavo Sainz" (Nota)
RI 116-117 (julio-diciembre 1981): 49-54.

BRYANT, William C.

[B162] "La *Relación de un ciego*, pieza dramática de la época colonial" (Documentos)
RI 104-105 (julio-diciembre 1978): 569-575.

BUCELLI, María Elena

[B163] "María del Carmen Prosdomici de Rivera: *La poesía de Freddy Gatón Arce. Una interpretación*" (Reseña)
RI 142 (enero-marzo 1988): 361-362.

BUCHANAN, Rhonda L.

[B164] "Alvaro Pineda Botero: *Trasplante a Nueva York*" (Reseña)
RI 128-129 (julio-diciembre 1984): 1097-1098.

BUENO, Eva Paulino

[B165] "Richard L. Jackson: *Black Literature and Humanism in Latin America*" (Reseña)
RI 151 (abril-junio 1990): 601-604.

[B166] "Robert E. Diantonio: *Brazilian Fiction; Aspects and Evolution of the Contemporary Narrative*" (Reseña)
RI 151 (abril-junio 1990): 604-606.

[B167] "Helena Parente Cunha: *Woman Between Mirrors*" (Reseña)
RI 154 (enero-marzo 1991): 384-386.

[B168] "Richard L. Jackson: *The Afro-Spanish American Author II; The 1980's; An Annotated Bibliography of Recent Criticism*" (Reseña)
RI 154 (enero-marzo 1991): 386-387.

BUENO, Mónica L.

[B169] "Juan Manuel Marcos: *Poemas y canciones*" (Reseña)
RI 144-145 (julio-diciembre 1988): 1031-1033.

BUENO, Salvador

[B170] "Itinerario de Alfonso Hernández Catá (1885-1940)" (Estudio)
RI 152-153 (julio-diciembre 1990): 933-950.

BUSTAMANTE, Cecilia

[B171] "Una evocación de José María Arguedas" (Nota)
RI 122 (enero-marzo 1983): 183-191.

[B172] "En busca de espacio" (Ensayo)
RI 132-133 (julio-diciembre 1985): 461-466.

BUSTO OGDEN, Estrella

[B173] "Una entrevista con Gonzalo Rojas" (Entrevista)
RI 135-136 (abril-septiembre 1986): 677-688.

C

CABALLÉ, Anna

[C1] "Las fronteras del lenguaje en *La tregua*, de Benedetti" (Estudio)
RI 159 (abril-junio 1992): 357-366.

CABALLERO WANGÜEMERT, María M.

[C2] "Rodríguez Juliá: Una ojeada sobre Puerto Rico, entre la burla y la compasión" (Estudio)
RI 159 (abril-junio 1992): 367-378.

CABRERA, Vicente

[C3] "La destrucción de la creación de *Tres tristes tigres*" (Nota)
RI 96-97 (julio-diciembre 1976): 553-559.

[C4] "Las visiones poéticas de 'Seis veces la muerte' (Soria Gamarra y la nueva ficción boliviana)" (Nota)
RI 108-109 (julio-diciembre 1979): 595-601.

CACHÁN, Manuel

[C5] "Presencia del movimiento mesiánico en la literatura dominicana" (Nota)
RI 142 (enero-marzo 1988): 53-62.

CAILLET-BOIS, Julio

[C6] "Bernal Díaz del Castillo, o de la verdad de la historia" (Estudio)
RI 50 (julio-diciembre 1960): 199-228.

CALASANS RODRIGUES, Selma

[C7] "*Arena conta Tiradentes*: Uma Experiência de Teatro Político" (Nota)
RI 126 (enero-marzo 1984): 221-228.

CALLAN, Richard J.

[C8] "Gloria Durán: *La magia y las brujas en la obra de Carlos Fuentes*" (Reseña)
RI 102-103 (enero-junio 1978): 242-245.

[C9] "El misterio femenino en *Los perros* de Elena Garro" (Nota)
RI 110-111 (enero-junio 1980): 231-235.

CALLEJO, Alfonso

[C10] "Literatura e irregularidad en *Cambio de armas*, de Luisa Valenzuela" (Estudio)
RI 132-133 (julio-diciembre 1985): 575-580.

CALVO, Yadira

[C11] "Lilia Ramos, escritora y maestra" (Nota)
RI 138-139 (enero-junio 1987): 265-279.

CALZADILLA, Juan

[C12] "Armando Romero: *La casa de los vespertilios*" (Reseña)
RI 123-124 (abril-septiembre 1983): 641-641.

CAMACHO-GINGERICH, Alina L.

[C13] "Vicente Huidobro y Williams Carlos Williams" (Estudio)
RI 94 (enero-marzo 1976): 61-70.

[C14] "Margarita Junco Fazzolari: *'Paradiso' y el sistema poético de Lezama Lima*" (Reseña)
RI 123-124 (abril-septiembre 1983): 642-645.

[C15] "Los parámetros del sistema poético lezamiano" (Estudio)
RI 130-131 (enero-junio 1985): 47-72.

CAMACHO-GINGERICH, Alina L. / Willard P. GINGERICH

[C16] "Entrevista con Rogelio Sinán" (Entrevista)
RI 137 (octubre-diciembre 1986): 911-927.

CAMACHO R., Jorge Andrés

[C17] "Aproximaciones críticas a un estudio de la metáfora en la poesía costarricense. Indicación metodo-lógica" (Estudio)
RI 138-139 (enero-junio 1987): 363-376.

CÁMARA, Isabel

[C18] "Literatura o la política del juego en Alejandra Pizarnik" (Estudio)
RI 132-133 (julio-diciembre 1985): 581-589.

CAMPA, Antonio R. de la

[C19] "José Olivio Jiménez: *Antología crítica de la poesía modernista hispanoamericana*" (Reseña)
RI 135-136 (abril-septiembre 1986): 747-749.

CAMPA, Román de la

[C20] "Memorias del subdesarrollo. Novela/ Texto/Discurso" (Estudio)
RI 152-153 (julio-diciembre 1990): 1039-1054.

CAMPBELL, Federico

[C21] "Ibargüengoitia: La sátira histórico-política" (Nota)
RI 148-149 (julio-diciembre 1989): 1047-1055.

CAMPODÓNICO, Miguel Ángel

[C22] "Una entrevista más, una entrevista menos" (Entrevista)
RI 160-161 (julio-diciembre 1992): 1179-1183.

CAMPOS, Haroldo de

[C23] "Livro de Ensaios: Galáxias" (Textos)
RI 98-99 (enero-junio 1977): 39-49.

CAMPOS, Julieta

[C24] "Mi vocación literaria" (Testimonio)
RI 132-133 (julio-diciembre 1985): 467-470.

CAMPOS BRUNETI, Almir de

[C25] "Abdias do Nascimento - Negro de Alma Branca" (Nota)
RI 126 (enero-marzo 1984): 203-209.

CAMPRA, Rosalba

[C26] "Las técnicas del sentido en los cuentos de Gabriel García Márquez" (Estudio)
RI 128-129 (julio-diciembre 1984): 937-955.

[C27] "Emilio Sosa López: *Mundo de dobles*" (Reseña)
RI 151 (abril-junio 1990): 607-609.

CAMURATI, Mireya

[C28] "Función literaria del cuento intercalado en *Don Segundo Sombra, La vorágine* y *Cantaclaro*" (Estudio)
RI 75 (abril-junio 1971): 403-417.

[C29] "E. Caracciolo Trejo: *La poesía de Vicente Huidobro y la vanguardia*" (Reseña)
RI 91 (abril-junio 1975): 370-371.

[C30] "Bioy Casares y el lenguaje de los argentinos" (Estudio)
RI 123-124 (abril-septiembre 1983): 419-432.

[C31] "René de Costa: *En pos de Huidobro: Siete ensayos de aproximación*" (Reseña)
RI 123-124 (abril-septiembre 1983): 645-647.

[C32] "Borges, Dunne y la regresión infinita" (Nota)
RI 141 (octubre-diciembre 1987): 925-931.

[C33] "Lelia Madrid: *Cervantes y Borges: La inversión de los signos*" (Reseña)
RI 144-145 (julio-diciembre 1988): 1033-1036.

[C34] "Dos cantos al centenario en el marco histórico-social del modernismo en la Argentina" (Estudio)
RI 146-147 (enero-junio 1989): 103-127.

[C35] "Gerald Martin: *Journeys through the Labyrinth: Latin American Fiction in the Twentieth Century*" (Reseña)
RI 155-156 (abril-septiembre 1991): 755-757.

[C36] "Amelia S. Simpson: *Detective Fiction from Latin America*" (Reseña)
RI 155-156 (abril-septiembre 1991): 757-760.

CANAL-FEIJÓO, Bernardo

[C37] "Sobre el americanismo de Ricardo Rojas" (Estudio)
RI 46 (julio-diciembre 1958): 221-226.

CANDELIER, Bruno Rosario

[C38] "Historia y mito en *Compadre Mon*" (Estudio)
RI 142 (enero-marzo 1988): 229-256.

CANDIDO, Antonio

[C39] "A literatura brasileira em 1972" (Perspectivas)
RI 98-99 (enero-junio 1977): 5-16.

CANFIELD, D. Lincoln

[C40] "Stanley L. Robe: *The Spanish of Rural Panama: Major Dialectal Features*" (Reseña)
RI 51 (enero-junio 1961): 185-187.

CANFIELD, Martha L.

[C41] "El patriarca de García Márquez: Padre, poeta y tirano" (Estudio)
RI 128-129 (julio-diciembre 1984): 1017-1056.

[C42] "Dos enfoques de Pedro Páramo" (Estudio)
RI 148-149 (julio-diciembre 1989): 965-988.

CANO, Carlos J.

[C43] "José R. Brene: Fray Sabino" (Reseña)
RI 92-93 (julio-diciembre 1975): 667-669.

[C44] "Epica y misoginia en Los hombres de a caballo" (Nota)
RI 96-97 (julio-diciembre 1976): 561-565.

CANTELLA, Barbara Dianne

[C45] "Del modernismo a la vanguardia: La estética del Haikú" (Estudio)
RI 89 (octubre-diciembre 1974): 639-649.

CAPDEVILA, Arturo

[C46] "Nuevo mundo y nueva Clío" (Estudio)
RI 41-42 (enero-diciembre 1956): 295-307.

CAPELLÁN, Ángel

[C47] "Octavio Paz: Early Poems 1935-1955. Octavio Paz: Configurations" (Reseña)
RI 89 (octubre-diciembre 1974): 709-710.

[C48] "Kessel Schwartz: A New History of Spanish American Fiction: (I, From Colonial Times to the Mexican Revolution and Beyond; (II, Social Concerns, Universalism and the New Novel" (Reseña)
RI 90 (enero-marzo 1975): 154-156.

CARACCIOLO TREJO, Enrique

[C49] "Poesía amorosa de Borges" (Estudio)
RI 100-101 (julio-diciembre 1977): 561-573.

[C50] "Lectura del Himno a la luna de Lugones" (Nota)
RI 102-103 (enero-junio 1978): 111-117.

[C51] "Huidobro y el futurismo" (Nota)
RI 106-107 (enero-junio 1979): 159-164.

[C52] "Regreso a Don Segundo Sombra" (Nota)
RI 116-117 (julio-diciembre 1981): 139-143.

CARBAJAL, Miguel

[C53] "María de Montserrat: El caballo azul" (Reseña)
RI 160-161 (julio-diciembre 1992): 1191-1193.

CARBALLIDO, Emilio

[C54] "Griselda Gambaro o modos de hacernos pensar en la manzana" (Nota)
RI 73 (octubre-diciembre 1970): 629-634.

[C55] "Crónica de un estreno remoto" (Estudio)
RI 74 (enero-marzo 1971): 233-237.

CARBALLO, Emmanuel

[C56] "Entrevista a José Luis Martínez (Fragmentos)" (Entrevista)
RI 148-149 (julio-diciembre 1989): 665-674.

CARBALLO, María Elena

[C57] "Padre e hijo en Ceremonia de casta: El mundo de la bastardía" (Estudio)
RI 138-139 (enero-junio 1987): 435-453.

CARDOZO, Lubio

[C58] "Nelson Osorio Tejeda: La formación de la vanguardia literaria en Venezuela (Antecedentes y documentos)" (Reseña)
RI 135-136 (abril-septiembre 1986): 749-753.

CARILLA, Emilio

[C59] "Sobre El barroco literario hispánico" (Polémica)
RI 78 (enero-marzo 1972): 143-149.

[C60] "Trayectoria de Fernández Moreno" (Estudio)
RI 81 (octubre-diciembre 1972): 641-652.

[C61] "Solórzano Pereira, defensor de los pobres" (Estudio)
RI 104-105 (julio-diciembre 1978): 435-449.

[C62] "La lírica rococó en Hispanoamérica" (Nota)
RI 120-121 (julio-diciembre 1982): 727-738.

CARLOS, Alberto J.

[C63] "*René, Werther* y *La Nouvelle Héloïse* en la primera novela de la Avellaneda" (Estudio)
RI 60 (julio-diciembre 1965): 223-238.

CARRANZA, José María

[C64] "Julio Cortázar: *62. Modelo para armar*" (Reseña)
RI 69 (septiembre-diciembre 1969): 557-559.

[C65] "Luis Lorenzo-Rivero: *Larra y Sarmiento, paralelismos históricos y literarios*" (Reseña)
RI 73 (octubre-diciembre 1970): 660-663.

[C66] "Manuel Puig: *La traición de Rita Hayworth*" (Reseña)
RI 78 (enero-marzo 1972): 152-153.

[C67] "Ned Davison: *Eduardo Barrios*" (Reseña)
RI 78 (enero-marzo 1972): 153-155.

[C68] "La crítica social en las fábulas de Marco Denevi" (Estudio)
RI 80 (julio-septiembre 1972): 477-494.

[C69] "*El fuego interrumpido* de Daniel Moyano" (Nota)
RI 86 (enero-marzo 1974): 129-134.

CARRANZA, María Mercedes

[C70] "Poesía post-nadaísta" (Estudio)
RI 128-129 (julio-diciembre 1984): 799-819.

CARREÑO, Antonio

[C71] "*Naufragios*, de Alvar Núñez Cabeza de Vaca: Una retórica de la crónica colonial" (Estudio)
RI 140 (julio-septiembre 1987): 499-516.

CARRERA ANDRADE, Jorge

[C72] "Poesía y sociedad en Hispanoamérica" (Estudio)
RI 78 (enero-marzo 1972): 31-45.

CARRILLO, Germán Darío

[C73] "Eduardo Mallea: *Todo verdor perecerá*" (Reseña)
RI 69 (septiembre-diciembre 1969): 559-560.

[C74] "Alberto Duque López: *Mateo el flautista*" (Reseña)
RI 73 (octubre-diciembre 1970): 663-666.

[C75] "Gabriel García Márquez: *Crónica de una muerte anunciada*" (Reseña)
RI 123-124 (abril-septiembre 1983): 647-648.

CARRILLO, Germán Darío / Barry STULTS

[C76] "*Cien años de soledad* y el concepto de la 'caída afortunada'" (Estudio)
RI 79 (abril-junio 1972): 237-262.

CARRIÓ MENDIA, Raquel

[C77] "Estudio en blanco y negro: Teatro de Virgilio Piñera"
RI 152-153 (julio-diciembre 1990): 871-880.

CARTER, Boyd G.

[C78] "Margarita Gutiérrez Nájera: *Reflejo. Biografía anecdótica de Manuel Gutiérrez Nájera*" (Reseña)
RI 51 (enero-junio 1961): 190-191.

[C79] "Iván A. Schulman: *Símbolo y color en la obra de José Martí*" (Reseña)
RI 53 (enero-junio 1962): 216-221.

[C80] "Gutiérrez Nájera y Martí como iniciadores del modernismo" (Estudio)
RI 54 (julio-diciembre 1962): 295-310.

[C81] "Héctor René Lafeur, Sergio D. Provenzano, Fernando Pedro Alonso: *Las revistas literarias argentinas (1893-1960).*" "Nélida Salvador: *Revistas argentinas de vanguardia*" (Reseña)
RI 56 (julio-diciembre 1963): 341-344.

[C82] "Clemente Palma en *Prisma*: Sobre Darío y el modernismo" (Estudio)
RI 69 (septiembre-diciembre 1969): 473-490.

[C83] "Martí en las revistas del modernismo antes de su muerte" (Estudio)
RI 73 (octubre-diciembre 1970): 547-558.

CASTAGNINO, Raúl H.

[C84] "El teatro en la obra de Ricardo Rojas" (Estudio)
RI 46 (julio-diciembre 1958): 227-238.

[C85] "Dos narraciones de César Vallejo" (Estudio)
RI 71 (abril-junio 1970): 321-339.

[C86] "Lo gauchesco en el teatro argentino, antes y después de *Martín Fierro*" (Estudio)
RI 87-88 (abril-septiembre 1974): 491-508.

CASTIEL, Dionisio

[C87] "Juan José Arrom: *Hispanoamérica: Panorama Contemporáneo de su Cultura*" (Reseña)
RI 73 (octubre-diciembre 1970): 659-660.

[C88] "Víctor M. Valenzuela: *Chilean Society as Seen Through the Novelistic world of Alberto Blest Gana*" (Reseña)
RI 89 (octubre-diciembre 1974): 710-711.

[C89] "Carlos Rangel: *Del buen salvaje al buen revolucionario*" (Reseña)
RI 102-103 (enero-junio 1978): 245-246.

CASTILLO, Homero

[C90] "Tributo a Mariano Latorre" (Estudio)
RI 43 (enero-junio 1957): 83-94.

[C91] "Baroja e Hispanoamérica" (Nota)
RI 45 (enero-junio 1958): 129-139.

[C92] "Marta Brunet: *María Nadie*" (Reseña)
RI 45 (enero-junio 1958): 182-186.

[C93] "Raúl Silva Castro: *Rubén Darío a los veinte años*" (Reseña)
RI 45 (enero-junio 1958): 186-189.

[C94] "*Gabriela Mistral (1889-1957)*" (Reseña)
RI 46 (julio-diciembre 1958): 449-451.

[C95] "Francisco Santana: *Mariano Latorre*" (Reseña)
RI 46 (julio-diciembre 1958): 451-453.

[C96] "Unión Panamericana: *Diccionario de la literatura latinoamericana —Chile—*" (Reseña)
RI 48 (julio-diciembre 1959): 370-373.

[C97] "Kurt L. Levy: *Vida y obras de Tomás Carrasquilla - Genitor del regionalismo en la literatura hispano-americana*" (Reseña)
RI 48 (julio-diciembre 1959): 374-375.

[C98] "Oscar Castro Z. Perfil criollista de sus cuentos" (Estudio)
RI 49 (enero-junio 1960): 95-106.

[C99] "Raúl Silva Castro: *Antología general de la poesía chilena*" (Reseña)
RI 49 (enero-junio 1960): 169-171.

[C100] "Arturo Torres-Rioseco: *Madurez de la muerte*" (Reseña)
RI 50 (julio-diciembre 1960): 340-341.

[C101] "Víctor M. Valenzuela: *Hombres y temas de Iberoamérica*" (Reseña)
RI 50 (julio-diciembre 1960): 341-343.

[C102] "Julio Durán Cerda: *Panorama del teatro chileno*" (Reseña)
RI 51 (enero-junio 1961): 187-189.

[C103] "Víctor Valenzuela: *Cuatro escritores chilenos*" (Reseña)
RI 51 (enero-junio 1961): 189-190.

[C104] "Aída Cometta Manzoni: *El indio en la novela de América*" (Reseña)
RI 52 (julio-diciembre 1961): 368-370.

[C105] "Raúl Silva Castro: *Panorama literario de Chile*" (Reseña)
RI 53 (enero-junio 1962): 221-222.

[C106] "Yerko Moretic: *El relato de la pampa salitrera*" (Reseña)
RI 54 (julio-diciembre 1962): 384-386.

[C107] "Julio Durán Cerda: *Repertorio del teatro chileno*" (Reseña)
RI 55 (enero-junio 1963): 193-194.

[C108] "Alone: *Los cuatro grandes de la literatura chilena*" (Reseña)
RI 56 (julio-diciembre 1963): 344-346.

[C109] "John P. Dyson: *La evolución de la crítica literaria en Chile. Ensayo y bibliografía*" (Reseña)
RI 62 (julio-diciembre 1966): 319-321.

[C110] "Ernesto Montenegro: *Mis contemporáneos*" (Reseña)
RI 68 (mayo-agosto 1969): 410-411.

CASTRO-KLAREN, Sara

[C111] "Huamán Poma y el espacio de la pureza" (Estudio)
RI 114-115 (enero-junio 1981): 45-67.

[C112] "Crimen y castigo: Sexualidad en J. M. Arguedas" (Estudio)
RI 122 (enero-marzo 1983): 55-65.

CASTRO-MITCHELL, Amanda

[C113] "Luz María Umpierre-Herrera: *The Margarita Poems*" (Reseña)
RI 158 (enero-marzo 1992): 265-269.

CASTRO MORALES, Belén

[C114] "'Os traigo los recuerdos de altazor'. Creacionismo y poesía en *Ver y palpar*, de Vicente Huidobro"
RI 159 (abril-junio 1992): 379-392

CASTRO URIOSTE, José

[C115] "Egon Wolff: *Teatro completo*" (Reseña)
RI 155-156 (abril-septiembre 1991): 760-763.

CASTRO VEGA, José

[C116] "Mauricio Rosencof: *Teatro escogido*" (Reseña)
RI 160-161 (julio-diciembre 1992): 1193-1196.

CASTRO ZÚNIGA, Amanda Lizet

[C117] "Raúl Hernández Novás (selec.): *Tres poetas centroamericanos*" (Reseña)
RI 144-145 (julio-diciembre 1988): 1037-1039.

[C118] "Roberto Sosa: *Hasta el sol de hoy (Antología)*" (Reseña)
RI 154 (enero-marzo 1991): 387-388.

[C119] "José Adán Castelar: *Sin olvidar la humillación*" (Reseña)
RI 154 (enero-marzo 1991): 388-389.

[C120] "Oscar Amaya-Armijo: *Esta Patria, Este Amor ...*" (Reseña)
RI 154 (enero-marzo 1991): 389-391.

CATALÁ, Rafael

[C121] "Raymond D. Souza: *Major Cuban Novelists: Innovation and Tradition*" (Reseña)
RI 102-103 (enero-junio 1978): 246-247.

[C122] "Eliana Rivero: *Cuerpos breves*" (Reseña)
RI 102-103 (enero-junio 1978): 248-249.

[C123] "La trascendencia en *Primero sueño*: El incesto y el águila" (Estudio)
RI 104-105 (julio-diciembre 1978): 421-434.

[C124] "Cintio Vitier: *Ese sol del mundo moral*" (Reseña)
RI 110-111 (enero-junio 1980): 309-310.

[C125] "Cintio Vitier: *La fecha al pie*" (Reseña)
RI 123-124 (abril-septiembre 1983): 649-651.

CAVALLARI, Héctor M.

[C126] "El *Lunario sentimental* de Leopoldo Lugones: Parodia textual y configuración discursiva" (Estudio)
RI 137 (octubre-diciembre 1986): 895-907.

CAVIGLIA, John

[C127] "Un punto entre cero: El tema del tiempo en *Trilce*" (Estudio)
RI 80 (julio-septiembre 1972): 405-429.

CERSOSIMO, Emilse

[C128] "De los caracteres a la metafísica" (Estudio)
RI 158 (enero-marzo 1992): 193-206.

CISNEROS, José

[C129] "Lazsló Scholz: *El arte poética de Julio Cortázar*" (Reseña)
RI 108-109 (julio-diciembre 1979): 683-687.

[C130] "Julio Cortázar: *Territorios*" (Reseña)
RI 110-111 (enero-junio 1980): 311-315.

[C131] "Julio Cortázar: *Un tal Lucas*" (Reseña)
RI 112-113 (julio-diciembre 1980): 652-655.

CLARASÓ, Mercedes

[C132] "Horacio Quiroga y el cine" (Nota)
RI 108-109 (julio-diciembre 1979): 613-622.

CLARKE, Dorothy Clotelle

[C133] "Resumen antológico de la obra métrica de Pedro Henríquez Ureña" (Estudio)
RI 41-42 (enero-diciembre 1956): 149-158.

[C134] "D. Julio Saavedra Molina (1880-1949)" (Documentos)
RI 47 (enero-junio 1959): 135-182.

CLARO-MAYO, Juan

[C135] "Dorfman, cuentista comprometido" (Nota)
RI 114-115 (enero-junio 1981): 339-345.

CLEMENTS, Robert J.

[C136] "La reseña como crítica literaria = Clavileño como Pegaso" (Nota)
RI 116-117 (julio-diciembre 1981): 299-306.

COBO BORDA, J. G.

[C137] "Dos poetas de *Mito*: Alvaro Mutis y Fernando Charry Lara" (Estudio)
RI 130-131 (enero-junio 1985): 89-102.

CODDOU, Marcelo

[C138] "Alfonso Calderón, Pedro Lastra, Carlos Santander: *Antología del cuento chileno*" (Reseña)
RI 95 (abril-junio 1976): 316-317.

[C139] "Gonzalo Rojas: *Oscuro*" (Reseña)
RI 102-103 (enero-junio 1978): 249-251.

[C140] "Manuel Puig: *El beso de la mujer araña*" (Reseña)
RI 102-103 (enero-junio 1978): 251-253.

[C141] "Oscar Hahn: *Arte de morir*" (Reseña)
RI 108-109 (julio-diciembre 1979): 687-691.

[C142] "Hugo Zambelli: *De la mano del tiempo*" (Reseña)
RI 108-109 (julio-diciembre 1979): 691-693.

[C143] "David Turkeltaub: *Ganymedes/6: Una panorámica de la poesía chilena actual*" (Reseña)
RI 118-119 (enero-junio 1982): 432-434.

[C144] "Guido Podestá: *César Vallejo: su estética teatral*" (Reseña)
RI 137 (octubre-diciembre 1986): 1066-1068.

[C145] "Julio Ricci: *Cuentos civilizados*" (Reseña)
RI 137 (octubre-diciembre 1986): 1068-1070.

[C146] "Pedro Lastra: *Relecturas hispanoamericanas*" (Reseña)
RI 144-145 (julio-diciembre 1988): 1039-1042.

[C147] "Alejandra Basualto, Inge Corssen, Astrid Fugiellie y otras: *La mujer en la poesía chilena de los 80*" (Reseña)
RI 144-145 (julio-diciembre 1988): 1042-1044.

[C148] "Rosalba Campra: *América Latina: La identidad y la máscara*" (Reseña)
RI 146-147 (enero-junio 1989): 511-513.

[C149] "José Promis: *La identidad de Hispanoamérica. Ensayo sobre la literatura colonial*" (Reseña)
RI 146-147 (enero-junio 1989): 513-515.

[C150] Sobre *Match Ball*. Entrevista a Antonio Skarmeta" (Entrevista)
RI 151 (abril-junio 1990): 579-582.

COELHO, Joaquim Francisco

[C151] "Um processo metafórico de *Dom Casmurro*" (Nota)
RI 72 (julio-septiembre 1970): 465-472.

COLECCHIA, Francesca

[C152] "Emilio Carballido: *The Golden Thread and Other Plays*. Translation by Margaret Sayres Peden" (Reseña)
RI 75 (abril-junio 1971): 464-464.

COLEMAN, Alexander

[C153] "Martí y Martínez Estrada: Historia de una simbiosis espiritual" (Estudio)
RI 92-93 (julio-diciembre 1975): 629-645.

COLOMA GONZÁLEZ, Fidel

[C154] "Medio siglo de ensayo nicaragüense" (Estudio)
RI 157 (octubre-diciembre 1991): 863-887.

COLOMBÍ-MONGUIÓ, Alicia de

[C155] "Las visiones de Petrarca en la América virreinal" (Estudio)
RI 120-121 (julio-diciembre 1982): 563-586.

[C156] "La mujer de mármol: Enrique Banchs-Marino-Lope de Vega" (Nota)
RI 130-131 (enero-junio 1985): 177-184.

COLÓN ZAYAS, Eliseo R.

[C157] "René Marqués (1919-1979)" (Necrológica)
RI 110-111 (enero-junio 1980): 237-240.

[C158] "Juan Flores: *Insularismo e ideología burguesa en Antonio S. Pedreira*" (Reseña)
RI 112-113 (julio-diciembre 1980): 656-657.

[C159] "Ileana Rodríguez y Marc Zimmerman (eds.): *Process of Unity in Caribbean Society: Ideologies and Literature*" (Reseña)
RI 130-131 (enero-junio 1985): 362-363.

[C160] "Efraín Barradas: *Para leer en puertorriqueño: acercamiento a la obra de Luis Rafael Sánchez*" (Reseña)
RI 130-132 (enero-junio 1985): 363-364.

[C161] "Juan Gelpí: *Enunciación y dependencia en José Gorostiza: estudio de una máscara poética*" (Reseña)
RI 135-136 (abril-septiembre 1986): 753-754.

[C162] "La escritura ante la formación de la conciencia nacional: *La peregrinación de Bayoán*, de Eugenio María de Hostos" (Nota)
RI 140 (julio-septiembre 1987): 627-634.

[C163] "María M. Caballero Wangüemert: *La narrativa de René Marqués*" (Reseña)
RI 141 (octubre-diciembre 1987): 1040-1041.

[C164] "Félix Córdova Iturregui: *El rabo de lagartija de aquel famoso señor rector y otros cuentos de orilla*" (Reseña)
RI 144-145 (julio-diciembre 1988): 1045-1047.

[C165] "Luis Rafael Sánchez: *La importancia de llamarse Daniel Santos*" (Reseña)
RI 146-147 (enero-junio 1989): 515-516.

CONCEPCIÓN, René

[C166] "José López Heredia: *Materia e Forma Narrativa d'O Ateneu*" (Reseña)
RI 126 (enero-marzo 1984): 309-310.

CONCHA, Jaime

[C167] "Un tema de Juan Carlos Onetti" (Estudio)
RI 68 (mayo-agosto 1969): 351-363.

[C168] "Los orígenes (La primera infancia de Neruda)" (Estudio)
RI 72 (julio-septiembre 1970): 389-406.

[C169] "Los orígenes" (Estudio)
RI 75 (abril-junio 1971): 325-348.

[C170] "Sexo y pobreza. Ensayo sobre la poesía de Pablo Neruda" (Estudio)
RI 82-83 (enero-junio 1973): 135-157.

[C171] "D'Halmar antes de *Juana Lucero*" (Estudio)
RI 90 (enero-marzo 1975): 59-67.

[C172] "Huidobro: Fragmentos" (Estudio)
RI 106-107 (enero-junio 1979): 29-36.

[C173] "Alarcón, monstruo de Indias (*La cueva de Salamanca*)" (Estudio)
RI 114-115 (enero-junio 1981): 69-81.

[C174] "*El Aleph*: Borges y la historia" (Nota)
RI 123-124 (abril-septiembre 1983): 471-485.

[C175] "Beatriz Pastor: *Discursos narrativos de la conquista: mitificación y emergencia*" (Reseña)
RI 150 (enero-marzo 1990): 293-397.

CONNOLLY, Eileen M.

[C176] "La centralidad del protagonista en *Al filo del agua*" (Nota)
RI 62 (julio-diciembre 1966): 275-280.

CORBATTA, Jorgelina

[C177] "Encuentros con Manuel Puig" (Entrevista)
RI 123-124 (abril-septiembre 1983): 591-620.

[C178] "Malva Filer: *La novela y el diálogo de los textos. Zama de Antonio di Benedetto*" (Reseña)
RI 123-124 (abril-septiembre 1983): 651-653.

CORNEJO POLAR, Antonio

[C179] "Sobre la literatura de la emancipación en el Perú" (Estudio)
RI 114-115 (enero-junio 1981): 83-93.

[C180] "Sobre el *neoindigenismo* y las novelas de Manuel Scorza" (Nota)
RI 127 (abril-junio 1984): 549-557.

[C181] "La poesía de Antonio Cisneros: 'Primera aproximación'" (Estudio)
RI 140 (julio-septiembre 1987): 615-623.

[C182] "Luis Iñigo Madrigal (coord.): *Historia de la literatura hispanoamericana*, tomo II: *Del neoclasicismo al modernismo*" (Reseña)
RI 144-145 (julio-diciembre 1988): 1047-1050.

[C183] "Adolfo Prieto: *El discurso criollista en la formación de la Argentina moderna*" (Reseña)
RI 150 (enero-marzo 1990): 297-300.

[C184] "Alfredo A. Roggiano (1919-1991)" (Necrológica)
RI 158 (enero-marzo 1992): 13-14.

CORONADO, Antonio / Alfredo A. ROGGIANO

[C185] "Francisco Monterde: *Díaz Mirón. El hombre. La obra*" (Reseña)
RI 46 (julio-diciembre 1958): 471-472.

CORRAL, Wilfrido H.

[C186] "Ardis L. Nelson: *Cabrera Infante in the Menippean Tradition*" (Reseña)
RI 130-131 (enero junio 1985): 365-367.

[C187] "La recepción canónica de Palacio como problema de la modernidad y la historiografía literaria hispano-americana" (Estudio)
RI 144-145 (julio-diciembre 1988): 709-724.

CORRALES PASCUAL, Manuel

[C188] "Telmo Herrera: Novela en solitario" (Nota)
RI 144-145 (julio-diciembre 1988): 903-915.

CORREAL, José

[C189] "Wolodymir T. Zyla and Wendal M. Aycock: *Ibero-American Letters in a Comparative Perspective. Proceedings of the Comparative Literature Symposium*" (Reseña)
RI 110-111 (enero-junio 1980): 315-319.

[C190] "David Buzzi (editor): *Sol de los Talleres*" (Reseña)
RI 112-113 (julio-diciembre 1980): 657-659.

CORREAS DE ZAPATA, Celia

[C191] "Adolfo Bioy Casares: *Historias de amor*" (Reseña)
RI 89 (octubre-diciembre 1974): 712-713.

[C192] "*Una especie de memoria, ('Aufzeichnungen') o ('Libro de horas')* de Fernando Alegría" (Nota)
RI 130-131 (enero-junio 1985): 293-302.

[C193] "Escritoras latinoamericanas: Sus publicaciones en el contexto de las estructuras del poder" (Estudio)
RI 132-133 (julio-diciembre 1985): 591-603.

CORTAZAR, Augusto Raúl

[C194] "El folklore, espejo de la vida e intérprete del más allá" (Estudio)
RI 43 (enero-junio 1957): 9-25.

[C195] "El paisaje en nuestra literatura (A propósito del libro de Enrique Williams Alzaga, *La pampa en la literatura argentina)*" (Reseña)
RI 43 (enero-junio 1957): 172-175.

CORTÁZAR, Julio

[C196] "720 círculos" (Poema)
RI 74 (enero-marzo 1971): 13-15.

[C197] "Carta abierta a Pablo Neruda" (Testimonio)
RI 82-83 (enero-junio 1973): 21-26.

[C198] "Un texto inédito de Cortázar. Un capítulo suprimido de *Rayuela*" (Texto)
RI 84-85 (julio-diciembre 1973): 387-398.

[C199] "Textos de Julio Cortázar (Reseñas)" (Documento)
RI 110-111 (enero-junio 1980): 268-297.

CORTÉS, Enrique G.

[C200] "Unión Panamericana: *El epítome de Pinelo, primera bibliogafía del Nuevo Mundo*" (Reseña)
RI 47 (enero-junio 1959): 188-189.

CORTÉS-COBAN, David

[C201] "Pedro López-Adorno: *Las glorias de su ruina*" (Reseña)
RI 155-156 (abril-septiembre 1991): 763-765.

CORTÍNEZ, Carlos

[C202] "Interpretación de *El habitante y su esperanza* de Pablo Neruda" (Estudio)
RI 82-83 (enero-junio 1973): 159-173.

[C203] "Ampliando una página de Cortázar (Notas sobre 'Las babas del diablo')" (Estudio)
RI 84-85 (julio-diciembre 1973): 667-682.

[C204] "'La salvación', de Gonzalo Rojas" (Nota)
RI 106-107 (enero-junio 1979 359-367.

[C205] "Jorge Edwards: *El anfitrión*" (Reseña)
RI 146-147 (enero-junio 1989): 516-519.

[C206] "Hensley Woodbridge y David Zubatsky: *Pablo Neruda: An Annotated Bibliography of Biographical and Critical Studies. La más completa Bibliografía sobre la obra de Neruda*" (Reseña)
RI 150 (enero-marzo 1990): 300-304.

CORVALÁN, Octavio

[C207] "Presencia de Buenos Aires en 'La muerte y la brújula' de Jorge Luis Borges" (Nota)
RI 54 (julio-diciembre 1962): 359-363.

[C208] "Merle E. Simmons: *A Bibliography of the 'Romance' and related forms in Spanish America*" (Reseña)
RI 58 (julio-diciembre 1964): 329-332.

COSTA, Horacio

[C209] "Sarduy: La escritura como épure" (Estudio)
RI 154 (enero-marzo 1991): 275-300.

COSTA, Marithelma

[C210] "Enrique Giordano: *El mapa de Amsterdam*" (Reseña)
RI 135-136 (abril-septiembre 1986): 755-757.

[C211] "Harold Alvarado Tenorio: *Libro del Extañado*" (Reseña)
RI 137 (octubre-diciembre 1986): 1070-1073.

COSTA, René de

[C212] "Una carta inédita de José Enrique Rodó" (Documentos)
RI 73 (octubre-diciembre 1970): 651-655.

[C213] "Vicente Huidobro: *Altazor*. Edición de Cedomil Goic" (Reseña)
RI 94 (enero-marzo 1976): 141-143.

[C214] "Sobre Huidobro y Neruda" (Nota)
RI 106-107 (enero-junio 1979): 379-386.

COSTA LIMA, Luiz

[C215] "A *Antyphýsis* em Jorge Luis Borges" (Estudio)
RI 100-101 (julio-diciembre 1977): 311-335.

COSTIGAN, Lúcia Helena S.

[C216] "Candace Slater: *Stories on a String: The Brazilian Literatura de Cordel*" (Reseña)
RI 126 (enero-marzo 1984): 310-311.

[C217] "Irwin Stern, Editor-in-Chief: *Dictionary of Brazilian Literature*" (Reseña)
RI 146-147 (enero-junio 1989): 519-520.

COTA-CÁRDENAS, Margarita

[C218] "Aristeo Brito: *El diablo en Texas*" (Reseña)
RI 108-109 (julio-diciembre 1979): 693-695.

COULSON, Graciela

[C219] "'Instrucciones para matar hormigas en Roma' o la dinámica de la palabra" (Nota)
RI 95 (abril-junio 1976): 233-237.

[C220] "Martha Palley de Francescato: *Bestiario y otras jaulas*" (Reseña)
RI 108-109 (julio-diciembre 1979): 696-699.

COUTINHO, Afrânio

[C221] "*O peregrino da América*" (Nota)
RI 98-99 (enero-junio 1977): 89-93.

[C222] "Claude L. Hulet: *Brazilian Literature*" (Reseña)
RI 108-109 (julio-diciembre 1979): 700-700.

COYNÉ, André

[C223] "Vallejo y el surrealismo" (Estudio)
RI 71 (abril-junio 1970): 243-301.

CRADDOCK, Jerry R.

[C224] "Adalbert Dessau: *Der mexicanische Revolutionsroman*" (Reseña)
RI 70 (enero-marzo 1970): 125-127.

CRESTA DE LEGUIZAMÓN, María Luisa

[C225] "Arturo Torres Rioseco: *La hebra en la aguja*" (Reseña)
RI 60 (julio-diciembre 1965): 305-307.

[C226] "Enrique Anderson Imbert: *Los domingos del profesor*" (Reseña)
RI 60 (julio-diciembre 1965): 307-309.

[C227] "Allen W. Phillips: *Estudios y notas sobre literatura hispano-americana*" (Reseña)
RI 60 (julio-diciembre 1965): 309-311.

CRUMLEY DE PÉREZ, Laura Lee

[C228] "*Balún-Canán* y la construcción narrativa de una cosmovisión indígena" (Estudio)
RI 127 (abril-junio 1984): 491-503.

CRUZ LEAL, Petra-Iraides

[C229] "Los horizontes de Arguedas: apuntes para una valoración crítica" (Estudio)
RI 159 (abril-junio 1992): 393-406.

CRUZ MALAVÉ, Arnaldo

[C230] "Lo natural y lo histórico en *El siglo de las luces*, de Alejo Carpentier: Una segunda lectura" (Nota)
RI 130-131 (enero junio 1985): 221-233.

[C231] "La historia y el bolero en *Sólo cenizas hallarás* (bolero)"
RI 142 (enero-marzo 1988): 63-72.

[C232] "El destino del padre: *Künstlerroman* y falocentrismo en *Paradiso*" (Estudio)
RI 154 (enero-marzo 1991): 51-64.

CUEVA, Agustín

[C233] "Literatura y sociedad en el Ecuador: 1920-1960" (Estudio)
RI 144-145 (julio-diciembre 1988): 629-647.

CYMERMAN, Claude

[C234] "Juan León Mera: *Cumandá o un drama entre salvajes*. Estudio prelimiar y edición crítica de Trinidad Barrera Sevilla" (Reseña)
RI 151 (abril-junio 1990): 610-611.

[C235] "Alcides Arguedas: *Raza de bronce - Wauta Waura*. Edición crítica. Coordinador: Antonio Lorente Medina" (Reseña)
RI 151 (abril-junio 1990): 611-613.

CH

CHAMBERLAIN, Bobby J.

[CH1] "Rui Barbosa: *Cartas à Noiva*" (Reseña)
RI 135-136 (abril-septiembre 1986): 757-759.

[CH2] "John Gledson: *Machado de Assis: ficção e história*" (Reseña)
RI 141 (octubre-diciembre 1987): 1041-1042.

CHAMIE, Mario

[CH3] "Mário de Andrade: Fato aberto e discurso carnavalesco" (Estudio)
RI 98-99 (enero-junio 1977): 95-108.

CHAMORRO GONZÁLEZ, Faustino

[CH4] "Acercamientos a la obra de Roberto Brenes Mesén" (Estudio)
RI 138-139 (enero-junio 1987): 95-119.

CHANG-RODRÍGUEZ, Eugenio

[CH5] "José Agustín Balseiro: *Vísperas de sombra y otros poemas*" (Reseña)
RI 50 (julio-diciembre 1960): 343-346.

[CH6] "Ángel Flores: *The Literature of Spanish America: Vol. II, 1825-1885*" (Reseña)
RI 68 (mayo-agosto 1969): 411-413.

[CH7] "Ángel Flores: *The Literature of Spanish America: Vol. III, Part I, Modernismo and other trends (1895-1910) Vol. IV (1930-1967)*" (Reseña)
RI 70 (enero-marzo 1970): 127-130.

[CH8] "Luis Alberto Sánchez: *Testimonio personal: memoria de un peruano del siglo XX*" (Reseña)
RI 75 (abril-junio 1971): 465-470.

[CH9] "El ensayo de Manuel González Prada" (Nota)
RI 95 (abril-junio 1976): 239-249.

[CH10] "El indigenismo peruano y Mariátegui" (Estudio)
RI 127 (abril-junio 1984): 367-393.

CHANG-RODRÍGUEZ, Raquel

[CH11] "Phyllis White Rodríguez Peralta: *José Santos Chocano*" (Reseña)
RI 78 (enero-marzo 1972): 155-158.

[CH12] "Enrique López Albújar: *La diestra de don Juan*" (Reseña)
RI 90 (enero-marzo 1975): 145-146.

[CH13] "'La endiablada', relato peruano inédito del siglo XVII" (Documento)
RI 91 (abril-junio 1975): 273-276.

[CH14] "Luis Loayza: *El avaro y otros textos*" (Reseña)
RI 94 (enero-marzo 1976): 137-138.

[CH15] "Elena Portocarrero: *La multiplicación de las viejas*" (Reseña)
RI 94 (enero-marzo 1976): 138-140.

[CH16] "Sobre *La canción de Rachel*, novela-testimonio" (Nota)
RI 102-103 (enero-junio 1978): 133-138.

[CH17] "Luis Valle Goicochea: *Obra poética*" (Reseña)
RI 102-103 (enero-junio 1978): 253-256.

[CH18] "Juan Jacobo de Lara: *Pedro Henríquez Ureña: su vida y su obra*" (Reseña)
RI 102-103 (enero-junio 1978): 256-259.

[CH19] "Relectura de *Los empeños de una casa*" (Estudio)
RI 104-105 (julio-diciembre 1978): 409-419.

[CH20] "Mirta Aguirre Carreras: *Del encausto a la sangre: Sor Juana Inés de la Cruz*" (Reseña)
RI 104-105 (julio-diciembre 1982): 589-591.

[CH21] "Lucía Fox-Lockert: *Women Novelist in Spain and Spanish America*" (Reseña)
RI 118-119 (enero-junio 1982): 434-436.

[CH22] "Sobre los cronistas indígenas del Perú y los comienzos de una escritura hispanoamericana" (Estudio)
RI 120-121 (julio-diciembre 1982): 533-548.

[CH23] "Anna Wayne Ashhurst: *La literatura hispanoamericana en la crítica española*" (Reseña)
RI 120-121 (julio-diciembre 1982): 749-752.

[CH24] "Enrique Pupo-Walker: *La vocación literaria del pensamiento histórico en América. Desarrollo de la prosa de ficción: siglos XVI, XVII, XVIII y XIX*" (Reseña)
RI 130-131 (enero-junio 1985): 367-369.

[CH25] "A propósito de Sor Juana y sus admiradores novocastellanos" (Estudio)
RI 132-133 (julio-diciembre 1985): 605-619.

[CH26] "Julie Greer Johnson: *Women in Colonial Spanish American Literature. Literary Images*" (Entrevista)
RI 132-133 (julio-diciembre 1985): 967-968.

[CH27] "Santo Tomás en los Andes" (Estudio)
RI 140 (julio-septiembre 1987): 559-567.

CHANG-RODRÍGUEZ, Raquel / Donald A. YATES

[CH28] "Crono-bibliografía de Irving A. Leonard" (Bibliografía)
RI 104-105 (julio-diciembre 1978): 577-587.

CHAPLE, Sergio

[CH29] "Panorama de la cuentística cubana" (Nota)
RI 110-111 (enero-junio 1980): 223-229.

CHAPMAN, Arnold

[CH30] "Unos versos olvidados de José María Heredia" (Documentos)
RI 52 (julio-diciembre 1961): 357-365.

CHARRY LARA, Fernando

[CH31] "Los poetas de *Los Nuevos*" (Estudio)
RI 128-129 (julio-diciembre 1984): 633-681.

CHASCA, Edmundo de

[CH32] "*El reino interior* de Rubén Darío y *Crimen Amoris* de Verlaine" (Estudio)
RI 41-42 (enero-diciembre 1956): 309-317.

CHASE, Cida S.

[CH33] "El mundo femenino en algunos cuentos de Rima de Vallbona" (Estudio)
RI 138-139 (enero-junio 1987): 403-418.

CHAVES MCCLENDON, Carmen

[CH34] "Maria Lúcia Pinheiro Sampaio: *Processos retóricos na obra de João Cabral de Melo Neto*" (Reseña)
RI 126 (enero-marzo 1984): 320-321.

[CH35] "João de Almeida: *Introdução ao estudo das perífrases verbais de infinitivo*" (Reseña)
RI 126 (enero-marzo 1984): 320-320.

CHIAMPI CORTEZ, Irlemar

[CH36] "Narración y metalenguaje en *Grande sertão: veredas*" (Estudio)
RI 98-99 (enero-junio 1977): 199-224.

[CH37] "La reescritura de Carpentier, según Roberto González Echevarría" (Nota)
RI 102-103 (enero-junio 1978): 157-164.

[CH38] "Sobre la lectura interrupta de *Paradiso*" (Nota)
RI 154 (enero-marzo 1991): 65-76.

CHICA SALAS, Susana

[CH39] "Conversación con Borges" (Entrevista)
RI 96-97 (julio-diciembre 1976): 585-591.

CHRISTIAN, Chester

[CH40] "Alrededor de este nudo de la vida. Entrevista con José María Arguedas, 3 de agosto de 1966, Lima, Perú" (Entrevista)
RI 122 (enero-marzo 1983): 221-234.

D

DANESE, Sérgio França

[D1] "Irlemar Chiampi: *O realismo maravilhoso. Forma e ideologia no romance hispano-americano*" (Reseña)
RI 118-119 (enero-junio 1982): 442-447.

DANIEL, Mary L.

[D2] "João Guimarães Rosa: Língua e Estilo" (Estudio)
RI 62 (julio-diciembre 1966): 247-259.

DAPAZ STROUT, Lilia

[D3] "Presencia de Huidobro en la poesía de Gonzalo Rojas" (Estudio)
RI 106-107 (enero-junio 1979): 351-358.

DAUSTER, Frank

[D4] "*Teatro mexicano del siglo XX*. Selección y prólogo de Francisco Monterde, Antonio Magaña Esquivel y Celestino Gorostiza" (Reseña)
RI 44 (julio-diciembre 1957): 372-375.

[D5] "Manuel Romero de Terreros: *Teatro breve*" (Reseña)
RI 45 (enero-junio 1958): 190-191.

[D6] "José A. Balseiro: *Saudades de Puerto Rico. La pureza cautiva*" (Reseña)
RI 46 (julio-diciembre 1958): 453-454.

[D7] "La poesía de Jaime Torres Bodet" (Estudio)
RI 49 (enero-junio 1960): 73-94.

[D8] "*Teatro puertorriqueño*" (Reseña)
RI 49 (enero-junio 1960): 172-173.

[D9] "Raúl Leiva: *Imagen de la poesía mexicana contemporánea*" (Reseña)
RI 49 (enero-junio 1960): 173-177.

[D10] "Notas sobre *Muerte sin fin*" (Estudio)
RI 50 (julio-diciembre 1960): 273-288.

[D11] "Emilio Carballido: *Teatro*" (Reseña)
RI 50 (julio-diciembre 1960): 347-348.

[D12] "Andrew P. Debicky: *La poesía de José Gorostiza*" (Reseña)
RI 55 (enero-junio 1963): 194-195.

[D13] "Ruth S. Lamb: *Bibliografía del teatro mexicano del siglo XX*" (Reseña)
RI 55 (enero-junio 1963): 198-199.

[D14] "Carlos Solórzano: *El teatro hispanoamericano contemporáneo*" (Reseña)
RI 60 (julio-diciembre 1965): 311-312.

[D15] "José Gorostiza: *Poesía*" (Reseña)
RI 62 (julio-diciembre 1966): 321-322.

[D16] "Wilberto Cantón: *Nosotros somos Dios*" (Reseña)
RI 62 (julio-diciembre 1966): 322-323.

[D17] "Willis Knapp Jones: *Behind Spanish American Footlights*" (Reseña)
RI 62 (julio-diciembre 1966): 323-326.

[D18] "Cuatro antologías de teatro hispanoamericano" (Reseña)
RI 91 (abril-junio 1975): 371-373.

[D19] "Alberto Baeza Flores: *Tres piezas de teatro hacia mañana*. Gilberto Pinto: *Los fantasmas de Tulemón*" (Reseña)
RI 94 (enero-marzo 1976): 140-140.

[D20] "Teatro. 8 autores" (Reseña)
RI 137 (octubre-diciembre 1986): 1073-1075.

[D21] Eugene L. Moretta: *Gilberto Owen en la poesía mexicana: Dos ensayos*" (Reseña)
RI 140 (julio-septiembre 1987): 694-696.

[D22] "Poetas mexicanos nacidos en las décadas de 1920, 1930 y 1940" (Estudio)
RI 148-149 (julio-diciembre 1989): 1161-1175.

[D23] "Visión de la realidad en el teatro cubano" (Estudio)
RI 152-153 (julio-diciembre 1990): 853-870.

DÁVILA, Luis

[D24] "Carlos Fuentes y su concepto de la novela"
RI 116-117 (julio-diciembre 1981): 73-78.

DÁVILA VÁZQUEZ, Jorge

[D25] "El Dios de César Dávila Andrade" (Estudio)
RI 144-145 (julio-diciembre 1988): 779-787.

DAVIS, Jack Emory

[D26] "Algunos problemas lexicográficos en *El periquillo sarniento*" (Nota)
RI 45 (enero-junio 1958): 163-171.

DAVIS, James J.

[D27] "Ritmo poético, negritud y dominicanidad" (Estudio)
RI 142 (enero-marzo 1988): 171-186.

DAVIS, Mary E.

[D28] "*Dress Gray* y *La ciudad y los perros*: El laberinto del honor" (Estudio)
RI 116-117 (julio-diciembre 1981): 117-126.

DAVIS, Michele S.

[D29] "Dos aspectos de la mujer en busca de sí misma y en contra de la sociedad" (Estudio)
RI 132-133 (julio-diciembre 1985): 621-626.

DAVISON, Ned

[D30] "El frío como símbolo en *Los pozos* de Amado Nervo" (Estudio)
RI 51 (enero-junio 1961): 111-126.

DAY, John F.

[D31] "La exploración de lo irracional en los cuentos de Manuel Gutiérrez Nájera" (Estudio)
RI 146-147 (enero-junio 1989): 251-272.

DEBICKI, Andrew P.

[D32] "Sobre la poética y la crítica literaria de José Gorostiza" (Nota)
RI 51 (enero-junio 1961): 147-154.

[D33] "La función de la naturaleza en *Canciones para cantar en las barcas*" (Nota)
RI 53 (enero-junio 1962): 141-153.

[D34] "José Martí: El empleo artístico de la anécdota" (Estudio)
RI 69 (septiembre-diciembre 1969): 491-504.

[D35] "John S. Brushwood: *Enrique González Martínez*" (Reseña)
RI 73 (octubre-diciembre 1970): 666-668.

DECKER, Donald M.

[D36] "Bibliografía de y sobre Luis Durand" (Bibliografía)
RI 58 (julio-diciembre 1964): 313-317.

DEHENNIN, Elsa

[D37] "A propósito del realismo de Mario Benedetti" (Estudio)
RI 160-161 (julio-diciembre 1992): 1077-1090.

DEL RÍO, Ana María

[D38] "Marcelo Coddou (ed.): *Los libros tienen sus propios espíritus: Estudios sobre Isabel Allende*" (Reseña)
RI 144-145 (julio-diciembre 1988): 1050-1052.

DELLEPIANE, Angela B.

[D39] "La novela argentina desde 1950 a 1965" (Estudio)
RI 66 (julio-diciembre 1968): 237-282.

[D40] "José Hernández: Un siglo. Nota bibliográfica a dos recientes publicaciones" (Estudio)
RI 87-88 (abril-septiembre 1974): 509-548.

[D41] "Los folletines gauchescos de Eduardo Gutiérrez" (Estudio)
RI 104-105 (julio-diciembre 1978): 487-506.

[D42] "Contar = Mester de Fantasía o la narrativa de Angélica Gorodischer" (Estudio)
RI 132-133 (julio-diciembre 1985): 627-640.

[D43] "Entrevista a Ernesto Sábato en sus ochenta años" (Entrevista)
RI 158 (enero-marzo 1992): 33-44.

[D44] "Ernesto Sábato o la historia de una pasión" (Estudio)
RI 158 (Enero-marzo 1992): 217-222.

DEREDITA, John F.

[D45] "El lenguaje de la desintegración: Notas sobre *El astillero* de Onetti" (Estudio)
RI 76-77 (julio-diciembre 1971): 651-665.

[D46] "Vanguardia, ideología, mito (En torno a una novelística reciente en Cuba)"
RI 92-93 (julio-diciembre 1975): 617-625.

DESSAU, Adalbert

[D47] "Mito y realidad en *Los ojos de los enterrados*, de Miguel Ángel Asturias" (Estudio)
RI 67 (enero-abril 1969): 77-86.

DÍAZ, Gwendolyn

[D48] "Escritura y palabra: *Aire tan dulce*, de Elvira Orphée" (Estudio)
RI 132-133 (julio-diciembre 1985): 641-648.

DÍAZ, Lidia

[D49] "La estética de Macedonio Fernández y la vanguardia argentina" (Nota)
RI 151 (abril-junio 1990): 497-511.

[D50] "Ana María del Río: *Oxido de Carmen*" (Reseña)
RI 158 (enero-marzo 1992): 269-270.

DÍAZ ARCINIEGA, Víctor

[D51] "1925: La revolución cierra filas" (Estudio)
RI 150 (enero-marzo 1990): 19-34.

DÍAZ MARTÍNEZ, Manuel

[D52] "Realidad y poesía en Pablo Armando Fernández" (Nota)
RI 152-153 (julio-diciembre 1990): 1211-1216.

DÍEZ, Luis A.

[D53] "Juan Carlos Onetti: *Dejemos hablar al viento*" (Reseña)
RI 112-113 (julio-diciembre 1980): 659-663.

[D54] "Enrique Buenaventura: *Teatro* (Selección y notas de Francisco Garzón Céspedes)" (Reseña)
RI 118-119 (enero-junio 1982): 437-439.

DIXON, Paul B.

[D55] "John Gledson: *The Deceptive Realism of Machado de Assis: A Dissenting Interpretation of Dom Casmurro*" (Reseña)
RI 135-136 (abril-septiembre 1986): 760-761.

DOBLES, Fabián

[D56] "Mamita Maura" (Cuento)
RI 43 (enero-junio 1957): 135-141.

DOMÍNGUEZ DE RODRÍGUEZ PASQUÉS, Petrona

[D57] "Carta sobre una reseña de Sharon Magnarelli" (Polémica)
RI 102-103 (enero-junio 1978): 183-185.

[D58] "Enrique Pezzoni: *El texto y sus voces*" (Reseña)
RI 140 (julio-septiembre 1987): 723-726.

DOMÍNGUEZ MICHAEL, Christopher

[D59] "Notas sobre mitos nacionales y novela mexicana (1955-1985)" (Estudio)
RI 148-149 (julio-diciembre 1989): 915-924.

DONOSO PAREJA, Miguel

[D60] "La literatura de protesta en el Ecuador" (Estudio)
RI 144-145 (julio-diciembre 1988): 977-999.

DORFMAN, Ariel

[D61] "Entre Proust y la momia americana: Siete notas y un epílogo sobre *El recurso del método*" (Estudio)
RI 114-115 (enero-junio 1981): 95-128.

DOURADO, Autran

[D62] "As Seis e Meia no Largo do Carmo" (Texto)
RI 98-99 (enero-junio 1977): 57-79.

DUBATTI, Jorge A.

[D63] "Ana María Zubieta: *El discurso narrativo arltiano. Intertextualidad, grotesco y utopía*" (Reseña)
RI 151 (abril-junio 1990): 613-616.

DUKE DOS SANTOS, María I.

[D64] "El celoso paranoico en ciertas historias de Machado de Assis" (Nota)
RI 75 (abril-junio 1971): 437-445.

DUMAS, Jean-Louis

[D65] "Asturias en Francia" (Estudio)
RI 67 (enero-abril 1969): 117-125.

DUNCAN, Quince

[D66] "Visión panorámica de la narrativa costarricense"
RI 138-139 (enero-junio 1987): 79-94.

DURÁN, Gloria

[D67] "*El obsceno pájaro de la noche*: La dialéctica del chacal y el *imbunche*" (Nota)
RI 95 (abril-junio 1976): 251-257.

DURÁN, Juan

[D68] "Cedomil Goic: *La novela chilena. Los mitos degradados*" (Reseña)
RI 69 (septiembre-diciembre 1969): 560-563.

DURÁN, Manuel

[D69] "Julio Cortázar y su pequeño mundo de cronopios y famas" (Estudio)
RI 59 (enero-junio 1965): 33-46.

[D70] "La huella del oriente en la poesía de Octavio Paz" (Estudio)
RI 74 (enero-marzo 1971): 97-116.

[D71] "La poesía mexicana de hoy" (Nota)
RI 76-77 (julio-diciembre 1971): 741-751.

[D72] "El *Martín Fierro* y sus críticos españoles" (Estudio)
RI 87-88 (abril-septiembre 1974): 479-489.

[D73] "In memoriam. Jaime Torres Bodet, Salvador Novo, Rosario Castellanos" (Necrológica)
RI 90 (enero-marzo 1975): 79-83.

[D74] "Carmen Martín Gaite, *Retahílas, El cuarto de atrás*, y el diálogo sin fin" (Nota)
RI 116-117 (julio-diciembre 1981): 233-240.

[D75] "*Contemporáneos*: ¿Grupo, promoción, generación, conspiración?" (Estudio)
RI 118-119 (enero-junio 1982): 37-46.

[D76] "Las revistas *Taller* y *Tierra nueva*: 'Nueva generación, nuevas inquietudes'" (Estudio)
RI 148-149 (julio-diciembre 1989): 1151-1160.

DURÁN CERDA, Julio

[D77] "Civilización y barbarie en el desarrollo del teatro nacional rioplatense" (Estudio)
RI 55 (enero-junio 1963): 89-124.

[D78] "Homero Castillo: *La literatura chilena en los Estados Unidos de América*" (Reseña)
RI 58 (julio-diciembre 1964): 332-334.

[D79] "Ludwig Pfandl: *Sor Juana Inés de la Cruz. La Décima Musa de México. Su vida. Su poesía. Su psique*" (Reseña)
RI 59 (enero-junio 1965): 126-128.

[D80] "Ricardo Latcham en la crítica de América Hispana" (Necrológica)
RI 60 (julio-diciembre 1965): 277-283.

[D81] "*Arauco Domado*, poema manierista" (Nota)
RI 104-105 (julio-diciembre 1978): 515-525.

[D82] "David Petreman: *La obra narrativa de Francisco Coloane*" (Reseña)
RI 146-147 (enero-junio 1989): 520-522.

DURÁN LUZIO, Juan

[D83] "Hacia los orígenes de una literatura colonial" (Estudio)
RI 89 (octubre-diciembre 1974): 651-658.

[D84] "Sobre Tomás Moro en el Inca Garcilaso" (Estudio)
RI 96-97 (julio-diciembre 1976): 349-361.

[D85] "Lo profético como estilo en la *Brevísima relación de la destrucción de Indias*, de Bartolomé de Las Casas" (Estudio)
RI 104-105 (julio-diciembre 1978): 351-367.

[D86] "Ricardo Palma, cronista de una sociedad barroca" (Estudio)
RI 140 (julio-septiembre 1987): 581-593.

[D87] "A propósito de una nueva edición bilingüe de la *Rusticatio Mexicana* de Rafael Landívar" (Nota)
RI 155-156 (abril-septiembre 1991): 591-596.

DURAND, José

[D88] "De bibliografía indiana" (Nota)
RI 86 (enero-marzo 1974): 105-110.

DUVERRÁN, Carlos Rafael

[D89] "El garbo del desgaire: Las *Concherías*, de Aquileo Echeverría" (Estudio)
RI 138-139 (enero-junio 1987): 9-26.

DWYER, John P.

[D90] "Cuates agazapados y otros temas: Unas palabras con Gustavo Sainz" (Entrevista)
RI 90 (enero-marzo 1975): 85-89.

[D91] "Carnaval e narrativa paralela em *Tenda dos milagres*" (Nota)
RI 126 (enero-marzo 1984): 189-201.

E

EARLE, Peter G.

[E1] "Los manifiestos de Huidobro" (Estudio)
RI 106-107 (enero-junio 1979): 165-174.

[E2] "El ensayo hispanoamericano, del modernismo a la modernidad" (Estudio)
RI 118-119 (enero-junio 1982): 47-57.

[E3] "Octavio Paz y España" (Nota)
RI 141 (octubre-diciembre 1987): 945-953.

ECHAVARREN, Roberto

[E4] "*El beso de la mujer araña* y las metáforas del sujeto" (Estudio)
RI 102-103 (enero-junio 1978): 65-75.

[E5] "La estética de Macedonio Fernández" (Estudio)
RI 106-107 (enero-junio 1979): 93-100.

[E6] "Sylvia Molloy: *Las letras de Borges*" (Reseña)
RI 110-111 (enero-junio 1980): 319-321.

[E7] "Trasposiciones: Un romance epistolar de Sor Juana" (Estudio)
RI 120-121 (julio-diciembre 1982): 621-646.

[E8] "La literariedad: *Respiración artificial*, de Ricardo Piglia" (Estudio)
RI 125 (octubre-diciembre 1983): 997-1008.

[E9] "Marosa di Giorgio, última poeta del Uruguay" (Estudio)
RI 160-161 (julio-diciembre 1992): 1103-1115.

ECHAVARRÍA FERRARI, Arturo

[E10] "*Tlön, Uqbar, Orbis Tertius*: Creación de un lenguaje y crítica del lenguaje" (Estudio)
RI 100-101 (julio-diciembre 1977): 399-413.

ECHEVARRÍA, Evelio

[E11] "Renato Prada Oropeza: *Los fundadores del alba*" (Reseña)
RI 70 (enero-marzo 1970): 130-131.

[E12] "Fernando Díez de Medina: *Mateo Montemayor*" (Reseña)
RI 72 (julio-septiembre 1970): 512-513.

[E13] "Adolfo Bioy Casares: *Diario de la guerra del cerdo*" (Reseña)
RI 73 (octubre-diciembre 1970): 668-670.

[E14] "Manuel del Cabral: *El escupido*" (Reseña)
RI 78 (enero-marzo 1972): 159-160.

[E15] "Rómulo Gallegos: *Tierra bajo los pies*" (Reseña)
RI 86 (enero-marzo 1974): 179-180.

[E16] "George O. Schanzer: *Russian Literature in the Hispanic World: a bibliography./ La literatura rusa en el mundo hispánico: bibliografía*" (Reseña)
RI 86 (enero-marzo 1974): 180-182.

[E17] "Manuel Scorza: *Historia del Garabombo, el invisible*" (Reseña)
RI 86 (enero-marzo 1974) 182-183.

[E18] "Nuevo acercamiento a la estructura de *Don Segundo Sombra*" (Estudio)
RI 89 (octubre-diciembre 1974): 629-637.

[E19] "Nicolás A. S. Bratosevich: *El estilo de Horacio Quiroga en sus cuentos*" (Reseña)
RI 90 (enero-marzo 1975): 146-147.

[E20] "Lon Pearson: *Nicomedes Guzmán: Proletarian Author in Chile's Literary Generation of 1938*" (Reseña)
RI 96-97 (julio-diciembre 1976): 622-623.

[E21] "Gonzalo Celorio: *El surrealismo y lo real-maravilloso americano*" (Reseña)
RI 102-103 (enero-junio 1978): 259-260.

[E22] "Manuel Scorza: *El jinete insomne. Cantar de Agapito Robles*" (Reseña)
RI 110-111 (enero-junio 1980): 321-323.

[E23] "César Vallejo: *Teatro completo*" (Reseña)
RI 118-119 (enero-junio 1982): 439-440.

[E24] "Javier Sanjinés C. (ed.): *Tendencias actuales en la literatura boliviana*" (Reseña)
RI 137 (octubre-diciembre 1986): 1075-1076.

[E25] "Jack London y Horacio Quiroga" (Nota)
RI 140 (julio-septiembre 1987): 635-642.

[E26] "Giuseppe Bellini: *Historia de la literatura hispanoamericana*" (Reseña)
RI 144-145 (julio-diciembre 1988): 1052-1053.

EDBERG, George J.

[E27] "Seymour Menton: *El cuento hispanoamericano: Antología crítico-histórica*" (Reseña)
RI 59 (enero-junio 1965): 128-131.

EDWARDS, Jorge / et al.

[E28] "La experiencia de los novelistas" (Mesa redonda)
RI 116-117 (julio-diciembre 1981): 309-321.

ELÍAS, Eduardo F.

[E29] "*El estrecho dudoso*: del discurso histórico a la épica contemporánea" (Estudio)
RI 157 (octubre-diciembre 1991): 923-931.

EL SAFFAR, Ruth

[E30] "En busca de Edén: Consideraciones sobre la obra de Ana María Matute" (Estudio)
RI 116-117 (julio-diciembre 1981): 223-231.

ELISSONDO, Guillermina

[E31] "Lucía Fox: *Formas-Forms*" (Entrevista)
RI 132-133 (julio-diciembre 1985): 968-971.

ELLIS, Keith

[E32] "Propósito y realización en Vicente Huidobro" (Estudio)
RI 106-107 (enero-junio 1979): 291-300.

[E33] "Roberto Fernández Retamar: poeta y teórico literario" (Estudio)
RI 152-153 (julio-diciembre 1990): 1217-1228.

ELLISON, Fred P.

[E34] "La conferencia de Rubén Darío sobre Joaquim Nabuco: Introducción y texto" (Documentos)
RI 52 (julio-diciembre 1961): 329-356.

[E35] "Padre Pedro Américo Maia, S.U.: *A Problemática moral no moderno romance brasileiro*. Grupo Gente Nova: *Dicionário crítico do moderno romance brasileiro*" (Reseña)
RI 72 (julio-septiembre 1970): 513-515.

EMMI, Stella

[E36] "Cristina Peri Rossi: *Cosmoagonías*" (Reseña)
RI 160-161 (julio-diciembre 1992): 1196-1199.

ENGLEKIRK, John E.

[E37] "Franklin en el mundo hispano" (Estudio)
RI 41-42 (enero-diciembre 1956): 319-371.

[E38] "Swan, Cygnets, and Owl: *An Anthology of Modernist Poetry in Spanish America*, Translation by Mildred E. Johnson" (Reseña)
RI 44 (julio-diciembre 1957): 375-382.

[E39] "*Poesia ispano-americana del 900*. Scelta dei testi e versioni, introduzione, profili biobibliografici e bibliografia a cura di Francesco Tentori" (Reseña)
RI 46 (julio-diciembre 1958): 455-459.

[E40] "La literatura y la revista literaria en Hispanoamérica" (Bibliografía)
RI 51 (enero-junio 1961): 9-79.

[E41] "La literatura y la revista literaria en Hispanoamérica (Continuación del número 51)" (Bibliografía)
RI 52 (julio-diciembre 1961): 219-279.

[E42] "La literatura y la revista literaria en Hispanoamérica (Continuación de los números 51 y 52)" (Bibliografía)
RI 53 (enero-junio 1962): 9-73.

[E43] "La literatura y la revista literaria en Hispanoamérica" (Bibliografía)
RI 55 (enero-junio 1963): 9-66.

ENGUÍDANOS, Miguel

[E44] "Supervivencia y actualidad de la novelística esperpéntica de Valle-Inclán" (Estudio)
RI 116-117 (julio-diciembre 1981): 187-193.

ESCARPANTER, José A.

[E45] "Tres dramaturgos del inicio revolucionario: Abelardo Estorino, Antón Arrufat y José Triana" (Estudio)
RI LVI(152-153) (julio-diciembre 1990): 881-896.

ESPADAS, Elizabeth

[E46] "*El círculo ardiente*: El destierro en *Desterrados al fuego* y *Exilio*, de Matías Montes Huidobro" (Estudio)
RI 152-153 (julio-diciembre 1990): 1079-1090.

ESPEJO, Beatriz

[E47] "Ramón López Velarde, un pesimista lujurioso" (Estudio)
RI 148-149 (julio-diciembre 1989): 1071-1081.

ESPINA, Eduardo

[E48] "Entre la isla y el cielo: La poesía socio-religiosa de Incháustegui Cabral" (Estudio)
RI 142 (enero-marzo 1988): 187-197.

[E49] "Julio Herrera y Reissig y la no integrada modernidad de *La torre de las esfinges*" (Nota)
RI 146-147 (enero-junio 1989): 451-456.

[E50] "Palabra y universo en la escritura de Armando Romero" (Nota)
RI 151 (abril-junio 1990): 533-540.

[E51] "De la jungla de Lautréamont a Selva Márquez" (Estudio)
RI 160-161 (julio-diciembre 1992): 933-945.

EZCURDIA, Manuel de

[E52] "Ralph E. Warner: *Bibliografía de Ignacio Manuel Altamirano*" (Reseña)
RI 43 (enero-junio 1957): 200-201.

F

FABIÁN, Donald

[F1] "La acción novelesca de *Don Segundo Sombra*" (Nota)
RI 45 (enero-junio 1958): 147-153.

FAJARDO, Diógenes

[F2] "La narrativa colombiana de la última década: Valoración y perspectivas" (Estudio)
RI 141 (octubre-diciembre 1987): 887-901.

FAMA, Antonio

[F3] "Giuseppe Bellini: *Storia delle relazioni letterarie tra l'Italia e l'America de lingua spagnola*" (Reseña)
RI 110-111 (enero-junio 1980): 323-325.

[F4] "Historia y narración en *El arpa y la sombra*, de Alejo Carpentier" (Nota)
RI 135-136 (abril-septiembre 1986): 547-557.

[F5] "Ficción, historia y realidad: pautas para una teoría de la novela según Carpentier" (Estudio)
RI 154 (enero-marzo 1991): 135-149.

FARES, Gustavo C.

[F6] "Juan Rulfo: Crítica reciente" (Nota)
RI 148-149 (julio-diciembre 1989): 989-1003.

[F7] "Grinor Rojo: *Crítica del exilio. Ensayos sobre literatura latinoamericana actual*" (Reseña)
RI 151 (abril-junio 1990): 617-620.

[F8] "Myron Lichtblau: *Rayuela y la creatividad artística*" (Reseña)
RI 151 (abril-junio 1990): 620-621.

[F9] "Enrico Mario Santí: *Escritura y tradición. Texto, crítica y poética en la literatura hispanoamericana*" (Reseña)
RI 154 (enero-marzo 1991): 391-396.

[F10] "Nancy M. Kason (ed.): *Los Ensayistas. Argentina; 1955-1989*" (Reseña)
RI 154 (enero-marzo 1991): 396-400.

[F11] "Mabel Pagano: *Trabajo a reglamento*" (Reseña)
RI 155-156 (abril-septiembre 1991): 765-767.

[F12] "Sábato pintor: la mirada de la distancia" (Nota)
RI 158 (enero-marzo 1992): 253-259.

[F13] "Enrique Anderson-Imbert: *Narraciones completas*" (Reseña)
RI 158 (enero-marzo 1992): 271-273.

[F14] "Rosalba Campra: *Formas de la memoria*" (Reseña)
RI 158 (enero-marzo 1992): 273-275.

[F15] "Roberto González Echevarría: *Myth and Archive. A Theory of Latin American Narrative*" (Reseña)
RI 158 (enero-marzo 1992): 275-279.

FEAL, Carlos

[F16] "En torno al casticismo de Pedro: El principio y el fin de *Tiempo de silencio*" (Nota)
RI 116-117 (julio-diciembre 1981): 203-211.

FEBLES, Héctor

[F17] "Juan Carlos Onetti: *Cuando entonces*" (Reseña)
RI 160-161 (julio-diciembre 1992): 1199-1202.

FEIJÓO, Gladys

[F18] "Notas sobre *La cabeza de la hidra*" (Nota)
RI 110-111 (enero-junio 1980): 217-222.

FEIN, John M.

[F19] "La estructura de *Piedra de Sol*" (Estudio)
RI 78 (enero-marzo 1972): 73-94.

FELICIANO, Wilma

[F20] "El mundo mítico de Carlos Solórzano" (Estudio)
RI 155-156 (abril-septiembre 1991): 577-588.

FERNÁNDEZ, Jesse

[F21] "José Martí: *Prosa escogida*. Edición de José Olivio Jiménez" (Reseña)
RI 94 (enero-marzo 1976): 144-145.

[F22] "Octavio de la Suarée, Jr.: *La obra literaria de Regino E. Boti*" (Reseña)
RI 108-109 (julio-diciembre 1979): 700-702.

FERNÁNDEZ, Roberto

[F23] "El refranero en *T.T.T.*" (Estudio)
RI 154 (enero-marzo 1991): 265-272.

FERNÁNDEZ, Sergio

[F24] "Pedro Páramo; una sesión espiritista" (Estudio)
RI 148-149 (julio-diciembre 1989): 953-963.

FERNÁNDEZ, Teodosio

[F25] "Borges y el modernismo: Esbozo de una poética" (Estudio)
RI 146-147 (enero-junio 1989): 9-15.

FERNÁNDEZ, Teresa de Jesús

[F26] "*Las grandes puertas* de Fayad Jamis" (Nota)
RI 152-153 (julio-diciembre 1990): 1229-1234.

FERNÁNDEZ ARIZA, Guadalupe

[F27] "*El unicornio* de Manuel Mujica Láinez: tradición literaria y constantes genéricas" (Estudio)
RI 159 (abril-junio 1992): 407-421.

FERNÁNDEZ FERRER, Antonio

[F28] "El 'disparate claro' en Cortázar y Piñera" (Estudio)
RI 159 (abril-junio 1992): 423-436.

FERNÁNDEZ MORENO, César

[F29] "José María Arguedas en el clivaje de dos culturas" (Estudio)
RI 122 (enero-marzo 1983): 67-82.

FERNÁNDEZ OLMOS, Margarita

[F30] "La narrativa dominicana contemporánea: En busca de una salida" (Estudio)
RI 142 (enero-marzo 1988): 73-87.

FERRARESI, Alicia C. de

[F31] "La relación yo-tú en la poesía de Pablo Neruda. Del autoerotismo al panerotismo" (Estudio)
RI 82-83 (enero-junio 1973): 205-225.

FERRARI, Américo

[F32] "El concepto de indio y la cuestión racial en el Perú en los *Siete ensayos de José Carlos Mariátegui*" (Estudio)
RI 127 (abril-junio 1984): 395-409.

[F33] "Manuel González Prada, entre lo nuevo y lo viejo" (Estudio)
RI 146-147 (enero-junio 1989): 307-325.

[F34] "Edgar O'Hara: *Lengua en pena*" (Reseña)
RI 150 (enero-marzo 1990): 304-308.

FERRÉ, Rosario

[F35] "Entre Clara y Julia (Dos poetas puertorriqueñas)" (Nota)
RI 137 (octubre-diciembre 1986): 999-1006.

FERREIRA, Ana Paula

[F36] "*El túnel*, de Ernesto Sábato, en busca del origen" (Estudio)
RI 158 (enero-marzo 1992): 91-103.

FERREIRA PINTO, Cristina

[F37] "La narrativa cinematográfica de Borges" (Estudio)
RI 155-156 (abril-septiembre 1991): 495-506.

FERRER CANALES, José

[F38] "Huellas de José de Diego" (Estudio)
RI 44 (julio-diciembre 1957): 323-332.

FERRO, Hellén

[F39] "Juan Carlos Chiano: *Poesía argentina del siglo XX*" (Reseña)
RI 46 (julio-diciembre 1958): 459-461.

FEUSTLE, Joseph A.

[F40] "Juan Ramón Jiménez y la poesía mexicana" (Nota)
RI 123-124 (abril-septiembre 1983): 563-570.

FIDDIAN, Robert William

[F41] "Fernando del Paso y el arte de la renovación" (Estudio)
RI 150 (enero-marzo 1990): 143-158.

FIGUEROA-AMARAL, Esperanza

[F42] "Julián del Casal y el modernismo" (Estudio)
RI 59 (enero-junio 1965): 47-69.

[F43] "Guía para el lector de *Rayuela*" (Nota)
RI 62 (julio-diciembre 1966): 261-266.

[F44] "Carlos Fuentes: *Cambio de piel*" (Reseña)
RI 66 (julio-diciembre 1968): 366-369.

[F45] "Dos libros de Cortázar" (Nota)
RI 68 (mayo-agosto 1969): 377-383.

[F46] "Bibliografía cronológica de la obra de Julián del Casal" (Bibliografía)
RI 68 (mayo-agosto 1969): 385-399.

[F47] "Mario Vargas Llosa: *Los cachorros*" (Reseña)
RI 68 (mayo-agosto 1969): 405-408.

[F48] "Alice M. Pollin: *Concordancias de la obra poética de Eugenio Florit*" (Reseña)
RI 68 (mayo-agosto 1969): 408-409.

[F49] "Forma y estilo en *Paradiso*" (Estudio)
RI 72 (julio-septiembre 1970): 425-435.

[F50] "Pablo Neruda en inglés" (Estudio)
RI 82-83 (enero-junio 1973): 301-347.

FILER, Malva E.

[F51] "Marcelo Coddou y Mirella Servodidio (ed.): *Julio Cortázar en Barnard*" (Reseña)
RI 120-121 (julio-diciembre 1982): 755-757.

[F52] "Palabra e imagen en la escritura de *Territorios*" (Estudio)
RI 123-124 (abril-septiembre 1983): 351-368.

[F53] "Los mitos indígenas en la obra de Carlos Fuentes" (Estudio)
RI 127 (abril-junio 1984): 475-489.

[F54] "Ángel Rama: *La ciudad letrada*" (Reseña)
RI 130-131 (enero-junio 1985): 369-371.

[F55] Autorrescate e invención en *Las andariegas*, de Albalucía Ángel" (Estudio)
RI 132-133 (julio-diciembre 1985): 649-655.

[F56] "*Theory and Practice of Feminist Literary Criticism*, ed. by Gabriela Mora and Karen S. Van Hooft" (Reseña)
RI 132-133 (julio-diciembre 1985): 971-973.

[F57] "Tomás Eloy Martínez: *La novela de Perón*" (Reseña)
RI LII(135-136) (abril-septiembre 1986): 761-762.

[F58] "Gioconda Marún: *Orígenes del costumbrismo ético social. Addison y Steele: Antecedentes del artículo costumbrista español y argentino*" (Reseña)
RI 135-136 (abril-septiembre 1986): 762-763.

[F59] "Edna Aizenberg: *The Aleph Weaver: Biblical, Kabbalistic and Judaic Elements in Borges*" (Reseña)
RI 135-136 (abril-septiembre 1986): 763-766.

[F60] "Beatriz Sarlo: *El imperio de los sentimientos*" (Reseña)
RI 137 (octubre-diciembre 1986): 1076-1078.

[F61] "J. Ann Duncan: *Voices, Visions, and a New Reality. Mexican Fiction Since 1970*" (Reseña)
RI 137 (octubre-diciembre 1986): 1078-1079.

[F62] "Antonio Di Benedetto (1922-1986)" (Necrológica)
RI 140 (julio-septiembre 1987): 663-665.

[F63] "Juan José Barrientos: *Borges y la imaginación*" (Reseña)
RI 140 (julio-septiembre 1987): 696-698.

[F64] "Evelyn Picón Garfield: *Women Voices from Latin America*" (Reseña)
RI 140 (julio-septiembre 1987): 698-699.

[F65] "Lida Aronne-Amestoy: *Utopía, Paraíso e Historia. Inscripciones del mito en García Márquez, Rulfo y Cortázar*" (Reseña)
RI 141 (octubre-diciembre 1987): 1042-1045.

[F66] "Magdalena García Pinto: *Historias íntimas*" (Reseña)
RI 146-147 (enero-junio 1989): 522-523.

[F67] "Fernando Ainsa: *Los naufragios de Malinow y otros relatos. Las palomas de Rodrigo*" (Reseña)
RI 151 (abril-junio 1990): 621-623.

[F68] "Julio Ortega: *El muro y la intemperie. El nuevo cuento hispanoamericano*. Selección y prólogo de Julio Ortega" (Reseña)
RI 151 (abril-junio 1990): 623-624.

[F69] "George O. Schanzer: *The Persistence of Human Passions. Manuel Mujica Láinez's Satirical Neo-Modernism*" (Reseña)
RI 154 (enero-marzo 1991): 400-402.

[F70] "Kenneth E. Hall: *Guillermo Cabrera Infante and the Cinema*" (Reseña)
RI 154 (enero-marzo 1991): 402-404.

FISCHER, María Luisa

[F71] "El *Canto general* de Neruda y el canto particular de Enrique Lihn: una lectura" (Estudio)
RI 155-156 (abril-septiembre 1991): 569-576.

FITZ, Earl F.

[F72] "Bibliografía de y sobre Clarice Lispector" (Bibliografía)
RI 126 (enero-marzo 1984): 293-304.

FLAWIA DE FERNÁNDEZ, Nilda María

[F73] "Fernando Ainsa: *Con acento extranjero*" (Reseña)
RI 160-161 (julio-diciembre 1992): 1202-1208.

FLORES, Laura

[F74] "Mario Levrero: *Espacios libres*" (Reseña)
RI 160-161 (julio-diciembre 1992): 1209-1212.

FLORES, Miguel Ángel

[F75] "Marco Antonio Montes de Oca: ese inmenso mar poético" (Nota)
RI 150 (enero-marzo 1990): 225-233.

FLORIT, Eugenio

[F76] "María Teresa Babín: *Panorama de la cultura puertorriqueña*" (Reseña)
RI 49 (enero-junio 1960): 177-178.

FOGELQUIST, Donald F.

[F77] "Jaime Torres Bodet: *Sin tregua*" (Reseña)
RI 47 (enero-junio 1959): 189-191.

[F78] "La correspondencia entre José Enrique Rodó y Juan Ramón Jiménez" (Documentos)
RI 50 (julio-diciembre 1960): 327-336.

FONT, María Teresa

[F79] "Tres manifestaciones de espacialismo poético: Federico García Lorca, Nicolás Guillén y Jorge Luis Borges" (Estudio)
RI 73 (octubre-diciembre 1970): 601-612.

FONTAINE, Remy

[F80] "Mario Benedetti: *La tregua*" (Reseña)
RI 110-111 (enero-junio 1980): 325-326.

[F81] "Pedro Barreda: *The Black Protagonist in the Cuban Novel*" (Reseña)
RI 112-113 (julio-diciembre 1980): 663-665.

FONTANA, Hugo

[F82] "Carlos Martínez Moreno testigo de cargo" (Nota)
RI 160-161 (julio-diciembre 1992): 1049-1057.

FORD, Richard

[F83] "El marco narrativo de *La vorágine*" (Nota)
RI 96-97 (julio-diciembre 1976): 573-580.

FORNOFF, Frederick H. / Scott O. MCCLINTOCK

[F84] "La poética de ausencia en Laureano Albán" (Estudio)
RI 138-139 (enero-junio 1987): 331-351.

FORSTER, Merlin H.

[F85] "Nota sobre unos poemas no estudiados de José Gorostiza" (Nota)
RI 52 (julio-diciembre 1961): 323-327.

[F86] "Salvador Novo: *Poesías* y *Yocasta, o casi*" (Reseña)
RI 54 (julio-diciembre 1962): 386-387.

[F87] "Luis G. Urbina: *Ecos teatrales* (Prólogo, selección y notas de Gerardo Sáenz)" (Reseña)
RI 58 (julio-diciembre 1964): 334-335.

[F88] "*Ver y palpar* y *El ciudadano del olvido*: ¿Fórmulas gastadas o creaciones nuevas?" (Nota)
RI 106-107 (enero-junio 1979): 285-290.

[F89] "Nota sobre algunos primeros poemas de Vicente Huidobro traducidos al catalán" (Nota)
RI 118-119 (enero-junio 1982): 391-396.

FOSTER, David William

[F90] "Nota sobre el punto de vista narrativo en *Hijo de hombre* de Roa Bastos" (Nota)
RI 73 (octubre-diciembre 1970): 643-650.

[F91] "Hugo Rodríguez-Alcalá: *Narrativa hispanoamericana, Güiraldes-Carpentier-Roa Bastos-Rulfo (estudios sobre invención y sentido)*" (Reseña)
RI 90 (enero-marzo 1975): 147-148.

[F92] "Ernesto Sábato: *Abaddón, el exterminador*" (Reseña)
RI 90 (enero-marzo 1975): 148-150.

[F93] "Julio Ortega: *Ceremonia y otros actos*" (Reseña)
RI 91 (abril-junio 1975): 373-374.

[F94] "Josefina Ludmer: *'Cien años de soledad': una interpretación crítica*" (Reseña)
RI 95 (abril-junio 1976): 317-321.

[F95] "Noé Jitrik: *El no existente caballero*" (Reseña)
RI 96-97 (julio-diciembre 1976): 623-625.

[F96] "Para una caracterización de la *escritura* en los relatos de Borges" (Estudio)
RI 100-101 (julio-diciembre 1977): 337-355.

[F97] "Bibliografía literaria hispanoamericana. 1977-1978-1979" (Bibliografía)
RI 112-113 (julio-diciembre 1980): 591-604.

[F98] "Bibliografía literaria hispano-americana 1980-1981" (Bibliografía)
RI 122 (enero-marzo 1983): 235-241.

[F99] "Bibliografía del indigenismo hispanoamericano" (Bibliografía)
RI 127 (abril-junio 1984): 587-620.

[F100] "Bibliografía literaria hispanoamericana 1982-1983-1984" (Bibliografía)
RI 130-131 (enero-junio 1985): 347-353.

[F101] "Espejismos eróticos: *De Ausencia*, de María Luisa Mendoza" (Estudio)
RI 132-133 (julio-diciembre 1985): 657-663.

FOSTER, David William / Harvey L. JOHNSON

[F102] "Bibliografía literaria hispanoamericana 1976" (Bibliografía)
RI 102-103 (enero-junio 1978): 221-229.

FOUQUES, Bernard

[F103] "El espacio órfico de la novela en *La muerte de Artemio Cruz*" (Estudio)
RI 91 (abril-junio 1975): 237-248.

[F104] "*Casa tomada* o la auto-significación del relato" (Nota)
RI 96-97 (julio-diciembre 1976): 527-533.

[F105] "Lelia Madrid: *El estilo del deseo: la poética de Darío, Vallejo, Borges y Paz*" (Reseña)
RI 158 (enero-marzo 1992): 279-281.

FOX-LOCKERT, Lucía

[F106] "Nora Jacquez Wieser: *Open to the Sun*" (Reseña)
RI 118-119 (enero-junio 1982): 440-442.

FRAGA PETINGI, Gabriel

[F107] "Miguel Ángel Campodónico: *Instrucciones para vivir (monólogo del sobreviviente)*" (Reseña)
RI 160-161 (julio-diciembre 1992): 1212-1214.

FRANCO, Jean

[F108] "¡Oh mundo por poblar, hoja en blanco¡ El espacio y los espacios en la obra de Octavio Paz" (Estudio)
RI 74 (enero-marzo 1971): 147-160.

[F109] "Lectura de *Conversación en la catedral*" (Nota)
RI 76-77 (julio-diciembre 1971): 763-768.

[F110] "Narrador, autor, superestrella: La narrativa latinoamericana en la época de la cultura de masas" (Estudio)
RI 114-115 (enero-junio 1981): 129-148.

FRANK, Roslyn M. / Nancy VOSBURG

[F111] "Textos y contra-textos en *El jardín de los senderos que se bifurcan*" (Estudio)
RI 100-101 (julio-diciembre 1977): 517-534.

FRANKENTHALLER, Marilyn

[F112] "Complemento a la bibliografía de y sobre Juan Carlos Onetti" (Bibliografía)
RI 91 (abril-junio 1975): 355-365.

FRIEDMAN, Mary Lusky

[F113] "María Inés Lagos: *H. A. Murena en sus ensayos y narraciones: De líder revisionista a marginado*" (Reseña)
RI 151 (abril-junio 1990): 627-630.

FRISCHMANN, Donald H.

[F114] "El sistema patriarcal y las relaciones heterosexuales en *Balún Canán*, de Rosario Castellanos" (Estudio)
RI 132-133 (julio-diciembre 1985): 665-678.

[F115] "Nora Eidelberg: *Teatro experimental hispanoamericano 1960-1980 (La realidad social como manipulación)*" (Reseña)
RI 137 (octubre-diciembre 1986): 1079-1081.

FUENTE, Albert de la

[F116] "La estructura de la novela de Juan Carlos Onetti: *Juntacadáveres*" (Estudio)
RI 79 (abril-junio 1972): 263-277.

FUENTE, Bienvenido de la

[F117] "El olfato en la captación de *la otra realidad*, en algunos cuentos de Julio Cortázar" (Nota)
RI 108-109 (julio-diciembre 1979): 573-582.

FUENTES, Carlos

[F118] "Seis cartas. De Carlos Fuentes a Octavio Paz" (Documentos)
RI 74 (enero-marzo 1971): 17-27.

[F119] "Mugido, muerte y misterio: El mito de Rulfo" (Estudio)
RI 116-117 (julio-diciembre 1981): 11-21.

FUENTES, Carlos / Jorge EDWARDS / et al.

[F120] "La experiencia de los novelistas" (Mesa redonda)
RI 116-117 (julio-diciembre 1981): 309-321.

FUSILLA, Joseph G.

[F121] "Una poesía panegírica de Gertrudis Gómez de Avellaneda" (Nota)
RI 43 (enero-junio 1957): 144-146.

G

GALICH, Franz

[G1] "El teatro de La Revolución (1970-1987)" (Nota)
RI 157 (octubre-diciembre 1991): 1045-1058.

GALLI, Cristina

[G2] "Las formas de la violencia en *Recuerdos del porvenir*" (Nota)
RI 150 (enero-marzo 1990): 213-224.

GALLO, Marta

[G3] "El tiempo en *Las ruinas circulares* de Jorge Luis Borges" (Estudio)
RI 73 (octubre-diciembre 1970): 559-578.

[G4] "Asterión, o el divino Narciso" (Nota)
RI 100-101 (julio-diciembre 1977): 683-690.

[G5] "Néstor Sánchez: Paradoja del cómico de la lengua" (Estudio)
RI 125 (octubre-diciembre 1983): 943-954.

[G6] "Semiosis y símbolo en la *búsqueda* como función narrativa en los cuentos de Borges" (Nota)
RI (LI)130-131 (enero-junio 1985): 197-207.

[G7] "Las crónicas de Victoria Ocampo: Versatilidad y fidelidad de un género" (Estudio)
RI 132-133 (julio-diciembre 1985): 679-686.

[G8] "Julio Cortázar y Ana María Barrenechea: *Cuaderno de bitácora de 'Rayuela'*" (Reseña)
RI 132-133 (julio-diciembre 1985): 973-976.

GÁLVEZ, Manuel

[G9] "Esclavitud" (Cuento)
RI 79 (abril-junio 1972): 318-332.

GAMBARINI, Elsa K.

[G10] "Máscaras y más máscaras" (Estudio)
RI 87-88 (abril-septiembre 1974): 459-470.

[G11] "El discurso y su transgresión: *El almohadón de plumas*', de Horacio Quiroga" (Estudio)
RI 112-113 (julio-diciembre 1980): 443-457.

[G12] "La escritura como lectura: La parodia en *El crimen del otro*, de Horacio Quiroga" (Estudio)
RI 135-136 (abril-septiembre 1986): 475-488.

GAMBARO, Griselda

[G13] "Algunas consideraciones sobre la mujer y la literatura" (Ensayo)
RI 132-133 (julio-diciembre 1985): 471-473.

GARBUGLIO, José Carlos

[G14] "Guimarães Rosa: A gênese de uma obra" (Estudio)
RI 98-99 (enero-junio 1977): 183-197.

GARCÍA, Héctor

[G15] "Mario Delgado Aparain: *La balada de Johnny Sosa*" (Reseña)
RI 160-161 (julio-diciembre 1992): 1214-1218.

GARCÍA, Raquel

[G16] "Eduardo Galeano: *Memoria del fuego*" (Reseña)
RI 160-161 (julio-diciembre 1992): 1218-1220.

GARCÍA, Rubén

[G17] "Donaldo Schüler: *A dramaticidade na poesia de Drummond*" (Reseña)
RI 126 (enero-marzo 1984): 311-312.

GARCÍA BARRÓN, Carlos

[G18] "Ricardo Palma: poeta depurador" (Nota)
RI 104-105 (julio-diciembre 1978): 545-556.

[G19] "Ricardo Palma: *Cien tradiciones peruanas*. Prólogo, selección y cronología de José Miguel Oviedo" (Reseña)
RI 110-111 (enero-junio 1980): 326-329.

[G20] "Algunos datos poco conocidos sobre textos de José Joaquín de Olmedo" (Documentos)
RI 112-113 (julio-diciembre 1980): 581-588.

GARCÍA CASTRO, Ramón

[G21] "Notas sobre la pintura en tres obras de Alejo Carpentier: *Los convidados de plata, Concierto barroco* y *El recurso del método*" (Estudio)
RI 110-111 (enero-junio 1980): 67-84.

GARCÍA DE ALDRIDGE, Adriana

[G22] "La dialéctica contemporánea: *Tiempo propio-tiempo total*, en *Cumpleaños*" (Estudio)
RI 108-109 (julio-diciembre 1979): 513-535.

GARCÍA MAFFLA, Jaime

[G23] "El movimiento poético de *Piedra y cielo*" (Estudio)
RI 128-129 (julio-diciembre 1984): 683-688.

GARCÍA PABÓN, Leonardo

[G24] "Territorio y nación: Indios y mineros en *Aluvión de fuego*, de Oscar Cerruto" (Estudio)
RI 134 (enero-marzo 1986): 93-109.

GARCÍA PINTO, Magdalena

[G25] "El bilingüismo como factor creativo en *Altazor*" (Nota)
RI 106-107 (enero-junio 1979): 117-127.

[G26] "Mireya Camurati: *Poesía y poética de Vicente Huidobro*" (Reseña)
RI 123-124 (abril-septiembre 1983): 653-654.

[G27] "Andrés Avellaneda: *El habla de la ideología*" (Reseña)
RI 130-131 (enero-junio 1985): 371-374.

[G28] "La escritura de la pasión y la pasión de la escritura: *En breve cárcel*, de Sylvia Molloy" (Estudio)
RI 132-133 (julio-diciembre 1985): 687-696.

[G29] "Lucía Fox: *Formas-Forms*" (Entrevista)
RI 132-133 (julio-diciembre 1985): 968-971.

[G30] "*The web stories by Argentine women, edited and translated by H. Ernest Lewald*" (Reseña)
RI 132-133 (julio-diciembre 1985): 976-978.

[G31] "Entrevista con Abel Posse" (Entrevista)
RI 146-147 (enero-junio 1989): 493-506.

[G32] "Sergio Pitol: *Domar a la divina garza*" (Reseña)
RI 154 (enero-marzo 1991): 404-406.

GARCÍA PRADA, Carlos

[G33] "La poesía imaginista y el Hai-kai japonés" (Estudio)
RI 41-42 (enero-diciembre 1956): 373-391.

[G34] "Tomás Carrasquilla, clásico antioqueño" (Estudio)
RI 47 (enero-junio 1959): 9-28.

GARCÍA RONDA, Denia

[G35] "Onelio Jorge Cardoso: Cubanía y universalidad"
RI 152-153 (julio-diciembre 1990): 993-999.

GARGANIGO, John F.

[G36] "*Tierra Nueva*: Su estética y poética" (Estudio)
RI 60 (julio-diciembre 1965): 239-250.

[G37] "Sobre *Sátiro o el poder de las palabras*" (Estudio)
RI 106-107 (enero-junio 1979): 315-323.

GARRELS, Elizabeth

[G38] "El *Facundo* como folletín" (Estudio)
RI 143 (abril-junio 1988): 419-447.

GARRIDO, Adriana

[G39] "Mercedes Rein: *Blues de los domingos*" (Reseña)
RI 160-161 (julio-diciembre 1992): 1221-1223.

GARRIDO, Felipe

[G40] "¿Revolución en las letras?" (Estudio)
RI 148-149 (julio-diciembre 1989): 841-845.

GARZA CUARÓN, Beatriz

[G41] "La herencia filológica de Pedro Henríquez Ureña en El Colegio de México" (Estudio)
RI 142 (enero-marzo 1988): 321-330.

[G42] "Claridad y complejidad en *Muerte sin fin* de José Gorostiza" (Estudio)
RI 148-149 (julio-diciembre 1989): 1129-1149.

GELPÍ, Juan G.

[G43] "Eliseo R. Colón Zayas: *El teatro de Luis Rafael Sánchez. Códigos, ideología y lenguaje*" (Reseña)
RI 140 (julio-septiembre 1987): 699-700.

[G44] "Sylvia Molloy: *At Face Value: Autobiographical Writing in Spanish America*" (Reseña)
RI 158 (enero-marzo 1992): 281-283.

GERTEL, Zunilda

[G45] "La imagen metafísica en la poesía de Borges" (Estudio)
RI 100-101 (julio-diciembre 1977): 433-448.

[G46] "Semiótica, historia y ficción en *Terra Nostra*" (Estudio)
RI 116-117 (julio-diciembre 1981): 63-72.

GERVITZ, Gloria

[G47] "Con la ventana abierta" (Ensayo)
RI 132-133 (julio-diciembre 1985): 697-705.

GHIANO, Juan Carlos

[G48] "Borges, antólogo de sí mismo" (Estudio)
RI 55 (enero-junio 1963): 67-87.

[G49] "El contrapunto de Fierro y el Moreno" (Estudio)
RI 87-88 (abril-septiembre 1974): 337-351.

GIACONI, Claudio

[G50] "Jesús Urzagasti: *Tirinea*" (Reseña)
RI 73 (octubre-diciembre 1970): 671-672.

[G51] "Julio Ramón Ribeyro: *Crónica de San Gabriel*" (Reseña)
RI 80 (julio-septiembre 1972): 551-554.

GIBSON, Charles

[G52] "Julio V. González: *Historia argentina. Tomo I. La era colonial*" (Reseña)
RI 45 (enero-junio 1958): 191-194.

[G53] "José Alcina Franch: *Floresta literaria de la América indígena (Antología de la literatura de los pueblos indígenas de América)*" (Reseña)
RI 49 (enero-junio 1960): 178-179.

[G54] "Alberto M. Salas: *Tres cronistas de Indias. Pedro Mártir de Anglería. Gonzalo Fernández de Oviedo. Fray Bartolomé de Las Casas*" (Reseña)
RI 49 (enero-junio 1960): 180-181.

[G55] "José María Ots Capdequí: *España en América. El regimen tierras en la época colonial*" (Reseña)
RI 49 (enero-junio 1960): 181-183.

[G56] "Carlos Sanz: *La carta de Colón 15 febrero-14 marzo 1493*" (Reseña)
RI 53 (enero-junio 1962): 222-223.

[G57] "Fray Bernardino de Sahagún: *Florentine Codex. General History of the Things of New Spain*" (Reseña)
RI 53 (enero-junio 1962): 223-225.

[G58] "*Iberoamérica, sus lenguas y literaturas vistas desde los Estados Unidos*" (Reseña)
RI 55 (enero-junio 1963): 199-200.

GICOVATE, Bernardo

[G59] "Estructura y significado en la poesía de José Asunción Silva" (Nota)
RI 48 (julio-diciembre 1959): 327-331.

[G60] "Raúl Silva Castro: *Antología crítica del modernismo hispano-americano*" (Reseña)
RI 56 (julio-diciembre 1963): 346-347.

GIL, Lourdes / Iraida ITURRALDE

[G61] "Visión cosmográfica en la obra de Severo Sarduy" (Nota)
RI 154 (enero-marzo 1991): 337-342.

GIL AMATE, Virginia / José Luis ROCCA MARTÍNEZ

[G62] "Exilio, emigración y destierro en la obra de Daniel Moyano" (Estudio)
RI 159 (abril-junio 1992): 581-596.

GILARD, Jacques

[G63] "El grupo de Barranquilla" (Estudio)
RI 128-129 (julio-diciembre 1984): 905-935.

GIMBERNAT GONZÁLEZ, Ester

[G64] "Arguedas: Mito e ideología" (Nota)
RI 122 (enero-marzo 1983): 203-210.

[G65] "Apeles de la re-inscripción: A propósito del *Poema heroico* de Hernando Domínguez Camargo" (Estudio)
RI 140 (julio-septiembre 1987): 569-579.

[G66] "José Lezama Lima: *Paradiso*" (Reseña)
RI 159 (abril-junio 1992): 706-711.

GIMELFARB, Norberto

[G67] "Las novelas de Sábato y la situación argentina de 1948 a 1974" (Nota)
RI 137 (octubre-diciembre 1986): 951-956.

GINGERICH, Willard P. / Alina CAMACHO-GINGERICH

[G68] "Arthur J. O. Anderson: *Rules of the Aztec Language:* "A Translation, With Modifications, of Francis Xavier Clavijero's *Reglas de la lengua mexicana*. J. Richard Andrews: *Introduction to Classical Nahuatl*" (Reseña)
RI 96-97 (julio-diciembre 1976): 625-628.

GIORDANO, Carlos

[G69] "Entre el 40 y el 50 en la poesía argentina" (Estudio)
RI 125 (octubre-diciembre 1983): 783-796.

GIORDANO, Jaime

[G70] "Unidad estructural en Alejo Carpentier" (Estudio)
RI 75 (abril-junio 1971): 391-401.

[G71] "Forma y sentido de *La escritura del dios*"(Estudio)
RI 78 (enero-marzo 1972): 105-115.

[G72] "*Finis Britannia* o el poder de abstracción de Huidobro" (Nota)
RI (XLV)106-107 (enero-junio 1979): 199-203.

GIUSTI, Roberto F.

[G73] "Texto de Roberto F. Giusti" (Nota)
RI 44 (julio-diciembre 1957): 284-300.

[G74] "Semblanza intelectual y moral de Ricardo Rojas" (Estudio)
RI 46 (julio-diciembre 1958): 239-253.

GLANTZ, Margo

[G75] "Fantasmas y jardines: Una familia lejana" (Nota)
RI 118-119 (enero-junio 1982): 397-402.

[G76] "Mi escritura tiene ..." (Ensayo)
RI (LI)132-133 (julio-diciembre 1985): 475-478.

[G77] "La novela de la revolución mexicana y la sombra del caudillo" (Estudio)
RI 148-149 (julio-diciembre 1989): 869-878.

GNUTZMANN, Rita

[G78] "Juan José Saer: *Glosa*" (Reseña)
RI 141 (octubre-diciembre 1987): 1045-1046.

[G79] "Cristina Peri Rossi: *Solitario de amor*" (Reseña)
RI 150 (enero-marzo 1990): 308-310.

[G80] "Homenaje a Arlt, Borges y Onetti de Ricardo Piglia" (Estudio)
RI 159 (abril-junio 1992): 437-448.

GODOY GALLARDO, Eduardo

[G81] "Enrique Lafourcade: *Invención a dos voces*" (Reseña)
RI 58 (julio-diciembre 1964): 335-340.

[G82] "Enrique Lafourcade: *Frecuencia modulada*" (Reseña)
RI 72 (julio-septiembre 1970): 515-518.

GOETZINGER, Judith

[G83] "Evolución de un poema: Tres versiones de *Bajo tu clara sombra*" (Estudio)
RI 74 (enero-marzo 1971): 203-232.

GOIC, Cedomil

[G84] "La comparación creacionista: Canto III de *Altazor*"
RI 106-107 (enero-junio 1979): 129-139.

[G85] "*Cima*, de Gabriela Mistral" (Estudio)
RI 118-119 (enero-junio 1982): 59-72.

GOLOBOFF, Gerardo Mario

[G86] "*Ser hombre* (Exploración) del tema del *otro* en un soneto de Jorge Luis Borges" (Estudio)
RI 100-101 (julio-diciembre 1977): 575-587.

[G87] "Georges Baudot: *Utopie et histoire au Mexique. Les premiers chroniqueurs de la civilisation mexicaine (1520-1569)*" (Reseña)
RI 110-111 (enero-junio 1980): 330-333.

[G88] "El uso sabio de la ausencia en la aventura intelectual de Macedonio Fernández" (Nota)
RI 130-131 (enero-junio 1985): 167-175.

[G89] "Carlos Altamirano y Beatriz Sarlo: *Literatura/Sociedad*" (Reseña)
RI 130-131 (enero-junio 1985): 374-377.

GÓMEZ LANCE, Betty Rita

[G90] "El indio y la naturaleza en los cuentos de López Albújar" (Nota)
RI 49 (enero-junio 1960): 141-145.

[G91] "¿Existe una *promoción del cuarenta en el cuento puertorriqueño?*" (Estudio)
RI 58 (julio-diciembre 1964): 283-292.

GÓMEZ-MARTÍNEZ, José Luis

[G92] "Bolivia: 1900-1932: Hacia una toma de conciencia" (Estudio)
RI 134 (enero-marzo 1986): 75-92.

[G93] "Guillermo Francovich: Una faceta de su pensamiento y un apéndice bibliográfico" (Bibliografía)
RI 134 (enero-marzo 1986): 293-309.

[G94] "Clara Rey de Guido: *Contribución al estudio del ensayo en Hispanoamérica*" (Reseña)
RI 137 (octubre-diciembre 1986): 1081-1082.

GONÇALVEZ, Adelto

[G95] "Nicolás Guillén: O itinerario de um poeta" (Estudio)
RI 152-153 (julio-diciembre 1990): 1171-1185.

GONZÁLEZ, Aníbal

[G96] "*Vida* y *Sueño* en *Ariosto y los árabes* de Jorge Luis Borges" (Estudio)
RI 110-111 (enero-junio 1980): 85-96.

[G97] "Eleanor J. Martin: *René Marqués*" (Reseña)
RI 110-111 (enero-junio 1980): 329-330.

[G98] "Una alegoría de la cultura puertorriqueña: *La noche oscura del Niño Avilés*, de Edgardo Rodríguez Juliá" (Nota)
RI 135-136 (abril-septiembre 1986): 583-590.

GONZÁLEZ, Eduardo G.

[G99] "*Los pasos perdidos*: El azar y la aventura" (Estudio)
RI 81 (octubre-diciembre 1972): 585-613.

[G100] "Hacia Cortázar, a partir de Borges" (Estudio)
RI 84-85 (julio-diciembre 1973): 503-520.

[G101] "*Viaje a la semilla* y *El siglo de las luces*: Conjugación de dos textos" (Estudio)
RI 92-93 (julio-diciembre 1975): 423-443.

[G102] "A razón de santo: Últimos lances de Fray Servando" (Estudio)
RI 92-93 (julio-diciembre 1975): 593-603.

[G103] "Borges marginal" (Nota)
RI 100-101 (julio-diciembre 1977): 705-711.

GONZÁLEZ, Galo F.

[G104] "José de la Cuadra: Nicasio Sangurima, un patriarca olvidado" (Estudio)
RI 144-145 (julio-diciembre 1988): 739-751.

GONZÁLEZ, Manuel Pedro

[G105] "*Antología del cuento chileno*" (Reseña)
RI 58 (julio-diciembre 1964): 340-341.

GONZÁLEZ ACOSTA, Alejandro

[G106] "En la raíz mexicana: *Petrificada petrificante* de Octavio Paz" (Estudio)
RI 155-156 (abril-septiembre 1991): 519-531.

GONZÁLEZ ARAÚZO, Angel

[G107] "Rodolfo Usigli: *Teatro completo*. Tomo II" (Reseña)
RI 66 (julio-diciembre 1968): 369-371.

[G108] "Marielena Zelaya de Kolker: *Testimonios americanos de los escritores españoles transterrados de 1939*" (Reseña)
RI 135-136 (abril-septiembre 1986): 766-769.

GONZÁLEZ BOIXO, José Carlos

[G109] "*El gallo de oro* y otros textos marginados de Juan Rulfo" (Estudio)
RI 135-136 (abril-septiembre 1986): 489-505.

[G110] "Bibliografía de Juan Rulfo: Nuevas aportaciones" (Bibliografía)
RI 137 (octubre-diciembre 1986): 1051-1059.

GONZÁLEZ BOLAÑOS, Aimée

[G111] "Félix Pita Rodríguez: El arte de la palabra"
RI 152-153 (julio-diciembre 1990): 1143-1151.

GONZÁLEZ CASANOVA, Henrique

[G112] "Agustín Yáñez: *La tierra pródiga*" (Reseña)
RI 54 (julio-diciembre 1962): 387-390.

GONZÁLEZ CRUZ, Luis F.

[G113] "Vida y muerte en Pablo Neruda: Dos poemas del *Canto General*" (Estudio)
RI 70 (enero-marzo 1970): 39-50.

[G114] "Martín S. Stabb: *Jorge Luis Borges*" (Reseña)
RI 78 (enero-marzo 1972): 161-161.

[G115] "Zenaida Gutiérrez-Vega: *José María Chacón y Calvo. Hispanista cubano*" (Reseña)
RI 79 (abril-junio 1972): 345-345.

[G116] "Pablo Neruda: Soledad, incomunicación e individualismo en *Memorial de Isla Negra*" (Estudio)
RI 82-83 (enero-junio 1973): 245-261.

[G117] "Donald A. Yates (editor): *Latin Blood. The Best Crime and Detective Stories of South America*" (Reseña)
RI 86 (enero-marzo 1974): 183-187.

GONZÁLEZ ECHEVARRÍA, Roberto

[G118] "Són de La Habana: La ruta de Severo Sarduy" (Estudio)
RI 76-77 (julio-diciembre 1971): 725-740.

[G119] "Para una bibliografía de y sobre Severo Sarduy (1955-1971)" (Bibliografía)
RI 79 (abril-junio 1972): 333-343.

[G120] "Isla a su vuelo fugitiva: Carpentier y el realismo mágico" (Estudio)
RI (XL)86 (enero-marzo 1974): 9-63.

[G121] "G. P. Gallagher: *Modern Latin American Literature*" (Reseña)
RI 89 (octubre-diciembre 1974): 713-715.

[G122] "Klaus Müller-Bergh: *Alejo Carpentier: estudio biográfico-crítico*" (Reseña)
RI 90 (enero-marzo 1975): 150-153.

[G123] "Fray Ramón Pané: '*Relación acerca de las antigüedades de los indios*': el primer tratado escrito en América" (Reseña)
RI 90 (enero-marzo 1975): 153-154.

[G124] "Apetitos de Góngora y Lezama"
RI 92-93 (julio-diciembre 1975): 479-491.

[G125] "Manuel Cofiño López: *La última mujer y el próximo combate*" (Reseña)
RI 92-93 (julio-diciembre 1975): 669-670.

[G126] "Seymour Menton: *Prose Fiction of the Cuban Revolution*" (Reseña)
RI 96-97 (julio-diciembre 1976): 628-629.

[G127] "Borges, Carpentier y Ortega: Dos textos olvidados" (Documentos)
RI 100-101 (julio-diciembre 1977): 697-704.

[G128] "*Terra Nostra*: Teoría y práctica" (Estudio)
RI 116-117 (julio-diciembre 1981): 289-298.

[G129] "El primer relato de Severo Sarduy" (Estudio)
RI 118-119 (enero-junio 1982): 73-90.

[G130] "Redescubrimiento del mundo perdido: El *Facundo* de Sarmiento" (Estudio)
RI 143 (abril-junio 1988): 385-406.

[G131] "Últimos viajes del peregrino"
RI 154 (enero-marzo 1991): 119-134.

GONZÁLEZ-MONTES, Yara

[G132] "Bosquejo de la poesía cubana en el exterior" (Estudio)
RI 152-153 (julio-diciembre 1990): 1105-1128.

GONZÁLEZ-PÉREZ, Armando

[G133] "Incursión en el maravilloso mundo mágico-religioso de la poesía afro-cubana" (Estudio)
RI 152-153 (julio-diciembre 1990): 1323-1337.

GONZÁLEZ-RODAS, Pablo

[G134] "Ebel Botero: *5 poetas colombianos: estudios sobre Silva, Valencia, Luis Carlos López, Rivera y Maya*" (Reseña)
RI 60 (julio-diciembre 1965): 312-314.

[G135] "El movimiento nadaísta en Colombia" (Estudio)
RI 62 (julio-diciembre 1966): 229-246.

GONZÁLEZ RODAS, Publio

[G136] "Miguel Ángel Asturias: *El espejo de Lida Sal*" (Reseña)
RI 66 (julio-diciembre 1968): 371-375.

[G137] "Jaime Torres Bodet: *Rubén Darío, Abismo y cima*" (Reseña)
RI 69 (septiembre-diciembre 1969): 563-566.

[G138] "Rubén Darío y el conde de Lautréamont" (Estudio)
RI 75 (abril-junio 1971): 375-389.

[G139] "Presencia de Sarmiento en Rubén Darío" (Nota)
RI 79 (abril-junio 1972): 287-299.

GONZÁLEZ STEPHAN, Beatriz

[G140] "Al filo del 900: La estética ácrata y libertaria de Pedro Emilio Coll" (Estudio)
RI 146-147 (enero-junio 1989): 89-101.

GORDON, Samuel

[G141] "Modernidad y vanguardia en la literatura mexicana: estridentistas y contemporáneos" (Estudio)
RI 148-149 (julio-diciembre 1989): 1083-1098.

[G142] "Los poetas ya no cantan ahora hablan (Aproximaciones a la poesía de José Emilio Pacheco)" (Nota)
RI 150 (enero-marzo 1990): 255-266.

[G143] "Emmanuel Carballo y José Luis Martínez (Compiladores): *Páginas sobre la ciudad de México 1469-1987*" (Reseña)
RI 150 (enero-marzo 1990): 310-313.

[G144] "Myrna Solotorevsky: *Literatura-paraliteratura. Puig, Borges, Donoso, Cortázar, Vargas Llosa*" (Reseña)
RI 151 (abril-junio 1990): 625-627.

[G145] "Nueva edición de Lezama lima impurezas" (Nota)
RI 154 (enero-marzo 1991): 109-115.

[G146] "Adolfo León Caicedo: *Siloloquio de la inteligencia. La poética de Jorge Cuesta*" (Reseña)
RI 155-156 (abril-septiembre 1991): 767-770.

[G147] "Norma Klahn y Jesse Fernández: *Lugar de encuentro. Ensayos críticos sobre poesía mexicana actual*" (Reseña)
RI 155-156 (abril-septiembre 1991): 771-775.

[G148] "Seymour Menton: *Narrativa mexicana. (Desde 'Los de abajo' hasta 'Noticias del Imperio')*" (Reseña)
RI 158 (enero-marzo 1992): 283-288.

[G149] "Roberto Fernández Retamar: ensayo conversado" (Entrevista)
RI 159 (abril-junio 1992): 675-690.

[G150] "Julio Cortázar: *Rayuela*" (Reseña)
RI 159 (abril-junio 1992): 711-716.

GORDON WING, George

[G151] "*El viudo Roman* y la niña Romelia" (Estudio)
RI 150 (enero-marzo 1990): 83-98.

GORODISCHER, Angélica

[G152] "Contra el silencio por la desobediencia" (Ensayo)
RI 132-133 (julio-diciembre 1985): 479-481.

GOSTAUTAS, Stasys

[G153] "La evasión de la ciudad en las novelas de Roberto Arlt" (Estudio)
RI 80 (julio-septiembre 1972): 441-462.

[G154] "Eduardo Gudiño Kieffer: *Guía de pecadores*" (Reseña)
RI 86 (enero-marzo 1974): 187-189.

[G155] "Enrique Ojeda: *Jorge Carrera Andrade: Introducción al estudio de su vida y de su obra*" (Reseña)
RI 95 (abril-junio 1976): 321-322.

[G156] "David William Foster: *Currents in the Contemporary Argentine Novel. Arlt, Mallea, Sábato and Cortázar*" (Reseña)
RI 102-103 (enero-junio 1978): 260-262.

[G157] "John Skirius: *José Vasconcelos y la cruzada de 1929*" (Reseña)
RI 112-113 (julio-diciembre 1980): 666-667.

GOULD LEVINE, Linda

[G158] "*Makbara*: Entre la espada y la pared-¿Política marxista o política sexual?" (Estudio)
RI 116-117 (julio-diciembre 1981): 97-106.

GOYTISOLO, Juan

[G159] "Sobre *Conjunciones y dis-yunciones*" (Estudio)
RI 91 (abril-junio 1975): 169-175.

[G160] "Lectura cervantina de *Tres tristes tigres*" (Estudio)
RI 94 (enero-marzo 1976): 1-18.

[G161] "La metáfora erótica: Góngora, Joaquín Belda y Lezama Lima" (Estudio)
RI 95 (abril-junio 1976): 157-175.

[G162] "Novela, crítica y creación" (Ensayo)
RI 116-117 (julio-diciembre 1981): 23-31.

GOYTISOLO, Juan / Carlos FUENTES / Jorge EDWARDS / et al.

[G163] "La experiencia de los novelistas" (Mesa redonda)
RI 116-117 (julio-diciembre 1991): 309-321.

GRAEME MACNICOLL, Murray

[G164] "J.M. Machado de Assis: *Iaiá Garcia*. Traducção de Albert I. Bagby" (Reseña)
RI 108-109 (julio-diciembre 1979): 710-712.

GRAZIANO, Frank

[G165] "La lujuria de ver: la proyección fantástica en *El acomodador*, de Felisberto Hernández" (Nota)
RI 160-161 (julio-diciembre 1992): 1027-1039.

GRÜNFELD, Mihai

[G166] "Cosmopolitismo modernista y vanguardista: Una identidad latinoamericana divergente" (Estudio)
RI 146-147 (enero-junio 1989): 33-41.

GUERRA CUNNINGHAM, Lucía

[G167] "Fuentes bibliográficas para el estudio de la novela chilena (1843-1960)" (Bibliografía)
RI 96-97 (julio-diciembre 1976): 601-619.

[G168] "Estrategias femeninas en la elaboración del sujeto romántico en la obra de Gertrudis Gómez de Avellaneda" (Estudio)
RI 132-133 (julio-diciembre 1985): 707-722.

[G169] "Fernando Ainsa: *Identidad cultural de Iberoamérica en su narrativa*" (Reseña)
RI 141 (octubre-diciembre 1987): 1047-1051.

[G170] "Saúl Yurkievich (ed.): *Identidad cultural de Iberoamérica en su literatura*" (Reseña)
RI 144-145 (julio-diciembre 1988): 1053-1056.

[G171] "Fernando Alegría y Juan Armando Epple: *Nos reconoce el tiempo y silba su tonada*" (Reseña)
RI 146-147 (enero-junio 1989): 523-525.

GUIBERT, Rita

[G172] "Octavio Paz: amor y erotismo. Una entrevista de Rita Guibert" (Entrevista)
RI 76-77 (julio-diciembre 1971): 507-515.

[G173] "Guillermo Cabrera Infante: Conversación sobre *Tres tristes tigres*. Una entrevista de Rita Guibert" (Entrevista)
RI 76-77 (julio-diciembre 1971): 537-554.

[G174] "Emir Rodríguez Monegal. Una entrevista de Rita Guibert sobre *Jorge Luis Borges: A Literary Biography*" (Entrevista)
RI 135-136 (abril-septiembre 1986): 667-675.

GUILLON BARRETT, Yvonne

[G175] "Braulio Muñoz: *Sons of the Wind, The Search for Identity in Spanish American Indian Literature*" (Reseña)
RI 127 (abril-junio 1984): 623-624.

GUIMARÃES LOPES, María Angélica

[G176] "Adelto Gonçalvez: *Os Vira-latas da Madrugada*" (Reseña)
RI 130-131 (enero-junio 1985): 392-394.

GUITART, Jorge

[G177] "José Kozer: *Carece de causa*" (Reseña)
RI 152-153 (julio-diciembre 1990): 1378-1380.

GULLÓN, Germán

[G178] "Limitaciones del ultraísmo" (Estudio)
RI 106-107 (enero-junio 1979): 335-342.

GULSOY, Y.

[G179] "Ulrich Leo: *Rómulo Gallegos: Estudio sobre el arte de novelar*" (Reseña)
RI 44 (julio-diciembre 1957): 382-386.

GUSMÁN, Luis

[G180] "*Adán Buenosayres*: La saturación del procedimiento" (Estudio)
RI 125 (octubre-diciembre 1983): 731-741.

GUTIÉRREZ DE LA SOLANA, Alberto

[G181] "Rosa E. Valdés-Cruz: *La poesía negroide en América*" (Reseña)
RI 73 (octubre-diciembre 1970): 672-674.

GUTIÉRREZ DE VELASCO, Luz Elena

[G182] "El paso a la textualidad en *Camera lucida*" (Nota)
RI 150 (enero-marzo 1990): 235-242.

GUTIÉRREZ GIRARDOT, Rafael

[G183] "Poesía y *crítica* literaria en Fernando Charry Lara" (Estudio)
RI 128-129 (julio-diciembre 1984): 839-852.

GUTIÉRREZ MOUAT, Ricardo

[G184] "Un personaje olvidado de *Pedro Páramo*" (Nota)
RI 130-131 (enero-junio 1985): 235-239.

[G185] "La letra y el letrado en *El señor presidente*, de Miguel Ángel Asturias" (Nota)
RI (LIII) 140 (julio-septiembre 1987): 643-650.

GUTIÉRREZ-VEGA, Zenaida

[G186] "Pedro Henríquez Ureña, maestro continental. Cartas a José María Chacón y Calvo, Francisco José Castellanos y Félix Lizaso" (Documento)
RI 94 (enero-marzo 1976): 103-110.

[G187] "José Antonio Cubeñas: *Rubén Darío: restaurador de la conciencia de la armonía del mundo*" (Reseña)
RI 95 (abril-junio 1976): 322-323.

[G188] "José Olivio Jiménez (ed.): *Estudios críticos sobre la prosa modernista hispanoamericana*" (Reseña)
RI 96-97 (julio-diciembre 1976): 629-631.

GUZMÁN, Jorge

[G189] "Ambrosio Rabanales: *Recursos lingüísticos, en el español de Chile, de expresión de la afectividad*" (Reseña)
RI 49 (enero-junio 1960): 183-184.

GYURKO, Lanin A.

[G190] "El yo y su imagen en *Cambio de piel* de Carlos Fuentes" (Estudio)
RI 76-77 (julio-diciembre 1971): 689-709.

[G191] "La fantasía como emancipación y como tiranía en tres cuentos de Cortázar" (Estudio)
RI 91 (abril-junio 1975): 219-236.

H

HADZELEK, Aleksandra

[H1] "Enrique Zuleta Alvarez: *Pedro Henríquez Ureña, Memorias. Diario*" (Reseña)
RI 158 (enero-marzo 1992): 289-291.

HAHN, Oscar A.

[H2] "Borges y el arte de la dedicatoria" (Nota)
RI 100-101 (julio-diciembre 1977): 691-696.

[H3] "Vicente Huidobro o la voluntad inaugural" (Nota)
RI 106-107 (enero-junio 1979): 19-27.

HALPERÍN DONGHI, Tulio

[H4] "Carlos Real de Azúa: La ávida curiosidad por el mundo" (Nota)
RI 160-161 (julio-diciembre 1992): 893-902.

HAMILTON, Carlos D.

[H5] "Gabriela de Hispanoamérica" (Estudio)
RI 45 (enero-junio 1958): 83-92.

HAMMITT, Gene M.

[H6] "Función y símbolo del hijo en el *Ismaelillo* de Martí" (Estudio)
RI 59 (enero-junio 1965): 71-81.

HANDELSMAN, Michael H.

[H7] "En busca de una mujer nueva: Rebelión y resistencia en *Yo vendo unos ojos negros*, de Alicia Yánez Cossío" (Estudio)
RI 144-145 (julio-diciembre 1988): 893-901.

HANRAHAN, Thomas, S.J.

[H8] "El tocotín expresión de identidad" (Estudio)
RI 70 (enero-marzo 1970): 51-60.

HARRISON, Regina

[H9] "José María Arguedas: El substrato quechua" (Estudio)
RI 122 (enero-marzo 1983): 111-132.

HARSS, Luis

[H10] "Rulfo sin orillas" (Nota)
RI 94 (enero-marzo 1976): 87-94.

[H11] "*Los ríos profundos* como retrato del artista" (Estudio)
RI 122 (enero-marzo 1983): 133-141.

HARTMANN, Joan

[H12] "La búsqueda de la figura en algunos cuentos de Cortázar" (Nota)
RI 69 (septiembre-diciembre 1969): 539-549.

HAUSER, Rex

[H13] "La poética de la artesanía y de las clases sociales en la obra de Martí y González Prada" (Estudio)
RI 146-147 (enero-junio 1989): 223-233.

HENRÍQUEZ UREÑA, Max

[H14] "Hermano y maestro (Recuerdos de infancia y juventud)" (Estudio)
RI 41-42 (enero-diciembre 1956): 19-48.

HENRÍQUEZ UREÑA, Pedro

[H15] "Cartas a José María Chacón y Calvo, Francisco José Castellanos y Félix Lizaso (1914-1919, 1935)" (Documentos)
RI 94 (enero-marzo 1976): 111-134.

[H16] "Texto de las *Notas de viaje* (a Cuba)" (Documentos)
RI 130-131 (enero-junio 1985): 323-343.

[H17] "Texto de las *Memorias*" (Documentos)
RI 142 (enero-marzo 1988): 333-357.

HERNÁNDEZ, Ana María

[H18] "Camaleonismo y vampirismo: La poética de Julio Cortázar" (Estudio)
RI 108-109 (julio-diciembre 1979): 475-492.

HERNÁNDEZ, Librada

[H19] "Magali Alabau: *Ras*" (Reseña)
RI 152-153 (julio-diciembre 1990): 1381-1382.

[H20] "Felipe Lázaro, ed.: *Poetas cubanos en Nueva York (Antología)*" (Reseña)
RI 152-153 (julio-diciembre 1990): 1382-1384.

[H21] "Magali Alabau: *Hermana*" (Reseña)
RI 152-153 (julio-diciembre 1990): 1384-1386.

HERNÁNDEZ DE MENDOZA, Cecilia

[H22] "Gabriel Giraldo Jaramillo: *Bibliografía de bibliografías colombianas*" (Reseña)
RI 51 (enero-junio 1961): 192-192.

[H23] "Manuel Zapata Olivella: *La calle 10*" (Reseña)
RI 52 (julio-diciembre 1961): 370-373.

[H24] "Clemente Airó: *La ciudad y el viento*" (Reseña)
RI 54 (julio-diciembre 1962): 390-393.

HERNÁNDEZ MIYARES, Julio E.

[H25] "Max Henríquez Ureña (1885-1968)" (Necrológica)
RI 66 (julio-diciembre 1968): 351-354.

[H26] "Carlos Ripoll: *La generación del 23 en Cuba y otros apuntes sobre el vanguardismo*" (Reseña)
RI 72 (julio-septiembre 1970): 518-520.

HERNÁNDEZ NOVAS, Raúl

[H27] "Cintio Vitier: La mirada poética" (Nota)
RI 152-153 (julio-diciembre 1990): 1187-1194.

HERRERA, Fernando

[H28] "René de Costa: *Huidobro: los oficios de un poeta*" (Reseña)
RI 144-145 (julio-diciembre 1988): 1059-1060.

HERRERA VILLALOBOS, Fernando

[H29] "Tradición y novedad: *Breve historia de todas las cosas*" (Estudio)
RI 138-139 (enero-junio 1987): 455-474.

[H30] "Paul W. Borgeson, Jr.: *Hacia el hombre nuevo: poesía y pensamiento de Ernesto Cardenal*" (Reseña)
RI 141 (octubre-diciembre 1987): 1051-1053.

HERRERO, Javier

[H31] "Carlos Fuentes y las lecturas modernas del *Quijote*" (Nota)
RI 108-109 (julio-diciembre 1979): 555-562.

[H32] "Fin de siglo y modernismo. La virgen y la hetaira" (Estudio)
RI 110-111 (enero-junio 1980): 29-50.

HESS, Steven

[H33] "Thomas A. Sebeok, ed.: *Current Trends in Linguistics IV: Ibero-American and Caribbean Linguistics*" (Reseña)
RI 78 (enero-marzo 1972): 161-164.

HEY, Nicholas

[H34] "Bibliografía de y sobre Vicente Huidobro" (Bibliografía)
RI 91 (abril-junio 1975): 293-353.

[H35] "*Nonsense* en *Altazor*" (Nota)
RI 106-107 (enero-junio 1979): 149-156.

[H36] "Adenda a la bibliografía de y sobre Vicente Huidobro" (Bibliografía)
RI 106-107 (enero-junio 1979): 387-398.

[H37] "Vicente Huidobro: *Obras Completas. Edición preparada y revisada por Hugo Montes*" (Reseña)
RI 108-109 (julio-diciembre 1979): 702-704.

HIDALGO, Laura

[H38] "*Entre Marx y una mujer desnuda*, de Jorge Enrique Adoum" (Estudio)
RI 144-145 (julio-diciembre 1988): 875-892.

HIGGINS, James

[H39] "La orfandad del hombre en los *Poemas humanos* de César Vallejo" (Estudio)
RI 66 (julio-diciembre 1968): 299-311.

[H40] "Eugenio Florit y José Olivio Jiménez: *La poesía hispanoamericana desde el modernismo*" (Reseña)
RI 68 (mayo-agosto 1969): 413-416.

[H41] "John E. Englekirk, Irving A. Leonard, John T. Reid, John A. Crow: *An Anthology of Spanish American Literature*" (Reseña)
RI 68 (mayo-agosto 1969): 416-418.

[H42] "El absurdo en la poesía de César Vallejo" (Estudio)
RI 71 (abril-junio 1970): 217-241.

HILL, Diane E.

[H43] "Integración, desintegración e intensificación en los cuentos de Juan Rulfo" (Nota)
RI 66 (julio-diciembre 1968): 331-338.

HILTON, Ronald

[H44] "Una visita a Ricardo Rojas" (Estudio)
RI 46 (julio-diciembre 1958): 255-265.

HOLLAND, Norman

[H45] "Alicia Borinsky: *Intersticios: lecturas críticas de obras hispánicas*" (Reseña)
RI 144-145 (julio-diciembre 1988): 1061-1062.

HOLLOWAY, James E., Jr.

[H46] "*Everness*: Una clave para el mundo borgiano" (Nota)
RI 100-101 (julio-diciembre 1977): 627-636.

HOLSTEN, Ken

[H47] "Notas sobre el *Tablero de dirección* en *Rayuela* de Julio Cortázar" (Nota)
RI 84-85 (julio-diciembre 1973): 683-688.

HOLZAPFEL, Tamara

[H48] "Rudolf Grossman: *Geschichte und Probleme der lateinamerikanischen Literatur*" (Reseña)
RI 69 (septiembre-diciembre 1969): 566-568.

[H49] "Angela B. Dellepiane: *Ernesto Sábato: El hombre y su obra*" (Reseña)
RI 73 (octubre-diciembre 1970): 674-676.

[H50] "Günter W. Lorenz: *Dialog mit Lateinamerika. Panorama einer Literatur der Zukunft*" (Reseña)
RI 73 (octubre-diciembre 1970): 676-677.

[H51] "El *Informe sobre ciegos* o el optimismo de la voluntad" (Estudio)
RI 78 (enero-marzo 1972): 95-103.

[H52] "Luis Wainerman: *Sábato y el misterio de los ciegos*" (Reseña)
RI 86 (enero-marzo 1974): 189-191.

[H53] "Soledad y rebelión en *La vida inútil de Pito Pérez*" (Nota)
RI 89 (octubre-diciembre 1974): 681-687.

[H54] "Tomás Carrasquilla: *Frutos de mi tierra. Edición y estudio por Seymour Menton*" (Reseña)
RI 90 (enero-marzo 1975): 156-157.

[H55] "Günter W. Lorenz: *Lateinamerika: Stimmen eines Kontinents*" (Reseña)
RI 90 (enero-marzo 1975): 157-158.

[H56] "Tomás Carrasquilla: *La marquesa de Yolombó. Edición crítica por Kurt L. Levy*" (Reseña)
RI 96-97 (julio-diciembre 1976): 631-631.

[H57] "Juan Villegas: *Interpretación de textos poéticos chilenos*" (Reseña)
RI 102-103 (enero-junio 1978): 262-264.

[H58] "Kurt L. Levy: *Tomás Carrasquilla*" (Reseña)
RI 120-121 (julio-diciembre 1982): 757-759.

[H59] "*Sobre héroes y tumbas*: la novela del siglo" (Estudio)
RI 158 (enero-marzo 1992): 177-181.

HOLZAPFEL, Tamara / Alfred RODRÍGUEZ

[H60] "Apuntes para una lectura del *Quijote* de Pierre Menard" (Nota)
RI 100-101 (julio-diciembre 1977): 671-677.

HOUSKOVA, Hanna

[H61] "Juana Inés de la Cruz: *Nadeje do zlata tkaná*" (Reseña)
RI 150 (enero-marzo 1990): 313-316.

HOZVEN, Roberto

[H62] "Marcelo Coddou: *Poética de la poesía activa*" (Reseña)
RI 137 (octubre-diciembre 1986): 1082-1085.

[H63] "Pedro Henríquez Ureña: El maestro viajero" (Estudio)
RI 142 (enero-marzo 1988): 291-320.

[H64] "Sobre la inteligencia americana de Alfonso Reyes" (Estudio)
RI 148-149 (julio-diciembre 1989): 803-817.

HULET, Claude L.

[H65] "Robert G. Mead, Jr.: *Breve historia del ensayo hispanoamericano*" (Reseña)
RI 43 (enero-junio 1957): 202-205.

[H66] "Carlos Alberto Loprete: *Carlos Guido y Spano*" (Reseña)
RI 56 (julio-diciembre 1963): 347-349.

I

IBARRA, Jorge

[I1] "La herencia científica de Fernando Ortiz" (Estudio)
RI 152-153 (julio-diciembre 1990): 1339-1351.

IBIETA, Gabriela

[I2] "Funciones del doble en la narrativa de Virgilio Piñera" (Estudio)
RI 152-153 (julio-diciembre 1990): 975-991.

[I3] "Perla Rozencvaig: *Reinaldo Arenas: Narrativa de transgresión*" (Reseña)
RI 152-153 (julio-diciembre 1990): 1386-1387.

ICAZA, Jorge

[I4] "Relato, espíritu unificador de la generación del año '30" (Estudio)
RI 62 (julio-diciembre 1966): 211-216.

IDUARTE, Andrés

[I5] "Recuerdo de don Pedro" (Nota)
RI 41-42 (enero-diciembre 1956): 167-170.

INCLEDON, John

[I6] "Una clave de Cortázar sobre *62. Modelo para armar*" (Nota)
RI 91 (abril-junio 1975): 263-265.

[I7] "La obra invisible de Pierre Menard" (Nota)
RI 100-101 (julio-diciembre 1977): 665-669.

IRVING, Thomas B.

[I8] "Pepe Batres, poeta de Guatemala" (Estudio)
RI 45 (enero-junio 1958): 93-111.

[I9] "Otto Olivera: *Breve historia de la literatura antillana*" (Reseña)
RI 46 (julio-diciembre 1958): 461-462.

[I10] "Preceptos historiales" (Nota)
RI 48 (julio-diciembre 1959): 315-320.

[I11] "Alfredo A. Roggiano: *Pedro Henríquez Ureña en los Estados Unidos*" (Reseña)
RI 54 (julio-diciembre 1962): 393-395.

ISASI ANGULO, A. Carlos

[I12] "Función de las innovaciones estilísticas en *Rayuela*" (Estudio)
RI 84-85 (julio-diciembre 1973): 583-592.

ITURRALDE, Iraida / Lourdes GIL

[I13] "Visión cosmográfica en la obra de Severo Sarduy" (Nota)
RI 154 (enero-marzo 1991): 337-342.

J

JACKSON, Richard L.

[J1] "Hacia una bibliografía de y sobre Carlos Fuentes" (Bibliografía)
RI 60 (julio-diciembre 1965): 297-301.

JAÉN, Didier

[J2] "La Victoria de Samotracia en *Al filo del agua* de Agustín Yáñez" (Estudio)
RI 148-149 (julio-diciembre 1989): 891-901.

JAIMES-FREYRE, Mireya

[J3] "Primo Castrillo: *Hombre y tierra*" (Reseña)
RI 45 (enero-junio 1958): 194-196.

JARAMILLO, Gladys

[J4] "Entrevista a Julio Pazos" (Entrevista)
RI 144-145 (julio-diciembre 1988): 865-873.

JARAMILLO AGUDELO, Darío

[J5] "La poesía nadaísta" (Estudio)
RI 128-129 (julio-diciembre 1984): 757-798.

[J6] "Juan Gustavo Cobo Borda: *Poesía colombiana, 1880-1980*" (Reseña)
RI 150 (enero-marzo 1990): 316-318.

JIMÉNEZ, José Olivio

[J7] "José Martí: *Versos. Estudio preliminar, selección y notas de Eugenio Florit*" (Reseña)
RI 56 (julio-diciembre 1963): 349-355.

[J8] "Los cincuenta años de vida literaria de José Ma. Chacón y Calvo" (Estudio)
RI 58 (julio-diciembre 1964): 305-312.

[J9] "Oscar Fernández de la Vega y Alberto N. Pamies (editores): *Iniciación a la poesía afrocubana*" (Reseña)
RI 90 (enero-marzo 1975): 158-160.

[J10] "H.A. Murena (1923-1975)" (Necrológica)
RI 95 (abril-junio 1976): 275-284.

[J11] "Una moral del canto: El pensamiento poético de Gonzalo Rojas" (Nota)
RI 106-107 (enero-junio 1979): 369-376.

[J12] "Eugenio Florit y la significación histórica de su itinerario poético" (Nota)
RI 152-153 (julio-diciembre 1990): 1235-1245.

JIMÉNEZ, Onilda A.

[J13] "Dos cartas inéditas de Gabriela Mistral a Lydia Cabrera" (Documentos)
RI 141 (octubre-diciembre 1987): 1001-1011.

JIMÉNEZ DE BÁEZ, Yvette

[J14] "Juan Rulfo. De la escritura al sentido" (Estudio)
RI 148-149 (julio-diciembre 1989): 937-952.

JIMÉNEZ RUEDA, Julio

[J15] "Pedro Henríquez Ureña profesor en México" (Nota)
RI 41-42 (enero-diciembre 1956): 135-138.

[J16] "Ángel María Garibay: *Historia de la literatura náhuatl, Primera parte (etapa autónoma: de c. 1430 a 1521)*" (Reseña)
RI 43 (enero-junio 1957): 160-162.

JITRIK, Noé

[J17] "Entre el corte y la continuidad. Hacia una escritura crítica" (Estudio)
RI 102-103 (enero-junio 1978): 99-109.

[J18] "Gerardo Mario Goloboff: *Leer Borges*" (Reseña)
RI 112-113 (julio-diciembre 1980): 667-669.

[J19] "Renato Prada Oropeza: *La autonomía literaria*" (Reseña)
RI 112-113 (julio-diciembre 1980): 669-671.

[J20] "Acción textual/Acción sobre los textos" (Estudio)
RI 114-115 (enero-junio 1981): 149-165.

[J21] "Arguedas: Reflexiones y aproximaciones" (Estudio)
RI 122 (enero-marzo 1983): 83-95.

JOHNSON, Harvey L.

[J22] "Willis Knapp Jones: *Breve historia del teatro latinoamericano*" (Reseña)
RI 44 (julio-diciembre 1957): 386-390.

[J23] "Bernardo Gicovate: *Julio Herrera y Reissig and the Symbolists*" (Reseña)
RI 46 (julio-diciembre 1958): 462-465.

JOHNSON, Harvey L. / David William FOSTER

[J24] "Bibliografía literaria hispano-americana 1976" (Bibliografía)
RI 102-103 (enero-junio 1978): 221-229.

JOSET, Jacques

[J25] "Cronos devorando al otoño, su hijo descomunal" (Nota)
RI 94 (enero-marzo 1976): 95-102.

[J26] "El imposible *boom* de José Donoso" (Estudio)
RI 118-119 (enero-junio 1982): 91-101.

[J27] "José Donoso, Gabriel García Márquez: Dos cultos fracasados" (Nota)
RI 130-131 (enero-junio 1985): 241-247.

[J28] "Edmond Cros: *Théorie et practique sociocritiques*" (Reseña)
RI 130-131 (enero-junio 1985): 377-380.

JOYCE, James

[J29] "La última hoja de *Ulises*" (Documentos)
RI 100-101 (julio-diciembre 1977): 727-728.

JOZEF, Bella

[J30] "Rui Mourão: *Cidade calabouço*" (Reseña)
RI 91 (abril-junio 1975): 374-376.

[J31] "Adonias Filho: *As Velhas*" (Reseña)
RI 94 (enero-marzo 1976): 145-146.

[J32] "Elisa Lispector: *A ultima porta*" (Reseña)
RI 94 (enero-marzo 1976): 146-148.

[J33] "Clarice Lispector: La transgresión como acto de libertad" (Estudio)
RI 98-99 (enero-junio 1977): 225-231.

[J34] "Marina Colasanti: *Zooilógico*" (Reseña)
RI 102-103 (enero-junio 1978): 265-266.

[J35] "Josué Montello: *Os tambores de São Luis*" (Reseña)
RI 102-103 (enero-junio 1978): 266-267.

[J36] "Carlos Nejar: *A árvore do mundo*" (Reseña)
RI 102-103 (enero-junio 1978): 267-268.

[J37] "Osman Lins (1924-1978)" (Necrológica)
RI 108-109 (julio-diciembre 1979): 623-624.

[J38] "Maya Schärer-Nussberger: *Rómulo Gallegos: el mundo inconcluso*" (Reseña)
RI 110-111 (enero-junio 1980): 337-338.

[J39] "Modernismo brasileiro: Vanguarda, carnavalização e modernidade" (Estudio)
RI 118-119 (enero-junio 1982): 103-120.

[J40] "Lygia Fagundes Telles: *Misterios*" (Reseña)
RI 123-124 (abril-septiembre 1983): 654-655.

[J41] "Clarice Lispector: La recuperación de la palabra poética"
RI 126 (enero-marzo 1984): 239-257.

[J42] "Clarice Lispector: *Um sopro de vida*" (Reseña)
RI 126 (enero-marzo 1984): 314-317.

[J43] "Clarice Lispector: *Onde estivestes de noite*" (Reseña)
RI 126 (enero-marzo 1984): 317-318.

[J44] "Hilda Hilst: *Da morte. Odas mínimas*" (Reseña)
RI 126 (enero-marzo 1984): 318-319.

[J45] "Sonia Coutinho: *O ultimo verão de Copacabana*" (Reseña)
RI 137 (octubre-diciembre 1986): 1085-1086.

[J46] "In memoriam: Luisa Mercedes Levinson y Beatriz Guido" (Necrológica)
RI 144-145 (julio-diciembre 1988): 1021-1023.

JRADE, Cathy L.

[J47] "El significado de un vínculo textual inesperado: *Rayuela* y *Tuércele el cuello al cisne*"
RI 116-117 (julio-diciembre 1981): 145-154.

JUDICINI, Joseph V.

[J48] "Carlos Martín: *América en Rubén Darío: Aproximación al concepto de literatura hispanoamericana*" (Reseña)
RI 90 (enero-marzo 1975): 160-163.

JUZYN-AMESTOY, Olga

[J49] "Girondo o las versiones poéticas del cambio" (Estudio)
RI 155-156 (abril-septiembre 1991): 543-556.

K

KADIR, Djelal

[K1] "Carlos Fuentes: Culpable inocencia y profeta del pasado" (Nota)
RI 116-117 (julio-diciembre 1981): 55-61.

KALIMAN, Ricardo J.

[K2] "La carne y el mármol. Parnaso y simbolismo en la poética modernista hispanoamericana" (Estudio)
RI 146-147 (enero-junio 1989): 17-32.

KARMAN MENDELL, Olga

[K3] "Cuatro ficciones y una ficción: Estudio del capítulo XII de *Paradiso*" (Estudio)
RI 123-124 (abril-septiembre 1983): 279-291.

KASNER, Norberto M.

[K4] "Metafísica y soledad: un estudio de la novelística de Ernesto Sábato" (Estudio)
RI 158 (enero-marzo 1992): 105-113.

KATRA, William H.

[K5] "Sarmiento frente a la generación de 1837" (Estudio)
RI 143 (abril-junio 1988): 525-549.

[K6] "Armando Zárate: *Facundo Quiroga. Barranca Yaco: Juicios y testimonios*" (Reseña)
RI 143 (abril-junio 1988): 613-617.

[K7] "*No oyes ladrar los perros*: La excepcionalidad y el fracaso" (Nota)
RI 150 (enero-marzo 1990): 179-191.

KEEFE UGALDE, Sharon

[K8] "Albalucía Ángel: *Misiá Señora*" (Reseña)
RI 128-129 (julio-diciembre 1984): 1099-1101.

[K9] "Veloz Maggiolo y la narrativa de dictador/dictadura: Perspectivas dominicanas e innovaciones" (Estudio)
RI 142 (enero-marzo 1988): 129-150.

KELLERMAN, Owen L.

[K10] "Borges y *El informe de Brodie*: Juego de voces" (Nota)
RI 81 (octubre-diciembre 1972): 663-670.

KENT LIORET, E.

[K11] "Continuación de una bibliografía de y sobre Juan Rulfo" (Bibliografía)
RI 89 (octubre-diciembre 1974): 693-705.

KERR, Lucille

[K12] "El individuo y el otro (*Crítica a los cuentos de Julio Cortázar)*" (Reseña)
RI 84-85 (julio-diciembre 1973): 693-695.

KERSON, Arnold L.

[K13] "El concepto de Utopía de Rafael Landívar en la *Rusticatio Mexicana*" (Estudio)
RI 96-97 (julio-diciembre 1976): 363-379.

KERSTEN, Raquel

[K14] "Gabriel García Márquez y el arte de lo verosímil" (Nota)
RI 110-111 (enero-junio 1980): 195-204.

KIRKPATRICK, Gwen

[K15] "María Eugenia Vaz Ferreira: *Poesías completas. Edición, introducción y notas de Hugo J. Verani*" (Reseña)
RI 144-145 (julio-diciembre 1988): 1056-1058.

KIRSCHENBAUM, Leo

[K16] "Fred P. Ellison: *"Brazil's New Novel"* (Reseña)
RI 43 (enero-junio 1957): 183-188.

KLAHN, Norma

[K17] "Un nuevo verismo: Apuntes sobre la última novela mexicana" (Estudio)
RI 148-149 (julio-diciembre 1989): 925-935.

KLEIN, Linde B.

[K18] "Ezequiel Martínez Estrada: *Martí revolucionario. La personalidad: el hombre*" (Reseña)
RI 66 (julio-diciembre 1968): 375-379.

KLINE, Walter D.

[K19] "Luis Leal: *Antología del cuento mexicano*" (Reseña)
RI 45 (enero-junio 1958): 196-198.

KNOWLES, John K. / Harriet S. TURNER

[K20] "Relectura crítica de *La tísica*, de Javier de Viana" (Estudio)
RI 135-136 (abril-septiembre 1986): 417-429.

KOCH, Dolores M.

[K21] "Jaime Alazraki: *Versiones, inversiones, reversiones: El espejo como modelo estructural del relato en los cuentos de Borges*" (Reseña)
RI 108-109 (julio-diciembre 1979): 704-705.

[K22] "Alicia Borinsky: *Ver/Ser visto. Notas para una analítica poética*" (Reseña)
RI 110-111 (enero-junio 1980): 333-334.

[K23] "George Yúdice: *Vicente Huidobro y la motivación del lenguaje*" (Reseña)
RI 110-111 (enero-junio 1980): 335-337.

[K24] "Ramón Xirau: *Poesía y conocimiento*" (Reseña)
RI 112-113 (julio-diciembre 1980): 671-673.

[K25] "René de Costa: *The Poetry of Pablo Neruda*" (Reseña)
RI 112-113 (julio-diciembre 1980): 673-674.

[K26] "José Olivio Jiménez: *El simbolismo*" (Reseña)
RI 112-113 (julio-diciembre 1980): 675-677.

[K27] "Serge L. Zaïtzeff, ed.: *Julio Torri. Diálogo de los libros*" (Reseña)
RI 120-121 (julio-diciembre 1982): 759-761.

[K28] "Humberto Díaz Casanueva: *El hierro y el hilo*" (Reseña)
RI 120-121 (julio-diciembre 1982): 761-762.

[K29] "Estrella Busto Ogden: *El creacionismo de Vicente Huidobro en sus relaciones con la estética cubista*" (Reseña)
RI 130-131 (enero-junio 1985): 380-382.

[K30] "Raquel Chang-Rodríguez: *Violencia y subversión en la prosa colonial hispanoamericana*" (Reseña)
RI 130-131 (enero-junio 1985): 382-383.

[K31] "Serge L. Zaïtzeff: *Rubén M. Campos. Obra literaria*" (Reseña)
RI 130-131 (enero-junio 1985): 383-384.

[K32] "Serge I. Zaïtzeff: *El arte de Julio Torri*" (Reseña)
RI 130-131 (enero-junio 1985): 384-385.

[K33] "Delmira, Alfonsina, Juana y Gabriela" (Estudio)
RI 132-133 (julio-diciembre 1985): 723-729.

[K34] "Reina Roffé: *Espejo de escritores*" (Reseña)
RI 135-136 (abril-septiembre 1986): 770-772.

[K35] "Alain Sicard, ed.: *Coloquio Internacional sobre la obra de José Lezama Lima I: Poesía; II: Prosa*" (Reseña)
RI 152-153 (julio-diciembre 1990): 1387-1390.

[K36] "Reinaldo Arenas, con los ojos cerrados (1943-1990)" (Necrológica)
RI 155-156 (abril-septiembre 1991): 685-688.

[K37] "Gustavo Pellón: *José Lezama Lima's Joyful Vision*" (Reseña)
RI 155-156 (abril-septiembre 1991): 775-778.

KOLB, Glen L.

[K38] "Aspectos estructurales de *Doña Bárbara*" (Nota)
RI 53 (enero-junio 1962): 131-140.

KOOREMAN, Thomas E.

[K39] "Estructura y realidad en *El llano en llamas*" (Nota)
RI 79 (abril-junio 1972): 301-305.

KRISTAL, Efraín

[K40] "El rostro y la máscara: Entrevista con Sergio Pitol" (Entrevista)
RI 141 (octubre-diciembre 1987): 981-994.

KRONIK, John W.

[K41] "*Nada* y el texto asfixiado: Proyección de una estética"
RI 116-117 (julio-diciembre 1981): 195-202.

KUEHNE, Alyce de

[K42] "El egoísmo, la frustración y el castigo de la mujer mexicana en los dramas de González Caballero" (Nota)
RI 62 (julio-diciembre 1966): 281-288.

[K43] "Xavier Villaurrutia, un alto exponente del espíritu de Pirandello en Hispanoamérica" (Estudio)
RI 66 (julio-diciembre 1968): 313-322.

KURFEHS-NAVARRO, Judith

[K44] "Alfredo Lozada: *El monismo agónico de Pablo Neruda: Estructura, significado y filiación de Residencia en la tierra*" (Reseña)
RI 89 (octubre-diciembre 1974): 715-717.

KURTZ, Bárbara E.

[K45] "*En el país de las alegorías*: Alegorización en la poesía de Rubén Darío" (Estudio)
RI 137 (octubre-diciembre 1986): 875-893.

KUSHIGIAN, Julia A.

[K46] "Transgresión de la autobiografía y el *bildungsroman* en *Hasta no verte Jesús mío*" (Nota)
RI 140 (julio-septiembre 1987): 667-677.

L

LAFOURCADE, Enrique

[L1] "Othon Castillo: *Sed en el puerto*" (Reseña)
RI 54 (julio-diciembre 1962): 395-397.

LAGMANOVICH, David

[L2] "*Poesía Buenos Aires* (1950-1960). Una revista argentina de vanguardia" (Estudio)
RI 56 (julio-diciembre 1963): 283-298.

[L3] "H. A. Murena: *Relámpago de la duración*" (Reseña)
RI 56 (julio-diciembre 1963): 355-360.

[L4] "Acotación a *La isla a mediodía*" (Estudio)
RI 84-85 (julio-diciembre 1973): 641-655.

[L5] "Palabra y silencio en el *Martín Fierro*" (Estudio)
RI 87-88 (abril-septiembre 1974): 279-286.

[L6] "Enrique Anderson Imbert: *Estudios sobre letras hispánicas*" (Reseña)
RI 102-103 (enero-junio 1978): 269-272.

[L7] "Jorge Luis Borges: *Historia de la noche*" (Reseña)
RI 108-109 (julio-diciembre 1979): 706-710.

[L8] "Hugo J. Verani: *Onetti: El ritual de la impostura*" (Reseña)
RI 123-124 (abril-septiembre 1983): 655-658.

[L9] "Jaime Alazraki: *En busca del unicornio: los cuentos de Julio Cortázar; elementos para una poética de lo neofantástico*" (Reseña)
RI 130-131 (enero-junio 1985): 388-392.

LAGOS-POPE, María Inés

[L10] "Sumisión y rebeldía: El doble o la representación de la alienación femenina en narraciones de Marta Brunet y Rosario Ferré" (Estudio)
RI 132-133 (julio-diciembre 1985): 731-749.

[L11] "El testimonio creativo de *Hasta no verte, Jesús mío*" (Nota)
RI 150 (enero-marzo 1990): 243-253.

LAMB, Ruth S.

[L12] "La poesía de Salomé Ureña de Henríquez" (Nota)
RI 44 (julio-diciembre 1957): 345-351.

[L13] "Celestino Gorostiza y el teatro experimental en México" (Nota)
RI 45 (enero-junio 1958): 141-145.

LAPESA, Rafael

[L14] "Sobre el ceceo y el seseo en Hispanoamérica" (Estudio)
RI 41-42 (enero-diciembre 1956): 409-416.

LAPIDOT, Ema

[L15] "Borges y Escher: artistas contemporáneos" (Nota)
RI 155-156 (abril-septiembre 1991): 607-615.

LARREA, Juan

[L16] "Vicente Huidobro en vanguardia" (Estudio)
RI 106-107 (enero-junio 1979): 213-273.

LARSON, Neil

[L17] "¿Cómo narrar el trujillato?" (Nota)
RI 142 (enero-marzo 1988): 89-98.

LARSON, Ross F.

[L18] "La evolución textual de *Huasipungo* de Jorge Icaza" (Estudio)
RI 60 (julio-diciembre 1965): 209-222.

LASARTE, Francisco

[L19] "Más allá del surrealismo: La poesía de Alejandra Pizarnik" (Estudio)
RI 125 (octubre-diciembre 1983): 867-877.

LASARTE VALCÁRCEL, Francisco Javier

[L20] "*Abrapalabra*: del mundo como escritura" (Nota)
RI 155-156 (abril-septiembre 1991): 665-671.

LASTRA, Pedro

[L21] "Sobre la revista *Creación*" (Nota)
RI 106-107 (enero-junio 1979): 175-181.

LATCHAM, Ricardo A.

[L22] "Fernando Alegría: *Caballo de copas*" (Reseña)
RI 47 (enero-junio 1959): 191-193.

LAVOU, Victorien

[L23] "Oscar Bonifaz: *Remembering Rosario. A Personal Glimpse into the Life and Works of Rosario Castellanos*" (Reseña)
RI 155-156 (abril-septiembre 1991): 778-779.

[L24] "Rosario Castellanos: *Meditation on the Threshold*" (Reseña)
RI 155-156 (abril-septiembre 1991): 780-782.

LAYERA, Ramón

[L25] "Alquimia verbal y existencial en la poesía de Cecilia Bustamante" (Nota)
RI 112-113 (julio-diciembre 1980): 571-577.

[L26] "De la vanguardia al teatro nicaragüense actual: Valoración de Pablo Antonio Cuadra" (Nota)
RI 157 (octubre-diciembre 1991): 1033-1041.

LEAL, Luis

[L27] "Pedro Henríquez Ureña en México" (Estudio)
RI 41-42 (enero-diciembre 1956): 119-133.

[L28] "Vicente Riva Palacio, cuentista" (Estudio)
RI 44 (julio-diciembre 1957): 301-309.

[L29] "Frank Dauster: *Breve historia de la poesía mexicana*" (Reseña)
RI 45 (enero-junio 1958): 198-200.

[L30] "Leonardo C. de Morelos: *Luis González Obregón (1865-1938). Chronicler of Mexico City*" (Reseña)
RI 45 (enero-junio 1958): 200-202.

[L31] "José María Vigil: *Nezahualcóyotl, el rey-poeta*" (Reseña)
RI 46 (julio-diciembre 1958): 465-467.

[L32] "José Martínez Sotomayor: *El puente*" (Reseña)
RI 46 (julio-diciembre 1958): 467-468.

[L33] "*Jicoténcal*, primera novela histórica en castellano" (Estudio)
RI 49 (enero-junio 1960): 9-31.

[L34] "Octavio Paz: *El laberinto de la soledad. Segunda edición revisada y aumentada*" (Reseña)
RI 49 (enero-junio 1960): 184-186.

[L35] "John S. Brushwood y José Rojas Garcidueñas: *Breve historia de la novela mexicana*" (Reseña)
RI 51 (enero-junio 1961): 192-195.

[L36] "Carlos Hamilton: *Historia de la literatura hispanoamericana*" (Reseña)
RI 52 (julio-diciembre 1961): 373-385.

[L37] "Enrique Anderson Imbert y Eugenio Florit: *Literatura hispano-americana; antología e introducción histórica*" (Reseña)
RI 53 (enero-junio 1962): 225-227.

[L38] "Teoría y práctica del cuento en Alfonso Reyes" (Nota)
RI 59 (enero-junio 1965): 101-108.

[L39] "Borges y la novela" (Estudio)
RI 70 (enero-marzo 1970): 11-23.

[L40] "Mariano Azuela: *Epistolario y archivo. Notas y apéndices de Beatrice Berler*" (Reseña)
RI 70 (enero-marzo 1970): 131-134.

[L41] "Situación de Amado Nervo" (Nota)
RI 72 (julio-septiembre 1970): 485-494.

[L42] "Aurora M. Ocampo de Gómez y Ernesto Prado Velázquez: *Diccionario de escritores mexicanos [con un] Panorama de la literatura mexicana por María del Carmen Millán*" (Reseña)
RI 72 (julio-septiembre 1970): 520-523.

[L43] "Octavio Paz y la literatura nacional: Afinidades y oposiciones" (Estudio)
RI 74 (enero-marzo 1971): 239-250.

[L44] "Situación de Julio Cortázar" (Estudio)
RI 84-85 (julio-diciembre 1973): 399-409.

[L45] "Raquel Chang-Rodríguez and Donald A. Yates: *Homage to Irving A. Leonard*" (Reseña)
RI 104-105 (julio-diciembre 1978): 591-593.

[L46] "Agustín Yáñez y la novela mexicana: Rescate de una teoría" (Estudio)
RI 118-119 (enero-junio 1982): 121-129.

[L47] "Fernando Alegría: *Nueva historia de la novela hispanoamericana*" (Reseña)
RI 140 (julio-septiembre 1987): 700-703.

[L48] "Mariano Azuela: precursor de los nuevos novelistas" (Estudio)
RI 148-149 (julio-diciembre 1989): 859-867.

LEANTE, César

[L49] "Martí y el destierro" (Nota)
RI 152-153 (julio-diciembre 1990): 823-827.

LEGIDO, Juan Carlos

[L50] "Cincuenta años de teatro en el Uruguay" (Estudio)
RI 160-161 (julio-diciembre 1992): 841-851.

LEIVA, Raúl

[L51] "La poesía de Miguel Ángel Asturias" (Estudio)
RI 67 (enero-abril 1969): 87-100.

LEMAÎTRE, Monique J.

[L52] 'Octavio Paz: *Blanco*" (Reseña)
RI 66 (julio-diciembre 1968): 380-382.

[L53] "Análisis de dos poemas espaciales de O. Paz: *Aspa* y *Concorde* a partir de las coordenadas del *Y Ching*" (Nota)
RI 89 (octubre-diciembre 1974): 669-674.

[L54] "Aproximaciones a Octavio Paz" (Reseña)
RI 90 (enero-marzo 1975): 101-106.

[L55] "Octavio Paz: *Teatro de signos/ Transparencias*" (Reseña)
RI 90 (enero-marzo 1975): 163-163.

[L56] "Borges... Derrida... Sollers... Borges" (Nota)
RI 100-101 (julio-diciembre 1977): 679-682.

[L57] "Cortázar en busca de uno de sus personajes" (Nota)
RI 102-103 (enero-junio 1978): 139-146.

[L58] "Enajenación y revolución en *Todos los gatos son pardos*, de Carlos Fuentes" (Nota)
RI 112-113 (julio-diciembre 1980): 553-561.

[L59] "Jesusa Palancares y la dialéctica de la emancipación femenina" (Estudio)
RI 132-133 (julio-diciembre 1985): 751-763.

[L60] "Territorialidad y transgresión en *Gringo viejo*, de C. Fuentes" (Nota)
RI 141 (octubre-diciembre 1987): 955-963.

[L61] "Diana Sorensen Goodrich: *The Reader and the Text: Interpretative Strategies for Latin American Literatures*" (Reseña)
RI 144-145 (julio-diciembre 1988): 1063-1065.

[L62] "El deseo de la muerte y la muerte del deseo en la obra de Elena Garro. Hacia una definición de la escritura femenina en su obra"
RI 148-149 (julio-diciembre 1989): 1005-1017.

[L63] "Beth Miller: *Uma Consciência feminista: Rosário Castellanos*" (Reseña)
RI 150 (enero-marzo 1990): 318-321.

[L64] "John M. Fein: *Toward Octavio Paz. A Reading of His Major Poems 1957-1976*" (Reseña)
RI 150 (enero-marzo 1990): 321-326.

[L65] "Jason Wilson: *Octavio Paz*" (Reseña)
RI 150 (enero-marzo 1990): 326-330.

LEO, Ulrich

[L66] "Vida, caridad, existencia. Meditaciones filológicas sobre un libro nuevo" (Estudio)
RI 46 (julio-diciembre 1958): 417-432.

LEÓN, Olver Gilberto de

[L67] "Rubén Bareiro Saguier: *Literatura Guaraní del Paraguay*" (Reseña)
RI 120-121 (julio-diciembre 1982): 752-754.

[L68] "Jacqueline Baldrán y Rubén Bareiro Saguier: *La tête dedans. Mythes, récits, contes e poèmes des Indiens d'Amérique Latine*" (Reseña)
RI 120-121 (julio-diciembre 1982): 754-755.

[L69] "Alejandro Losada: *La literatura en la sociedad de América Latina: modelos teóricos*" (Reseña)
RI 135-136 (abril-septiembre 1986): 772-774.

LEÓN-PORTILLA, Miguel

[L70] "La palabra antigua y nueva del hombre de Mesoamérica" (Estudio)
RI 127 (abril-junio 1984): 345-366.

LERNER, Isaías

[L71] "Dos notas al texto de *La Araucana*" (Nota)
RI 86 (enero-marzo 1974): 119-123.

[L72] "María Luisa Bastos: *Borges ante la crítica argentina (1923-1960)*" (Reseña)
RI 91 (abril-junio 1975): 376-378.

[L73] "El texto de *La Araucana* de Alonso de Ercilla: Observaciones a la edición de José Toribio Medina" (Estudio)
RI 94 (enero-marzo 1976): 51-60.

LEVINE, Suzanne Jill

[L74] "Cien años de soledad y la tradición de la biografía imaginaria" (Nota)
RI 72 (julio-septiembre 1970): 453-463.

[L75] "La maldición del incesto en *Cien años de soledad*" (Estudio)
RI 76-77 (julio-diciembre 1971): 711-724.

[L76] "*Zona sagrada*: Una lectura mítica" (Estudio)
RI 89 (octubre-diciembre 1974): 615-628.

[L77] "La escritura como traducción: *Tres tristes tigres* y una *Cobra*" (Nota)
RI 92-93 (julio-diciembre 1975): 557-567.

[L78] "Adolfo Bioy Casares y Jorge Luis Borges: La utopía como texto" (Estudio)
RI 100-101 (julio-diciembre 1977): 415-432.

[L79] "George McMurray: *Gabriel García Márquez*" (Reseña)
RI 102-103 (enero-junio 1978): 272-274.

[L80] "Marjorie Agosín: *Las desterradas del paraíso, protagonistas en la narrativa de María Luisa Bombal*" (Reseña)
RI 132-133 (julio-diciembre 1985): 978-979.

[L81] "Escritura, traducción, des-plazamiento (un acercamiento a *Maitreya*)" (Nota)
RI 154 (enero-marzo 1991): 309-315.

LEVRERO, Mario

[L82] "Entrevista imaginaria con Mario Levrero" (Entrevista)
RI 160-161 (julio-diciembre 1992): 1167-1177.

LEVY, Isaac Jack

[L83] "Roberto M. de Agostino: *Treinta años en Tierra del Fuego*" (Reseña)
RI 45 (enero-junio 1958): 202-203.

LEVY, Kurt L.

[L84] "Cuentos de Tomás Carrasquilla *Náufrago asombroso del siglo de oro*. Colección popular de clásicos maiceros IV, editado por B. A. Gutiérrez" (Reseña)
RI 43 (enero-junio 1957): 167-170.

[L85] "José Juan Arrom: *Esquema generacional de las letras hispanoamericanas (Ensayo de un método)*" (Reseña)
RI 60 (julio-diciembre 1965): 315-316.

[L86] "Héctor H. Orjuela: *Biografía y bibliografía de Rafael Pombo*" (Reseña)
RI 62 (julio-diciembre 1966): 326-329.

[L87] "Rocío Vélez de Piedrahita: *La cisterna*" (Reseña)
RI 86 (enero-marzo 1974): 191-192.

LEWALD, H. Ernest

[L88] "Myron I. Lichtblau: *El arte estilístico de Eduardo Mallea*" (Reseña)
RI 66 (julio-diciembre 1968): 383-384.

LEWIS, Bart L.

[L89] "*Pubis angelical*: La mujer codificada" (Nota)
RI 123-124 (abril-septiembre 1983): 531-540.

LEWIS, Robert E.

[L90] "Los *Naufragios* de Alvar Núñez: Historia y ficción" (Nota)
RI 120-121 (julio-diciembre 1982): 681-694.

LIBERTELLA, Héctor

[L91] "Borges: literatura y patografía en la Argentina" (Estudio)
RI 125 (octubre-diciembre 1983): 707-715.

LICHTBLAU, Myron I.

[L92] "Rasgos estilísticos en algunas novelas de Eduardo Mallea" (Estudio)
RI 47 (enero-junio 1959): 117-125.

[L93] "H. A. Murena: *Las leyes de la noche*" (Reseña)
RI 48 (julio-diciembre 1959): 375-377.

[L94] "Eduardo Mallea: *Posesión*" (Reseña)
RI 50 (julio-diciembre 1960): 348-350.

[L95] "Hugo Rodríguez-Alcalá: *Ensayos de Norte a Sur*" (Reseña)
RI 51 (enero-junio 1961): 195-197.

[L96] "Frederick S. Stimson: *Orígenes del hispanismo norteamericano*" (Reseña)
RI 52 (julio-diciembre 1961): 385-387.

[L97] "Un cuento inédito de Manuel Gálvez" (Documentos)
RI 79 (abril-junio 1972): 317-332.

[L98] "El *Martín Fierro* como obra de arte literaria" (Estudio)
RI 87-88 (abril-septiembre 1974): 471-477.

[L99] "David William Foster: *Social Realism in the Argentine Narrative*" (Reseña)
RI 141 (octubre-diciembre 1987): 1053-1054.

LIDA, Raimundo / Emma Susana SPERATTI PIÑERO

[L100] "Lacunza en México" (Nota)
RI 104-105 (julio-diciembre 1978): 527-533.

LIENHARD, Martín

[L101] "La función del danzante de tijeras en tres textos de José María Arguedas" (Estudio)
RI 122 (enero-marzo 1983): 149-157.

[L102] "Una intertextualidad *indo-americana* y *Moriencia*, de Augusto Roa Bastos" (Estudio)
RI 127 (abril-junio 1984): 505-523.

LIENHARD, Martín / José MORALES SARA / Ineke PHAF

[L103] "Alejandro Losada" (Necrológica)
RI 135-136 (abril-septiembre 1986): 631-644.

LIHANI, John

[L104] "Delos Lincoln Canfield: *La pronunciación del español en América. Ensayo histórico-descriptivo*" (Reseña)
RI 58 (julio-diciembre 1964): 347-349.

LIHN, Enrique

[L105] "Preámbulo para una lectura comparada de un poema de Huidobro" (Nota)
RI 106-107 (enero-junio 1979): 183-185.

LINDSTROM, Naomí

[L106] "*El zorro de arriba y el zorro de abajo*: Una marginación al nivel del discurso" (Nota)
RI 122 (enero-marzo 1983): 211-218.

[L107] "Isaac Goldemberg: *Hombre de paso/ Just Passing Through*" (Reseña)
RI 123-124 (abril-septiembre 1983): 659-660.

[L108] "Scalabrini Ortiz: El lenguaje del irracionalismo" (Nota)
RI 130-131 (enero-junio 1985): 185-196.

[L109] "Olga Orozco: La voz poética que llama entre mundos" (Estudio)
RI 132-133 (julio-diciembre 1985): 765-775.

[L110] "Jorge Schwartz: *Homenaje a Girondo. Compilación, introducción y notas*" (Reseña)
RI 144-145 (julio-diciembre 1988): 1065-1067.

[L111] "*No pronunciarás* de Margo Glantz: Los nombres como señas de la imaginación cultural" (Nota)
RI 150 (enero-marzo 1990): 275-287.

Lipp, Solomon

[L112] "Los mundos de Luisa Mercedes Levinson, cuentista" (Nota)
RI 108-109 (julio-diciembre 1979): 583-593.

Liscano, Juan

[L113] "Lectura libre de un libro de poesía de Octavio Paz" (Nota)
RI 96-97 (julio-diciembre 1976): 517-526.

Little, William T.

[L114] "Notas acerca de *Tres tristes tigres* de G. Cabrera Infante" (Nota)
RI 73 (octubre-diciembre 1970): 635-642.

Lizaso, Félix

[L115] "Pedro Henríquez Ureña y sus presencias en Cuba"
RI 41-42 (enero-diciembre 1956): 99-117.

[L116] "Normas periodísticas de José Martí" (Estudio)
RI 56 (julio-diciembre 1963): 227-249.

[L117] "Max Henríquez Ureña: *Panorama histórico de la literatura cubana, 1492-1952. Tomos I y II*" (Reseña)
RI 58 (julio-diciembre 1964): 342-347.

Lojo de Beuter, María Rosa

[L118] "La mujer simbólica en *Abaddón el exterminador*" (Estudio)
RI 158 (enero-marzo 1992): 183-192.

Lonné, Enrique Francisco

[L119] "Juan Carlos Ghiano: *'El Matadero' de Echeverría y el costumbrismo*" (Reseña)
RI 69 (septiembre-diciembre 1969): 568-570.

Lopes, Albert R.

[L120] "Afranio Coutinho: *A literatura no Brasil". [Vol. I, t. I, Vol. II]*" (Reseña)
RI 43 (enero-junio 1957): 159-160.

[L121] "Rodrigo M. F. de Andrade: *As artes plásticas no Brasil*" (Reseña)
RI 43 (enero-junio 1957): 206-206.

Lopes Júnior, Francisco Caetano

[L122] "André de Carvalho: *Cubalibre*" (Reseña)
RI 140 (julio-septiembre 1987): 703-705.

[L123] "Machado de Assis: *Helena. Tradução de Helen Caldwell*" (Reseña)
RI 144-145 (julio-diciembre 1988): 1067-1068.

[L124] "Elías Miguel Muñoz: *El discurso de la sexualidad en Manuel Puig*" (Reseña)
RI 144-145 (julio-diciembre 1988): 1068-1070.

[L125] "Francisco Javier Ordiz: *El mito en la obra narrativa de Carlos Fuentes*" (Reseña)
RI 144-145 (julio-diciembre 1988): 1070-1071.

[L126] "Roberto Ventura: *Escritores, escravos e mestiços em um país tropical*" (Reseña)
RI 144-145 (julio-diciembre 1988): 1071-1072.

[L127] "Roberto Reis: *A permanencia do circulo. Hierarquia no romance brasileiro*" (Reseña)
RI 146-147 (enero-junio 1989): 525-526.

[L128] "Carmen Chaves McClendon and Elizabeth Ginway: *Los ensayistas: Brazil in the Eighties*" (Reseña)
RI 155-156 (abril-septiembre 1991): 783-784.

[L129] "Norman Lavers: *Pop Culture into Art: The Novels of Manuel Puig*" (Reseña)
RI 155-156 (abril-septiembre 1991): 784-785.

LÓPEZ, Ivette

[L130] "Idea Vilariño: *No*" (Reseña)
RI 120-121 (julio-diciembre 1982): 763-764.

LÓPEZ-ADORNO, Pedro

[L131] "Teoría y práctica de la arquitectura poética kozeriana: Apuntes para *Bajo este cien* y *La garza sin sombras*" (Nota)
RI 135-136 (abril-septiembre 1986): 605-611.

LÓPEZ-BARALT, Luce

[L132] "*La guaracha del Macho Camacho*, saga nacional de la *guachafita* portorriqueña" (Estudio)
RI 130-131 (enero-junio 1985): 103-123.

LÓPEZ-BARALT, Mercedes

[L133] "La crónica de Indias como texto cultural: Articulación de los códigos icónico y lingüístico en los dibujos de la *Nueua Coronica* de Guamán Poma" (Estudio)
RI 120-121 (julio-diciembre 1982): 461-531.

LÓPEZ GONZÁLEZ, Aralia

[L134] "Una obra clave en la narrativa mexicana: *José Trigo*" (Estudio)
RI 150 (enero-marzo 1990): 117-141.

LÓPEZ HEREDIA, José

[L135] "Odylo Costa (filho): *Un solo amor: antología bilingüe*" (Reseña)
RI 126 (enero-marzo 1984): 321-324.

LÓPEZ LEMUS, Virgilio

[L136] "Alejo Carpentier o el periodista"
RI 154 (enero-marzo 1991): 171-180.

LÓPEZ MIRANDA, Margarita

[L137] "Plurivalencia y monosemia en el fragmento introductorio de *La hora 0* de Ernesto Cardenal" (Estudio)
RI 157 octubre-diciembre 1991): 987-996.

LÓPEZ MORALES, Eduardo

[L138] "Luis Suardíaz y su arte poética" (Nota)
RI 152-153 (julio-diciembre 1990): 1285-1287.

LOPRETE, Carlos Alberto

[L139] "Rafael Alberto Arrieta y otros: *Historia de la literatura argentina*" (Reseña)
RI 56 (julio-diciembre 1963): 360-361.

LORENTE MEDINA, Antonio

[L140] "Intertextualidad y mito en *Porqué se fueron las garzas*" (Estudio)
RI 159 (abril-junio 1992): 449-463.

LORENTE-MURPHY, Silvia

[L141] "Juan Rulfo, lector de Knut Hamsun" (Nota)
RI 141 (octubre-diciembre 1987): 913-924.

[L142] "La revolución mexicana en la novela" (Estudio)
RI 148-149 (julio-diciembre 1989): 847-857.

LOSADA, Alejandro

[L143] "Rasgos específicos del realismo social en la América Hispánica" (Estudio)
RI 108-109 (julio-diciembre 1979): 413-442.

[L144] "Bases para un proyecto de una historia social de la literatura en América Latina (1780-1970)" (Estudio)
RI 114-115 (enero-junio 1981): 167-188.

LOUSTAUNAU, Fernando

[L145] "Susana Soca: La Dame à la Licorne" (Nota)
RI 160-161 (julio-diciembre 1992): 1015-1025.

LOVELUCK, Juan

[L146] "Manuel Pedro González: *José Martí. En el octogésimo aniversario de la iniciación modernista. 1882-1962*" (Reseña)
RI 58 (julio-diciembre 1964): 349-353.

[L147] "*De sobremesa*, novela desconocida del modernismo" (Estudio)
RI 59 (enero-junio 1965): 17-32.

[L148] "Mariano Picón-Salas" (Necrológica)
RI 60 (julio-diciembre 1965): 263-276.

[L149] "Joseph Sommers: *After the Storm. Landmarks of the Modern Mexican Novel*" (Reseña)
RI 69 (septiembre-diciembre 1969): 570-573.

[L150] "Martín C. Taylor: *Gabriela Mistral's Religious Sensibility*" (Reseña)
RI 69 (septiembre-diciembre 1969): 573-577.

[L151] "Iván A. Schulman y Manuel Pedro González: *Martí, Darío y el modernismo. Prólogo de Cintio Vitier*" (Reseña)
RI 70 (enero-marzo 1970): 134-137.

[L152] "Cartas de Gabriela Mistral a Amado Nervo" (Documentos)
RI 72 (julio-septiembre 1970): 495-508.

[L153] "Luis Mario Schneider: *El estridentismo. Una literatura de la estrategia*" (Reseña)
RI 79 (abril-junio 1972): 346-349.

[L154] "*Alturas de Macchu Picchu*: Cantos I-V" (Estudio)
RI 82-83 (enero-junio 1973): 175-188.

[L155] "La conversación infinita de Luis Emilio Soto. Un texto sobre Oliverio Girondo" (Documento)
RI 91 (abril-junio 1975): 287-288.

[L156] "Robert Pring-Mill: *Pablo Neruda. A Basic Anthology*" (Reseña)
RI 95 (abril-junio 1976): 323-324.

LOYOLA, Hernán

[L157] "Lectura de *Tentativa del hombre infinito*, de Pablo Neruda" (Estudio)
RI 123-124 (abril-septiembre 1983): 369-387.

LOZADA, Alfredo

[L158] "Migas de Nietzsche: El subtexto de *El hondero entusiasta*" (Estudio)
RI 123-124 (abril-septiembre 1983): 389-402.

[L159] "Visión degradada/error visionario. Desconstruyendo la modalidad profética en la poesía de Pablo Neruda" (Nota)
RI 137 (octubre-diciembre 1986): 963-970.

LOZANO, Carlos

[L160] "Paralelismos entre Flaubert y Eduardo Barrios" (Estudio)
RI 47 (enero-junio 1959): 105-116.

[L161] "Fernando Alegría: *Los días contados*" (Reseña)
RI 69 (septiembre-diciembre 1969): 577-579.

LUCAS, Fábio

[L162] "Do esteticismo brasileiro: Tradição e dependência" (Nota)
RI 126 (enero-marzo 1984): 211-219.

LUCIANI, Frederick

[L163] "Sor Juana Inés de la Cruz: *Inundación Castálida*, ed. Georgina Sabat de Rivers" (Reseña)
RI 130-131 (enero-junio 1985): 394-396.

[L164] "Octavio Paz: *Sor Juana Inés de la Cruz o las trampas de la fe*" (Reseña)
RI 130-131 (enero-junio 1985): 396-398.

[L165] "Sor Juana Inés de la Cruz: Epígrafe, epíteto, epígono" (Estudio)
RI 132-133 (julio-diciembre 1985): 777-783.

[L166] "Luis Harss: *Sor Juana's Dream*" (Reseña)
RI 146-147 (enero-junio 1989): 526-529.

[L167] "Sor Juana Inés de la Cruz: *Inundación castálida*. Ed. Georgina Sabat de Rivers" (Reseña)
RI 150 (enero-marzo 1990): 331-333.

LUDMER, Josefina

[L168] "*Tres tristes tigres*: Ordenes literarios y jerarquías sociales" (Estudio)
RI 108-109 (julio-diciembre 1979): 493-512.

LUGO-ORTIZ, Agnes I.

[L169] "Memoria infantil y perspectiva histórica: El archipiélago de Victoria Ocampo" (Nota)
RI 140 (julio-septiembre 1987): 651-661.

LUIS, William

[L170] "Historia, naturaleza y memoria en *Viaje a la semilla*" (Nota)
RI 154 (enero-marzo 1991): 151-160.

LUNA, Normando

[L71] "John S. Brushwood: *The Spanish-American Novel: A Twentieth-Century Survey*" (Reseña)
RI 96-97 (julio-diciembre 1976): 632-634.

LUZURIAGA, Gerardo

[L72] "Ricardo Descalzi: *Historia crítica del teatro ecuatoriano*" (Reseña)
RI 75 (abril-junio 1971): 470-472

Ll

LLANOS, Alfredo

[Ll1] "José Luis Romero: *Las ideas políticas argentinas*" (Reseña)
RI 44 (julio-diciembre 1957): 390-394.

LLARENA, Alicia

[Ll2] "*Arráncame la vida*, de Ángeles Mastretta: el universo desde la intimidad" (Estudio)
RI 159 (abril-junio 1992): 465-475.

LLILO-MORO, Eduarda

[Ll3] "*Dom Casmurro*: Apodo, vacío y espejo roto" (Estudio)
RI 126 (enero-marzo 1984): 9-29.

LLOPESA, Ricardo

[Ll4] "Algunas consideraciones sobre la poesía de Ernesto Mejía Sánchez" (Estudio)
RI 157 (octubre-diciembre 1991): 959-970.

M

MAC ADAM, Alfred J.

[M1] "El espejo y la mentira, dos cuentos de Borges y Bioy Casares" (Estudio)
RI 75 (abril-junio 1971): 357-374.

[M2] "La simultaneidad en las novelas de Cortázar" (Estudio)
RI 76-77 (julio-diciembre 1971): 667-676.

[M3] "La torre de Dánae" (Estudio)
RI 84-85 (julio-diciembre 1973): 457-469.

[M4] "*Tres tristes tigres*: El vasto fragmento (Nota)
RI 92-93 (julio-diciembre 1975): 549-556.

[M5] "Décio Pignatari: Retrato en blanco y negro" (Texto)
RI 98-99 (enero-junio 1977): 81-88.

[M6] "Lenguaje y estética en *Inquisiciones*" (Nota)
RI 100-101 (julio-diciembre 1977): 637-644.

[M7] "*Un modelo para la muerte*: La apoteosis de Parodi" (Nota)
RI 112-113 (julio-diciembre 1980): 545-552.

[M8] "Octavio Paz: *In/Mediaciones*" (Reseña)
RI 112-113 (julio-diciembre 1980): 677-679.

[M9] "José Donoso: *Casa de campo*" (Nota)
RI 116-117 (julio-diciembre 1981): 257-263.

[M10] "Gabriela Massuh: *Borges: Una estética del silencio*" (Reseña)
RI 123-124 (abril-septiembre 1983): 660-661.

[M11] "Suzanne J. Levine: *Guía de Bioy Casares*" (Reseña)
RI 123-124 (abril-septiembre 1983): 662-663.

[M12] "Euclides Da Cunha y Mario Vargas Llosa: Meditaciones intertextuales" (Nota)
RI 126 (enero-marzo 1984): 157-164.

[M13] "Paul B. Dixon: *Reversible Readings: Ambiguity in Four Modern Latin American Novels*" (Reseña)
RI 140 (julio-septiembre 1987): 705-706.

[M14] "*Confessio amantis*" (Nota)
RI 154 (enero-marzo 1991): 203-213.

MACAGNO, Enzo

[M15] "Ezequiel Martínez Estrada: *Qué es esto. Catilinaria*" (Reseña)
RI 44 (julio-diciembre 1957): 394-400.

MADRID, Lelia M.

[M16] "Arturo Alvarez Sosa: *La singularidad desnuda*" (Reseña)
RI 146-147 (enero-junio 1989): 529-531.

[M17] "Octavio Paz: la espiral y la línea o la re-escritura del romanticismo" (Estudio)
RI 151 (abril-junio 1990): 393-401.

[M18] "Sábato/Borges: sobre el cielo y el infierno" (Estudio)
RI 158 (enero-marzo 1992): 207-216.

MADRIGAL ECAY, Roberto

[M19] "Umberto Valverde: *Celia Cruz: Reina Rumba* y *En busca de tu nombre*" (Reseña)
RI 128-129 (julio-diciembre 1984): 1101-1102.

MAGALLÓN, Mario

[M20] "Leopoldo Zea. La filosofía latinoamericana: Una forma de expresión propia" (Entrevista)
RI 148-149 (julio-diciembre 1989): 655-663.

MAGNARELLI, Sharon

[M21] "*El camino de Santiago* de Alejo Carpentier y la picaresca" (Estudio)
RI 86 (enero-marzo 1974): 65-86.

[M22] "Petrona Domínguez de Rodríguez-Pasqués: *El discurso indirecto libre en la novela argentina*" (Reseña)
RI 96-97 (julio-diciembre 1976): 634-635.

[M23] "Gatos, lenguaje y mujeres en *El gato eficaz*, de Luisa Valenzuela" (Nota)
RI 108-109 (julio-diciembre 1979): 603-611.

[M24] "Una entrevista con Alicia Muñoz" (Entrevista)
RI 132-133 (julio-diciembre 1985): 495-506.

[M25] "Matías Montes Huidobro: *Teoría y práctica del catedratismo en 'Los negros heráldicos' de Francisco Fernández*" (Reseña)
RI 152-153 (julio-diciembre 1990): 1390-1392.

MALLETT, Brian J.

[M26] "Política y fatalidad en *La hojarasca* de García Márquez" (Nota)
RI 96-97 (julio-diciembre 1976): 535-544.

MALLO, Jerónimo

[M27] "Edelberto Torres: *Enrique Gómez Carrillo. El cronista errante*" (Reseña)
RI 46 (julio-diciembre 1958): 468-470.

[M28] "Alfonso Méndez Plancarte: *San Juan de la Cruz en México*" (Reseña)
RI 50 (julio-diciembre 1960): 350-351.

[M29] "Salvador de Madariaga: *Presente y Porvenir de Hispanoamérica y otros ensayos*" (Reseña)
RI 51 (enero-junio 1961): 197-199.

MALPARTIDA, Juan

[M30] "Tres poetas mexicanos (Ulacia, Mendiola, Morábito)" (Nota)
RI 148-149 (julio-diciembre 1989): 1209-1217.

MAPES, Erwin K.

[M31] "Boyd G. Carter: *En torno a Gutiérrez Nájera*" (Reseña)
RI 50 (julio-diciembre 1960): 351-354.

MARBÁN, Jorge A.

[M32] "Transfiguración histórica y creación literaria en el *Lope de Aguirre* de Otero Silva" (Nota)
RI 130-131 (enero-junio 1985): 273-282.

[M33] "Evolución y formas en la prosa periodística de José Martí" (Nota)
RI 146-147 (enero-junio 1989): 211-222.

MARCOS, Juan Manuel

[M34] "Estrategia textual de *Yo el supremo*" (Estudio)
RI 123-124 (abril-septiembre 1983): 433-448.

[M35] "La ternura pensativa de José María Arguedas" (Estudio)
RI 127 (abril-junio 1984): 445-457.

[M36] "Helena Araújo: *Fiesta en Teusaquillo*" (Reseña)
RI 128-129 (julio-diciembre 1984): 1103-1104.

[M37] "Darío Jaramillo Agudelo: *La muerte de Alec*" (Reseña)
RI 128-129 (julio-diciembre 1984): 1104-1106.

[M38] "Isabel Allende: *La casa de los espíritus*" (Reseña)
RI 130-131 (enero-junio 1985): 401-406.

[M39] "Eraclio Zepeda: *Andando el tiempo*" (Reseña)
RI 130-131 (enero-junio 1985): 406-411.

[M40] "Saúl Ibargoyen: *La sangre interminable*" (Reseña)
RI 130-131 (enero-junio 1985): 411-414.

[M41] "La poesía de Elva Macías como una forma (femenina) de conocimiento" (Estudio)
RI 132-133 (julio-diciembre 1985): 785-792.

[M42] "Ricardo Yamal: *Sistema y visión de la poesía de Nicanor Parra*" (Reseña)
RI 135-136 (abril-septiembre 1986): 774-775.

[M43] "Isabel Allende: *De amor y de sombra*" (Reseña)
RI 137 (octubre-diciembre 1986): 1086-1090.

[M44] "Jaime Alazraki, ed.: *Critical Essays on Jorge Luis Borges*" (Reseña)
RI 140 (julio-septiembre 1987): 706-710.

[M45] "Emil Volek: *Meta-estructuralismo, poética moderna, semiótica narrativa y filosofía de las ciencias sociales*" (Reseña)
RI 140 (julio-septiembre 1987): 710-712.

MARICHAL, Juan

[M46] "Alberdi y Leroux: La originalidad de la generación argentina de 1837" (Estudio)
RI 59 (enero-junio 1965): 9-16.

MÁRQUEZ, Enrique

[M47] "*Cobra*: De aquel oscuro objeto del deseo" (Nota)
RI 154 (enero-marzo 1991): 301-307.

MARTIN, Gerald

[M48] "Emir Rodríguez Monegal y *Los dos Asturias*" (Polémica)
RI 69 (septiembre-diciembre 1969): 505-516.

MARTÍN-RODRÍGUEZ, Manuel

[M49] "El fondo angustioso de los *Nocturnos* de Xavier Villaurrutia"
RI 148-149 (julio-diciembre 1989): 1119-1128.

MARTÍNEZ, Elena M.

[M50] "Wilfrido Corral: *Lector, sociedad y género en Monterroso*" (Reseña)
RI 144-145 (julio-diciembre 1988): 1072-1075.

[M51] "Juan Carlos Onetti: *Cuando entonces*" (Reseña)
RI 144-145 (julio-diciembre 1988): 1075-1077.

[M52] "Evelyn Picón Garfield e Iván Schulman: *Las entrañas del vacío*" (Reseña)
RI 146-147 (enero-junio 1989): 531-534.

[M53] "Brian Mc Hale: *Postmodernist Fiction*" (Reseña)
RI 146-147 (enero-junio 1989): 534-537.

[M54] "Alicia Borinsky: *Macedonio Fernández y la teoría crítica. Una evaluación*" (Reseña)
RI 146-147 (enero-junio 1989): 537-538.

[M55] "*En breve cárcel*: La escritura/lectura del (de lo) otro en los textos de Onetti y Molloy" (Nota)
RI 151 (abril-junio 1990): 523-532.

[M56] "René Vázquez Díaz: *La era imaginaria*" (Reseña)
RI 152-153 (julio-diciembre 1990): 1393-1394.

MARTÍNEZ, Juana

[M57] "Una lectura con ambages. Sobre *Ambages* de César Fernández Moreno" (Estudio)
RI 159 (abril-junio 1992): 477-487.

MARTÍNEZ, Martha

[M58] "Julieta Campos o la interiorización de lo cubano" (Estudio)
RI 132-133 (julio-diciembre 1985): 793-797.

MARTÍNEZ, Tomás Eloy

[M59] "Ángel Rama o la crítica como gozo" (Necrológica)
RI 135-136 (abril-septiembre 1986): 645-664.

[M60] "La Habana de Bernal Díaz: La memoria como transgresión" (Estudio)
RI 140 (julio-septiembre 1987): 541-546.

MARTÍNEZ, Zulma Nelly

[M61] "El *Informe sobre ciegos* y Fernando Vidal Olmos, poeta vidente" (Estudio)
RI 81 (octubre-diciembre 1972): 627-639.

[M62] "Luisa Valenzuela: *Como en la guerra*" (Reseña)
RI 102-103 (enero-junio 1978): 274-276.

[M63] "*El obsceno pájaro de la noche*: La productividad del texto" (Estudio)
RI 110-111 (enero-junio 1980): 51-65.

[M64] "La mujer, la creatividad y el eterno presente" (Estudio)
RI 132-133 (julio-diciembre 1985): 799-806.

MARTÍNEZ CAMINO, Gonzalo

[M65] "Alejo Carpentier: *Los pasos perdidos*" (Reseña)
RI 158 (enero-marzo 1992): 291-293.

[M66] "Enrico Mario Santí: *Escritura y tradición: texto, crítica y poética en la literatura hispanoamericana*" (Reseña)
RI 158 (enero-marzo 1992): 294-296.

MARTÍNEZ LÓPEZ, Enrique

[M67] "Poesía religiosa de Manuel Botelho de Oliveira" (Estudio)
RI 68 (mayo-agosto 1969): 303-327.

MARTÍNEZ TORRÓN, Diego

[M68] "Severo Sarduy: *Maitreya*" (Reseña)
RI 110-111 (enero-junio 1980): 338-340.

MARTINS, Heitor

[M69] "Cecilia Meireles (1901-1964)" (Necrológica)
RI 60 (julio-diciembre 1965): 293-295.

[M70] "Domingos Carvalho Da Silva: *Uma Teoria do Poema*" (Reseña)
RI 151 (abril-junio 1990): 631-632.

MARTINS, Wilson

[M71] "C. R. Boxer: *The Golden Age of Brazil 1695-1750. Growing Pains of a Colonial Society*" (Reseña)
RI 55 (enero-junio 1963): 200-203.

[M72] "Brasil: Uma Interpretação Histórica" (Estudio)
RI 62 (julio-diciembre 1966): 217-228.

[M73] "Ruggero Jacobbi: *Teatro in Brasile*" (Reseña)
RI 62 (julio-diciembre 1966): 329-330.

[M74] "Linhas de fôrça na literatura brasileira" (Estudio)
RI 68 (mayo-agosto 1969): 285-302.

[M75] "Tendências da literatura brasileira contemporânea" (Estudio)
RI 98-99 (enero-junio 1977): 17-26.

MARTUL TOBIO, Luis

[M76] "La construcción del dictador populista en *El pueblo soy yo*" (Estudio)
RI 159 (abril-junio 1992): 489-500.

MARÚN, Gioconda

[M77] "Relectura de *Sin rumbo*: Floración de la novela moderna" (Estudio)
RI 135-136 (abril-septiembre 1986): 379-392.

[M78] "*Revista literaria* (Buenos Aires, 1879), una ignorada publicación del modernismo argentino" (Estudio)
RI 146-147 (enero-junio 1989): 63-88.

MAS, José L.

[M79] "Las claves estéticas de Octavio Paz en *Piedra de Sol*" (Estudio)
RI 112-113 (julio-diciembre 1980): 471-485.

MASIELLO, Francine

[M80] "Texto, ley, transgresión: Especulación sobre la novela (feminista) de vanguardia" (Estudio)
RI 132-133 (julio-diciembre 1985): 807-822.

MASTALLI SOSA, Adriana

[M81] "Miguel Ángel Campodónico: *La piscina alfombrada*" (Reseña)
RI 160-161 (julio-diciembre 1992): 1223-1227.

MATAS, Julio

[M82] "José Olivio Jiménez: *Estudios sobre poesía cubana contemporánea*" (Reseña)
RI 66 (julio-diciembre 1968): 384-385.

[M83] "Guillermo Cabrera Infante: *Tres tristes tigres*" (Reseña)
RI 68 (mayo-agosto 1969): 418-420.

[M84] "Tres antologías de teatro" (Nota)
RI 79 (abril-junio 1972): 279-285.

[M85] "William I. Oliver (editor y traductor): *Voices of Change in the Spanish American Theater, An Anthology*" (Reseña)
RI 80 (julio-septiembre 1972): 554-556.

[M86] "El contexto moral en algunos cuentos de Julio Cortázar" (Estudio)
RI 84-85 (julio-diciembre 1973): 593-609.

[M87] "Orden y visión de *Tres tristes tigres*" (Estudio)
RI 86 (enero-marzo 1974): 87-104.

[M88] "Fernando de Toro: *Brecht en el teatro hispanoamericano*" (Reseña)
RI 144-145 (julio-diciembre 1988): 1077-1078.

[M89] "Claroscuro de la provincia y el arrabal: Enrique Labrador Ruiz" (Nota)
RI 152-153 (julio-diciembre 1990): 951-965.

[M90] "Gustavo Pérez Firmat: *The Cuban Condition. Translation and identity in modern Cuban literature*" (Reseña)
RI 152-153 (julio-diciembre 1990): 1392-1393.

MATHIEU, Corina S.

[M91] "El poder de la evocación en *El amor no es amado* de Héctor Bianciotti" (Nota)
RI 155-156 (abril-septiembre 1991): 625-633.

MATILLA, Mirta Susana

[M92] "La erotología en la poesía de Eugenio Díaz Romero" (Estudio)
RI 146-147 (enero-junio 1989): 457-473.

MATOS MOQUETE, Manuel

[M93] "Poética política en la poesía de Pedro Mir"
RI 142 (enero-marzo 1988): 199-211.

MATTALIA, Sonia

[M94] "Modernización y des-jerarquización cultural: el caso Arlt (De *La vida puerca* a *El amor brujo*)" (Estudio)
RI 159 (abril-junio 1992): 501-516.

MATURO, Graciela

[M95] "Vida y obra: la poética humanista de Ernesto Sábato" (Estudio)
RI 158 (enero-marzo 1992): 53-59.

MAZZOTTI, José A.

[M96] "Julio Ortega: *La teoría poética de César Vallejo*" (Reseña)
RI 150 (enero-marzo 1990): 333-339.

[M97] "Reynaldo Jiménez: *El libro de unos sonidos (catorce poetas del Perú)*" (Reseña)
RI 150 (enero-marzo 1990): 340-342.

[M98] "Claire Pailler: *Mitos primordiales y poesía fundadora en América Central*" (Reseña)
RI 151 (abril-junio 1990): 633-637.

McCLINTOCK, Scott O. / Frederick H. FORNOFF

[M99] "La poética de ausencia en Laureano Albán" (Estudio)
RI (138-139) (enero-junio 1987): 331-351.

McDONALD, James K.

[M100] "Indice de la revista *Taller*" Bibliografía)
RI 56 (julio-diciembre 1963): 325-340.

McDUFFIE, Keith A.

[M101] "*Trilce I* y la función de la palabra en la poética de César Vallejo" (Estudio)
RI 71 (abril-junio 1970): 191-204.

[M102] "Una fracasada traducción inglesa de *Poemas humanos*" (Estudio)
RI 71 (abril-junio 1970): 345-352.

[M103] "Alberto Escobar: *Cómo leer a Vallejo*" (Reseña)
RI 89 (octubre-diciembre 1974): 717-719.

[M104] "Enrique Ballón Aguirre: *Vallejo como paradigma (Un caso especial de escritura)*" (Reseña)
RI 89 (octubre-diciembre 1974): 719-723.

[M105] "Sobre el universo poético de César Vallejo" (Nota)
RI 90 (enero-marzo 1975): 91-99.

[M106] "Todos los ismos el ismo: Vallejo rumbo a la utopía socialista" (Estudio)
RI 91 (abril-junio 1975): 177-202.

[M107] "Sobre Vallejo: Respuesta a José Miguel Oviedo" (Polémica)
RI 96-97 (julio-diciembre 1976): 596-600.

[M108] "*Cartas: 114 de César Vallejo a Pablo Abril de Vivero; 37 de Pablo Abril de Vivero a César Vallejo*". "*110 Cartas y una sola angustia: Cartas de Alfonso de Silva a Carlos Raygada*" (Reseña)
RI 96-97 (julio-diciembre 1976): 635-637.

[M109] "*César Vallejo. Edición de Julio Ortega*" (Reseña)
RI 96-97 (julio-diciembre 1976): 637-639.

[M110] "*César Vallejo. Prólogo, selección y nota de Carlos Luis Altamirano*" (Reseña)
RI 96-97 (julio-diciembre 1976): 639-641.

[M111] "El *Logos* vallejiano entre lo dialéctico y lo trílcico" (Nota)
RI 102-103 (enero-junio 1978): 147-155.

[M112] "Roberto Paoli: *Mapas anatómicos de César Vallejo*" (Reseña)
RI 123-124 (abril-septiembre 1983): 663-666.

[M113] "Roberto González Echevarría: *The Voice of the Masters. Writing and Authority in Modern Latin American Literature*" (Reseña)
RI 140 (julio-septiembre 1987): 733-736.

[M114] "Lucille Kerr: *Suspended Fictions: Reading Novels by Manuel Puig*" (Reseña)
RI 141 (octubre-diciembre 1987): 1056-1058.

[M115] "Pamela Bacarisse: *The necessary Dream. A Study of the Novels of Manuel Puig*" (Reseña)
RI 151 (abril-junio 1990): 637-640

[M116] "Sobre este número especial" (Nota)
RI 159 (abril-junio 1992): 333-334.

[M117] "César Vallejo: *Obra poética*" (Reseña)
RI 159 (abril-junio 1992): 716-720.

McGrady, Donald

[M118] "Sobre una alusión literaria en la novela *Pax*" (Nota)
RI 55 (enero-junio 1963): 147-156.

[M119] "José Asunción Silva: *Intimidades*, ed. Héctor Orjuela"."José Asunción Silva: *Poesías*, ed. Héctor Orjuela". "Betty Tyree Osiek: *José Asunción Silva*" (Reseña)
RI 118-119 (enero-junio 1982): 447-453.

[M120] "El redentor del Asterión de Borges" (Nota)
RI 135-136 (abril-septiembre 1986): 531-535.

[M121] "Sobre la influencia de Borges en *Il nome della rosa*, de Eco" (Estudio)
RI 141 (octubre-diciembre 1987): 787-806.

McMurray, George R.

[M122] "Boyd G. Carter (1908-1980)" (Necrológica)
RI 120-121 (julio-diciembre 1982): 739-740.

Mead, Robert G., Jr.

[M123] "José Vasconcelos: *La raza cósmica. Translation, Introduction and Notes by Didier T. Jaen*" (Reseña)
RI 110-111 (enero-junio 1980): 341-342.

Meehan, Thomas C.

[M124] "Bibliografía de y sobre la literatura fantástica" (Bibliografía)
RI 110-111 (enero-junio 1980): 243-256.

Megenney, William W.

[M125] "Bobby J. Chamberlain and Ronald H. Harmon: *A Dictionary of Informal Brazilian Portuguese*" (Reseña)
RI 135-136 (abril-septiembre 1986): 775-777.

Meinhardt, Warren L.

[M126] "Carmen Quiroga de Cebollero: *Entrando a 'El túnel' de Ernesto Sábato*" (Reseña)
RI 79 (abril-junio 1972): 349-351.

Mejía Sánchez, Ernesto

[M127] "*La cultura y la literatura iberoamericana. Memoria del Séptimo Congreso del Instituto Internacional de Literatura Iberoamericanas*" (Reseña)
RI 43 (enero-junio 1957): 208-211.

[M128] "Los *pastiches* huguescos de Gutiérrez Nájera" (Documentos)
RI 49 (enero-junio 1960): 149-152.

[M129] "Manuel Pedro González: *Antología crítica de José Martí*" (Reseña)
RI 50 (julio-diciembre 1960): 354-357.

[M130] "Eduardo Neale-Silva: *Horizonte humano. Vida de José Eustasio Rivera*" (Reseña)
RI (XXV) 50 (julio-diciembre 1960): 357-358.

[M131] "Las relaciones literarias" (Estudio)
RI 62 (julio-diciembre 1966): 193-210.

Mejía Valera, Manuel

[M132] "Felipe Cossío del Pomar: *Historia del arte del Perú Colonial*" (Reseña)
RI 46 (julio-diciembre 1958): 470-470.

[M133] "Francisco Tario: *Una violeta de más*" (Reseña)
RI 72 (julio-septiembre 1970): 524-525.

[M134] "Juan Gonzalo Rose: *Hallazgos y extravíos*" (Reseña)
RI 72 (julio-septiembre 1970): 525-526.

[M135] "Antonio Castañeda: *Lejos del ardimiento*" (Reseña)
RI 72 (julio-septiembre 1970): 527-528.

Melnykovich, George

[M136] "Arqueles Vela: *Poemontaje*" (Reseña)
RI 68 (mayo-agosto 1969): 420-422.

[M137] "Carlos Pellicer: *Antología*" (Reseña)
RI 72 (julio-septiembre 1970): 528-532.

[M138] "Octavio Paz: *Children of the Mire*" (Reseña)
RI 89 (octubre-diciembre 1974): 723-725.

[M139] *"Borges on Writing. Editado por di Giovanni, Halpern y MacShane"* (Reseña)
RI 90 (enero-marzo 1975): 163-164.

MENCHACATORRE, Félix

[M140] "Una tragedia del romanticismo ecléctico: *Munio Alfonso*, de la Avellaneda" (Estudio)
RI 132-133 (julio-diciembre 1985): 823-830.

MÉNDEZ, Adriana

[M141] "Erotismo, cultura y sujeto en *De donde son los cantantes*" (Estudio)
RI 102-103 (enero-junio 1978): 45-63.

MÉNDEZ-FAITH, Teresa

[M142] "Sobre el uso y abuso de poder en la producción dramática de Griselda Gambaro" (Estudio)
RI 132-133 (julio-diciembre 1985): 831-841.

MÉNDEZ-FAITH, Teresa / Rose S. MINC

[M143] "Conversando con Carmen Naranjo" (Entrevista)
RI 132-133 (julio-diciembre 1985): 507-510.

MÉNDEZ-RAMÍREZ, Hugo

[M144] "La afinidad poética de Lugones y Tablada" (Nota)
RI 148-149 (julio-diciembre 1989): 1059-1069.

MÉNDEZ RÓDENAS, Adriana

[M145] "Severo Sarduy: *Colibrí*" (Reseña)
RI 130-131 (enero-junio 1985): 399-401.

[M146] "Tiempo femenino, tiempo ficticio: *Los recuerdos del porvenir*, de Elena Garro" (Estudio)
RI 132-133 (julio-diciembre 1985): 843-851.

[M147] *"Este sexo que no es uno*: Mujeres deseantes en *Las honradas* y *Las impuras* de Miguel de Carrión"
RI 152-153 (julio-diciembre 1990): 1009-1025.

MENDOZA, Roseanne B. de

[M148] "Bibliografía de y sobre Gabriel García Márquez" (Bibliografía)
RI 90 (enero-marzo 1975): 107-143.

MENESES, Carlos

[M149] "La visión del periodista, tema recurrente de Mario Vargas Llosa (A propósito de *La guerra del fin del mundo*)" (Nota)
RI 123-124 (abril-septiembre 1983): 523-529.

[M150] *"Mallorca*, un poema en el olvido de Jorge Luis Borges" (Documentos)
RI 137 (octubre-diciembre 1986): 1009-1014.

MENTON, Seymour

[M151] "Carlos Mazzanti: *El sustituto*" (Reseña)
RI 43 (enero-junio 1957): 164-167.

[M152] "Sobre influencias en la novela guatemalteca" (Nota)
RI 50 (julio-diciembre 1960): 309-315.

[M153] "Orlando Gómez-Gil: *Historia crítica de la literatura hispano-americana*" (Reseña)
RI 66 (julio-diciembre 1968): 404-406.

[M154] "Asturias, Carpentier y Yáñez: Paralelismos y divergencias" (Estudio)
RI 67 (enero-abril 1969): 31-52.

[M155] "Demetrio Aguilera Malta: *Siete lunas y siete serpientes*" (Reseña)
RI 73 (octubre-diciembre 1970): 677-680.

[M156] "Resurrección del *Cristiano errante*" (Polémica)
RI 75 (abril-junio 1971): 419-420.

[M157] "Miguel Cossío Woodward: *Sacchario*" (Reseña)
RI 78 (enero-marzo 1972): 164-166.

[M158] "Cofiño López, Manuel: *La última mujer y el próximo combate*" (Reseña)
RI 79 (abril-junio 1972): 352-353.

[M159] *"Respirando el verano*, fuente colombiana de *Cien años de soledad*" (Estudio)
RI 91 (abril-junio 1975): 203-217.

[M160] "Alejo Carpentier: *La consagración de la primavera*" (Reseña)
RI 110-111 (enero-junio 1980): 342-345.

[M161] "La obertura nacional: Asturias, Gallegos, Mallea, Dos Passos, Yáñez, Fuentes y Sarduy" (Nota)
RI 130-131 (enero-junio 1985): 151-166.

[M162] "Las dos ediciones de *Puerto Limón*" (Nota)
RI 138-139 (enero-junio 1987): 233-244.

[M163] "La novela de la revolución cubana, fase cinco: 1975-1987" (Estudio)
RI 152-153 (julio-diciembre 1990): 913-932.

MEO ZILIO, Giovanni

[M164] "El neorrealismo de Julio Ricci, entre onirismo y gestualidad: Apuntes estilísticos" (Nota)
RI 123-124 (abril-septiembre 1983): 547-561.

MERRELL, Floyd

[M165] "La cifra laberíntica: Más allá del *boom* en México" (Estudio)
RI 150 (enero-marzo 1990): 49-61.

MERRIM, Stephanie

[M166] "Guillermo Cabrera Infante: *Exorcismos de esti(l)o*" (Reseña)
RI 102-103 (enero-junio 1978): 276-279.

[M167] "*La Habana para un infante difunto* y su teoría topográfica de las formas" (Nota)
RI 118-119 (enero-junio 1982): 403-413.

[M168] "*La vida breve* o la nostalgia de los orígenes" (Nota)
RI 135-136 (abril-septiembre 1986): 565-571.

MESSINGER CYPESS, Sandra

[M169] "Richard Callan: *Miguel Ángel Asturias*" (Reseña)
RI 75 (abril-junio 1971): 473-473.

[M170] "Dauster, Frank: *Xavier Villaurrutia*" (Reseña)
RI 79 (abril-junio 1972): 353-355.

METZIDAKIS, Philip

[M171] "Unamuno frente a la poesía de Rubén Darío" (Estudio)
RI 50 (julio-diciembre 1960): 229-249.

MIGNOLO, Walter D.

[M172] "Aspectos del cambio literario (a propósito de la *Historia de la novela hispanoamericana* de Çedomil Goiç)" (Estudio)
RI 94 (enero-marzo 1976): 31-49.

[M173] "Emergencia, espacio, *mundos posibles*: Las propuestas epistemológicas de Jorge L. Borges" (Estudio)
RI 100-101 (julio-diciembre 1977): 357-379.

[M174] "La figura del poeta en la lírica de vanguardia (Estudio)
RI 118-119 (enero-junio 1982): 131-148.

MILIANI, Domingo

[M175] "José Ramón Medina: *Antología venezolana*" (Reseña)
RI 58 (julio-diciembre 1964): 352-356.

[M176] "El dictador, objeto narrativo en *El recurso del método*" (Estudio)
RI 114-115 (enero-junio 1981): 189-225.

MILLÁN, María del Carmen

[M177] "Héctor Raúl Almanza: *Brecha en la roca*" (Reseña)
RI 43 (enero-junio 1957): 188-190.

[M178] "El modernismo de Othón" (Estudio)
RI 47 (enero-junio 1959): 127-134.

[M179] "Carlos Fuentes: *La muerte de Artemio Cruz*" (Reseña)
RI 54 (julio-diciembre 1962): 397-399.

[M180] "Las novelas clásicas mexicanas de los últimos veinticinco años" (Nota)
RI 69 (septiembre-diciembre 1969): 521-529.

MINC, Rose S.

[M181] "David William Foster: *Alternate Voices in the Contemporary Latin American Narrative*" (Reseña)
RI 140 (julio-septiembre 1987): 712-713.

MINC, Rose S. / Teresa MENDEZ-FAITH

[M182] "Conversando con Carmen Naranjo" (Entrevista)
RI 132-133 (julio-diciembre 1985): 507-510.

MITRE, Eduardo

[M183] "Los ideogramas de José Juan Tablada" (Nota)
RI 89 (octubre-diciembre 1974): 675-679.

[M184] "La imagen en Vicente Huidobro" (Nota)
RI 94 (enero-marzo 1976): 79-85.

[M185] "Cuatro poetas bolivianos contemporáneos" (Estudio)
RI 134 (enero-marzo 1986): 139-163.

MOCEGA-GONZÁLEZ, Esther P.

[M186] "La mecánica de los triángulos históricos y la trampa del círculo en *Crónica de una muerte anunciada*" (Estudio)
RI 141 (octubre-diciembre 1987): 807-822.

MOCTEZUMA, Edgardo

[M187] "Para mirar lejos antes de entrar: Los usos del poder en *Aire tan dulce*, de Elvira Orphée" (Estudio)
RI 125 (octubre-diciembre 1983): 929-942.

MOGROVEJO Y DE LA CERDA, Juan

[M188] "*La endiablada*" (Documentos)
RI 91 (abril-junio 1975): 277-285.

MOLINA DE GALINDO, Isis

[M189] "*El Presidio Político en Cuba*, de José Martí. Intento de análisis estilístico" (Estudio)
RI 54 (julio-diciembre 1962): 311-336.

MOLINA Q., Nory

[M190] "Apuntes sobre una nueva narrativa costarricense: Gerardo César Hurtado"
RI 138-139 (enero-junio 1987): 475-485.

MOLLOY, Sylvia

[M191] "*Dios acecha en los intervalos*: Simulacro y causalidad textual en la ficción de Borges" (Estudio)
RI 100-101 (julio-diciembre 1977): 381-398.

[M192] "Conciencia del público y conciencia del yo en el primer Darío" (Estudio)
RI 108-109 (julio-diciembre 1979): 443-457.

[M193] "Sentido de ausencias" (Ensayo)
RI 132-133 (julio-diciembre 1985): 483-488.

[M194] "Jorge Luis Borges, confabulador (1899-1986)" (Necrológica)
RI 137 (octubre-diciembre 1986): 801-808.

[M195] "Contagio narrativo y gesticulación retórica en *La vorágine*" (Estudio)
RI 141 (octubre-diciembre 1987): 745-766.

[M196] "Sarmiento, lector de sí mismo en *Recuerdos de provincia*" (Estudio)
RI 143 (abril-junio 1988): 407-418.

[M197] "Enrique Pezzoni. 1926-1989" (Necrológica)
RI 151 (abril-junio 1990): 571-573.

MONDRAGON, Amelia

[M198] "Steven F. White: *Una totalidad implícita, Poets of Nicaragua, a Bilingual Anthology (1918-1979)*" (Reseña)
RI 157 (octubre-diciembre 1991): 1080-1083.

MONGE, Carlos Francisco

[M199] "La escritura: Pasión de la historia. (La poesía contemporánea de Costa Rica)" (Estudio)
RI 138-139 (enero-junio 1987): 303-323.

Monguió, Luis

[M200] "Carlos García Prada: *Poetas modernistas hispanoamericanos. Antología. Introducción, selección y notas críticas y bibliográficas*" (Reseña)
RI 43 (enero-junio 1957): 162-164.

[M201] "El negro en algunos poetas españoles y americanos anteriores a 1800" (Estudio)
RI 44 (julio-diciembre 1957): 245-259.

[M202] "Emilio Carilla: *El romanticismo en la América Hispánica*" (Reseña)
RI 50 (julio-diciembre 1960): 358-359.

[M203] "La controversia literaria sobre *Las ruinas de Pachacamac*, Lima, 1822" (Estudio)
RI 51 (enero-junio 1961): 81-110.

[M204] "De la problemática del modernismo: La crítica y el *cosmopolitismo*" (Estudio)
RI 53 (enero-junio 1962): 75-86.

[M205] "Las tres primeras reseñas londinenses de 1826 de *La Victoria de Junín*" (Estudio)
RI 58 (julio-diciembre 1964): 225-237.

[M206] "Palabras e ideas: *Patria* y *Nación* en el virreinato del Perú" (Estudio)
RI 104-105 (julio-diciembre 1978): 451-470.

[M207] "José Durand (1925-1990)" (Necrológica)
RI 155-156 (abril-septiembre 1991): 681-684.

Moniz, Naomí Hoki

[M208] "*A casa da paixão*: Etica, estética e a condição feminina" (Estudio)
RI 126 (enero-marzo 1984): 129-140.

[M209] "Salomão Sousa: *A moenda dos dias*" (Reseña)
RI 126 (enero-marzo 1984): 312-313.

[M210] "Elbio Prates Piccoli: *De um Mealheiro de Histórias*" (Reseña)
RI 126 (enero-marzo 1984): 313-314.

Monner Sans, José María

[M211] "La *Historia de la literatura argentina* de Ricardo Rojas" (Estudio)
RI 46 (julio-diciembre 1958): 267-282.

Monsanto, Carlos

[M212] "Germán Berdiales: *Cantan los pueblos americanos*" (Reseña)
RI 45 (enero-junio 1958): 203-204.

[M213] "Lilo Linke: *Yucatán mágico: Recuerdos de un viaje*" (Reseña)
RI 45 (enero-junio 1958): 204-205.

Monsiváis, Carlos

[M214] "No con un sollozo, sino entre disparos (Notas sobre cultura mexicana 1910-1968)" (Estudio)
RI 148-149 (julio-diciembre 1989): 715-735.

Monterde, Francisco

[M215] "Gabriela Mistral (1889-1957)" (Necrológica)
RI 44 (julio-diciembre 1957): 333-337.

[M216] "Julio Jiménez Rueda" (Necrológica)
RI 50 (julio-diciembre 1960): 303-308.

[M217] "Luis Leal: *Mariano Azuela, vida y obra*" (Reseña)
RI 53 (enero-junio 1962): 228-230.

Montero, Janina

[M218] "Realidad y ficción en *Hijo de hombre*" (Nota)
RI 95 (abril-junio 1976): 267-274.

Montero, Óscar

[M219] "*El jardín de al lado*: La escritura y el fracaso del éxito" (Estudio)
RI 123-124 (abril-septiembre 1983): 449-467.

[M220] "Sylvia Molloy: *En breve cárcel*" (Reseña)
RI 123-124 (abril-septiembre 1983): 666-669.

[M221] "Las ordalias del sujeto: *Mi museo ideal* y *Marfiles viejos*, de Julián del Casal" (Estudio)
RI 146-147 (enero-junio 1989): 287-306.

[M222] "Roberto González Echevarría: *La ruta de Severo Sarduy*" (Reseña)
RI 146-147 (enero-junio 1989): 539-542.

[M223] "El *compromiso* del escritor cubano en el 1959 y la *Corona de las frutas* de Lezama" (Nota)
RI 154 (enero-marzo 1991): 33-42.

[M224] "María Luisa Bastos: *Relecturas. Estudios de textos hispanoamericanos*" (Reseña)
RI 154 (enero-marzo 1991): 406-409.

[M225] "Julio Ramos: *Desencuentros de la modernidad en América Latina: literatura y política en el siglo XIX*" (Reseña)
RI 158 (enero-marzo 1992): 296-299.

MONTES-HUIDOBRO, Matías

[M226] "Rita Geada: *Vertizonte*" (Reseña)
RI 108-109 (julio-diciembre 1979): 695-696.

[M227] "José Antonio Ramos: Viñeta a dos voces (1895-1946)" (Nota)
RI 152-153 (julio-diciembre 1990): 845-852.

MONTESINOS, Jaime

[M228] "Efraín Jara Idrovo: Su evolución poética" (Estudio)
RI 144-145 (julio-diciembre 1988): 851-863.

MONTIEL, Luis

[M229] "Ernesto Sábato: Ojos para lo sagrado" (Nota)
RI 141 (octubre-diciembre 1987): 933-943.

[M230] "Sábato: *summa*" (Estudio)
RI 158 (enero-marzo 1992): 233-245.

MOODY, Michael

[M231] "Paisajes de los condenados: El escenario natural de *La casa verde*. Philips Metzidakis, trad." (Nota)
RI 116-117 (julio-diciembre 1981): 127-136.

MORA, Carmen de

[M232] "Ironía y ficción en la narrativa de Julio Garmendia" (Estudio)
RI 159 (abril-junio 1992): 517-526.

MORA, Gabriela

[M233] "Rechazo del mito en *Las islas nuevas*, de María Luisa Bombal" (Estudio)
RI 132-133 (julio-diciembre 1985): 853-865.

MORA, Pablo

[M234] "Notas sobre la poesía de Gerardo Deniz" (Nota)
RI 150 (enero-marzo 1990): 203-211.

MORA, Sonia Marta

[M235] "Joaquín Gutiérrez y la culminación de la novela costarricense" (Estudio)
RI 138-139 (enero-junio 1987): 245-263.

[M236] "Edmond Cros: *Literatura, ideología y sociedad*" (Reseña)
RI 144-145 (julio-diciembre 1988): 1078-1081.

[M237] "Juana Alcira Arancibia (ed.): *Evaluación de la literatura femenina de Latinoamérica, siglo XX*" (Reseña)
RI 144-145 (julio-diciembre 1988): 1081-1084.

MORA VALCÁRCEL, Carmen de

[M238] "Juan José Arreola: *La feria o Una apocalipsis de bolsillo*" (Estudio)
RI 150 (enero-marzo 1990): 99-115.

MORALES, Ángel Luis

[M239] "Puerta al tiempo en tres voces. Poema de Luis Palés Matos" (Estudio)
RI 44 (julio-diciembre 1957): 311-322.

[M240] "Teoría literaria y literatura en Alfonso Reyes" (Nota)
RI 59 (enero-junio 1965): 89-94.

MORALES SARAVIA, José / Ineke **PHAF** / Martín **LIENHARD**

[M241] "Alejandro Losada" (Necrología)
RI 135-136 (abril-septiembre 1986): 631-644.

MORALES TORO, Leónidas

[M242] "Fundaciones y destrucciones: Pablo Neruda y Nicanor Parra" (Estudio)
RI 72 (julio-septiembre 1970): 407-423.

MORÁN, Carlos Roberto

[M243] "Las voces de Borges: diálogos, recuerdos, las obras completas" (Entrevista)
RI 151 (abril-junio 1990): 583-598.

MORAÑA, Mabel

[M244] "Historicismo y legitimación del poder en *El gesticulador* de Rodolfo Usigli" (Estudio)
RI 148-149 (julio-diciembre 1989): 1261-1275.

MORELL, Hortensia R.

[M245] "Contextos musicales en *Concierto barroco*" (Estudio)
RI 123-124 (abril-septiembre 1983): 335-350.

[M246] "La narrativa de Griselda Gambaro: *Dios no nos quiere contentos*" (Estudio)
RI 155-156 (abril-septiembre 1991): 481-494.

MORELLI, Gabriele

[M247] "Bibliografía de Neruda en Italia" (Bibliografía)
RI 82-83 (enero-junio 1973): 369-371.

MORELLO-FROSCH, Marta

[M248] "Nicolás Cócaro: *Cuentos fantásticos argentinos. Selección y estudio preliminar*" (Reseña)
RI 55 (enero-junio 1963): 203-205.

[M249] "El personaje y su doble en las ficciones de Cortázar" (Nota)
RI 66 (julio-diciembre 1968): 323-330.

[M250] "Actualización de los signos en la ficción de Haroldo Conti" (Estudio)
RI 125 (octubre-diciembre 1983): 839-851.

MORENO-DURÁN, Rafael Umberto

[M251] "Fragmentos de *La augusta sílaba*" (Ensayo)
RI 128-129 (julio-diciembre 1984): 861-881.

MORETTA, Eugene L.

[M252] "El Villaurrutia de *Reflejos*" (Estudio)
RI 89 (octubre-diciembre 1974): 595-614.

MORÍNIGO, Marcos A.

[M253] "Pedro Henríquez Ureña y la lingüística indigenista" (Estudio)
RI 41-42 (enero-diciembre 1956): 143-147.

MORRIS, C. B.

[M254] "El surrealismo de Tenerife"
RI 106-107 (enero-junio 1979): 343-349.

MOSER, Gerald M.

[M255] "Helen Caldwell: *The Brazilian Othello of Machado de Assis. A Study of Dom Casmurro*" (Reseña)
RI 51 (enero-junio 1961): 199-201.

[M256] "Eugênia Sereno (pseud.): *O Pássaro da Escuridão (Romance antigo de uma cidadezinha brasileira)*" (Reseña)
RI 126 (enero-marzo 1984): 324-326.

MOYA, Ismael

[M257] "Ricardo Rojas, el argentino esencial" (Estudio)
RI 46 (julio-diciembre 1958): 283-309.

MÚJICA, Hugo

[M258] "Olga Orozco: *En el revés del cielo*" (Reseña)
RI 144-145 (julio-diciembre 1988): 1084-1089.

[M259] "Ernesto Sábato: la humilde esperanza de otro mañana" (Estudio)
RI 158 (enero-marzo 1992): 153-160.

MÜLLER-BERGH, Klaus

[M260] "La poesía de Octavio Paz en los años treinta" (Estudio)
RI 74 (enero-marzo 1971): 117-133.

[M261] "Sentido y color de *Concierto barroco*" (Estudio)
RI 92-93 (julio-diciembre 1975): 445-464.

[M262] "El hombre y la técnica: Contribución al conocimiento de corrientes vanguardistas hispanoamericanas" (Estudio)
RI 118-119 (enero-junio 1982): 149-176.

[M263] "Trayectoria vital e itinerario crítico de Alejo Carpentier" (Bibliografía)
RI 154 (enero-marzo 1991): 181-192.

MUÑOZ, Elías Miguel

[M264] "*Sangre de amor correspondido* y el discurso del poder judeocristiano" (Estudio)
RI 130-131 (enero-junio 1985): 73-88.

[M265] "El discurso utópico de la sexualidad en *El beso de la mujer araña*, de Manuel Puig" (Estudio)
RI 135-136 (abril-septiembre 1986): 361-378.

[M266] "Senel Paz: *Un rey en el jardín*" (Reseña)
RI 135-136 (abril-septiembre 1986): 777-780.

[M267] "Teresa Méndez-Faith: *Paraguay: novela y exilio*" (Reseña)
RI 137 (octubre-diciembre 1986): 1090-1094.

[M268] "Enrique Anderson-Imbert: *El milagro y otros cuentos*" (Reseña)
RI 140 (julio-septiembre 1987): 714-716.

[M269] "René Alberto Campos: *Espejos: La textura cinemática en 'La traición de Rita Hayworth'*" (Reseña)
RI 140 (julio-septiembre 1987): 716-719.

MUÑOZ, Willy O.

[M270] "Teatro boliviano contemporáneo" (Estudio)
RI 134 (enero-marzo 1986): 181-194.

[M271] "La realidad boliviana en la narrativa de Jesús Lara" (Estudio)
RI 134 (enero-marzo 1986): 225-241.

[M272] "Julio Cortázar: Vértices de una figura comprometida" (Nota)
RI 151 (abril-junio 1990): 541-551.

[M273] "Edmundo Paz-Soldán: *Las máscaras de la nada*" (Reseña)
RI 158 (enero-marzo 1992): 299-301.

[M274] "Giancarla de Quiroga: *De angustias e ilusiones: cuentos*" (Reseña)
RI 158 (enero-marzo 1992): 301-302.

MUÑOZ MARTÍNEZ, Silverio

[M275] "Otra mirada sobre *Rayuela*" (Estudio)
RI 84-85 (julio-diciembre 1973): 557-581.

MUÑOZ MILLANES, José

[M276] "Borges y la *palabra* del universo" (Nota)
RI 100-101 (julio-diciembre 1977): 615-625.

MURILLO, Luis Andrés

[M277] "Carlos Fuentes: *La región más transparente*" (Reseña)
RI 47 (enero-junio 1959): 194-196.

MURRA, John V.

[M278] "José María Arguedas: Dos imágenes" (Estudio)
RI 122 (enero-marzo 1983): 43-54.

MUTIS, Santiago

[M279] "Roberto Burgos Cantor: *Lo amador*" (Reseña)
RI 128-129 (julio-diciembre 1984): 1106-1106.

N

NASON, Marshall R.

[N1] "E. M. S. Danero: *Antología gaucha*" (Reseña)
RI 44 (julio-diciembre 1957): 400-403.

[N2] "Benito Lynch: ¿Otro Hudson?" (Estudio)
RI 45 (enero-junio 1958): 65-82.

NATELLA, Arthur A., Jr.

[N3] "Ernesto Sábato y el hombre superfluo" (Nota)
RI 81 (octubre-diciembre 1972): 671-679.

NAVARRETE ORTA, Luis

[N4] "Dos textos recuperados de Huidobro: El manifiesto *Total* y el poema *Total* (*Altazor*) en la evolución estético-ideológica de Vicente Huidobro" (Documentos)
RI 141 (octubre-diciembre 1987): 1013-1022.

[N5] "Cronología de textos de Vicente Huidobro sobre estética, literatura y arte" (Bibliografía)
RI 141 (octubre-diciembre 1987): 1023-1033.

NAVARRO, Carlos

[N6] "La desintegración social en *El Señor Presidente*" (Estudio)
RI 67 (enero-abril 1969): 59-76.

NAVARRO, Tomás

[N7] "Apuntes sobre el español dominicano" (Estudio)
RI 41-42 (enero-diciembre 1956): 417-429.

NAVAS-RUIZ, Ricardo

[N8] "Neruda y Guillén: Un caso de relaciones literarias" (Nota)
RI 60 (julio-diciembre 1965): 251-262.

NEALE-SILVA, Eduardo

[N9] "Visión de la vida y la muerte en tres poemas trílcicos de César Vallejo" (Estudio)
RI 68 (mayo-agosto 1969): 329-350.

[N10] "Donald F. Fogelquist: *Españoles de América y americanos de España*" (Reseña)
RI 68 (mayo-agosto 1969): 422-424.

[N11] "Poesía y sociología en un poema de Trilce" (Estudio)
RI 71 (abril-junio 1970): 205-216.

[N12] "Vallejo y la crítica: Sobre *Aproximaciones a César Vallejo*" (Nota)
RI 80 (julio-septiembre 1972): 503-506.

NEEDLEMAN, Ruth

[N13] "Hacia *Blanco*" (Estudio)
RI 74 (enero-marzo 1971): 177-181.

NEGHME ECHEVERRÍA, Lidia

[N14] "Marjorie Agosín: *Hogueras*" (Reseña)
RI 141 (octubre-diciembre 1987): 1055-1056.

[N15] "El indigenismo en *Poema de Chile* de Gabriela Mistral" (Nota)
RI 151 (abril-junio 1990): 553-561.

[N16] "Federico Schopf: *Escenas de peep-show*" (Reseña)
RI 151 (abril-junio 1990): 640-642.

NEGLIA, Erminio G.

[N17] "El vanguardismo teatral de Huidobro en una de sus incursiones escénicas" (Nota)
RI 106-107 (enero-junio 1979): 277-283.

[N18] "El asedio a la casa: Un estudio del decorado en *La noche de los asesinos*" (Estudio)
RI 110-111 (enero-junio 1980): 139-149.

NEGRIN, Edith

[N19] "El narrador José Revueltas, la tierra y la historia" (Estudio)
RI 148-149 (julio-diciembre 1989): 879-890.

NELSON, Ardis L.

[N20] "El doble, el recuerdo y la muerte: Elementos de fugacidad en la narrativa de Guillermo Cabrera Infante" (Nota)
RI 123-124 (abril-septiembre 1983): 509-521.

NERUDA, Pablo

[N21] "Discurso del embajador Pablo Neruda ante el Pen Club de Nueva York" (Testimonio)
RI 82-83 (enero-junio 1973): 9-13.

NOBLE, Beth W.

[N22] "Helena Percas: *La poesía femenina argentina (1810-1950)*" (Reseña)
RI 48 (julio-diciembre 1959): 377-379.

NORIEGA, Julio E.

[N23] "José Morales Saravia (editor): *Homenaje a Alejandro Losada*" (Reseña)
RI 150 (enero-marzo 1990): 342-345.

[N24] "Carlos Alberto Mendoza: *El mestizaje e Indoamérica: El mensaje de Otto Morales Benítez*" (Reseña)
RI 151 (abril-junio 1990): 642-644.

[N25] "CERPA: *Actes du Colloque International Sur José María Arguedas. Rencontre de Renards*" (Reseña)
RI 154 (enero-marzo 1991): 409-413.

NOUZEILLES, María Gabriela

[N26] "*La cuestión del sujeto: Dos versiones de Sarmiento*" (Reseña)
RI 143 (abril-junio 1988): 603-610.

NOVAES COELHO, Nelly

[N27] "A presença da *nova mulher* na ficção brasileira actual" (Estudio)
RI 126 (enero-marzo 1984): 141-154.

NOVOA, Bruce

[N28] "Juan García Ponce: *Unión*" (Reseña)
RI 91 (abril-junio 1975): 379-379.

[N29] "Gustavo Sainz: *La princesa del Palacio de Hierro*" (Reseña)
RI 94 (enero-marzo 1976): 136-137.

[N30] "Bernice Zamora y Lorna Dee Cervantes: Una estética feminista" (Estudio)
RI 132-133 (julio-diciembre 1985): 565-573.

NOWAK, William J.

[N31] "La personificación en *Recuerdos de provincia*: La despersonalización de D. F. Sarmiento" (Nota)
RI 143 (abril-junio 1988): 585-601.

NUNES, Benedito

[N32] "Mário de Andrade: As enfibraturas do modernismo" (Estudio)
RI 126 (enero-marzo 1984): 63-75.

NUNES, Maria Luisa

[N33] "Nélida Piñon: *A força do destino*" (Reseña)
RI 108-109 (julio-diciembre 1979): 712-716.

[N34] "Heitor Martins (editor): *The Brazilian Novel*" (Reseña)
RI 108-109 (julio-diciembre 1979): 716-716.

[N35] "Celuta Moreira Gomes: *O conto brasileiro e sua crítica bibliografia (1841-1974)*" (Reseña)
RI 108-109 (julio-diciembre 1979): 717-717.

[N36] "Clarice Lispector: ¿Artista andrógina ou escritora?" (Nota)
RI 126 (enero-marzo 1984): 281-289.

[N37] "Nélida Piñon: *O calor das coisas*" (Reseña)
RI 126 (enero-marzo 1984): 326-327.

NÚÑEZ, Estuardo

[N38] "Inventario y examen de las traducciones literarias en América" (Estudio)
RI 50 (julio-diciembre 1960): 289-302.

[N39] "Realidad y mitos latinoamericanos en el surrealismo francés" (Estudio)
RI 75 (abril-junio 1971): 311-324.

O

OJEDA, J. Enrique

[O1] "Jorge Carrera Andrade y la vanguardia" (Estudio)
RI 144-145 (julio-diciembre 1988): 675-690.

OLGUÍN, Manuel

[O2] "Menéndez Pelayo y la literatura hispanoamericana" (Estudio)
RI 43 (enero-junio 1957): 27-39.

OLIVERA, Otto

[O3] "José Martí y la expresión paralela de prosa y verso" (Estudio)
RI 43 (enero-junio 1957): 71-82.

[O4] "El Museo Guatemalteco" (Estudio)
RI 60 (julio-diciembre 1965): 173-194.

[O5] "Una obra olvidada de Rubén Darío" (Nota)
RI 72 (julio-septiembre 1970): 481-484.

[O6] "Josefina Rivera de Alvarez: *Historia de la literatura puertorriqueña*" (Reseña)
RI 75 (abril-junio 1971): 474-475.

[O7] "Ana Rosa Núñez: *Poesía en éxodo (El exilio cubano en su poesía, 1959-1969)*" (Reseña)
RI 78 (enero-marzo 1972): 166-168.

[O8] "Cartagena, Aída: *Narradores dominicanos*" (Reseña)
RI 79 (abril-junio 1972): 355-357.

[O9] "Del ideal estético a la alusión patriótica en *La poesía sorprendida*" (Estudio)
RI 142 (enero-marzo 1988): 213-227.

OMAÑA, Balmiro

[O10] "Ficción incaica y ficción española en dos cuentos de fray Martín de Murúa" (Nota)
RI 120-121 (julio-diciembre 1982): 695-701.

[O11] "Concepción de la poesía en José Martí" (Estudio)
RI 146-147 (enero-junio 1989): 193-209.

ORDIZ VÁZQUEZ, Francisco Javier

[O12] "Carlos Fuentes: *Cristóbal Nonato*" (Reseña)
RI 150 (enero-marzo 1990): 345-349.

[O13] "Carlos Fuentes y la identidad de México" (Estudio)
RI 159 (abril-junio 1992): 527-538.

ORDÓÑEZ, Montserrat

[O14] "Máscaras de espejos, un juego especular. Entrevista-asociaciones con la escritora argentina Luisa Valenzuela" (Entrevista)
RI 132-133 (julio-diciembre 1985): 511-519.

[O15] "La poesía de Blanca Wiethütcher" (Lectura)
RI 134 (enero-marzo 1986): 197-206.

[O16] "Raymond L. Williams (compilador): *Ensayos de literatura colombiana: Primer Encuentro de Colombianistas Norteamericanos*" (Reseña)
RI 135-136 (abril-septiembre 1986): 781-784.

[O17] "Marvel Moreno: *En diciembre llegaban las brisas*" (Reseña)
RI 141 (octubre-diciembre 1987): 1058-1060.

[O18] "Fernando Charry Lara (compilador): *José Asunción Silva, vida y creación*" (Reseña)
RI 146-147 (enero-junio 1989): 542-545.

[O19] "Alvaro Mutis: *La última escala del Tramp Steamer*" (Reseña)
RI 151 (abril-junio 1990): 644-649.

ORIHUELA, Carlos L.

[O20] "José Castro Urioste: *Aún viven las manos de Santiago Berríos*" (Reseña)
RI 158 (enero-marzo 1992): 302-305.

ORJUELA, Héctor H.

[O21] "Hernando Domínguez Camargo: *'Obras'. Edición a cargo de Rafael Torres Quintero*" (Reseña)
RI 52 (julio-diciembre 1961): 387-389.

ORTEGA, Julio

[O22] "Para una mejor lectura de Vallejo" (Nota)
RI 68 (mayo-agosto 1969): 371-376.

[O23] "Notas sobre Enrique Molina" (Nota)
RI 69 (septiembre-diciembre 1969): 531-538.

[O24] "José María Arguedas" (Nota)
RI 70 (enero-marzo 1970): 77-86.

[O25] "Lectura de Trilce" (Estudio)
RI 71 (abril-junio 1970): 165-189.

[O26] "La escritura plural (Notas sobre tradición y surrealismo)" (Ensayo)
RI 76-77 (julio-diciembre 1971): 599-618.

[O27] "La biblioteca de José Cemí" (Nota)
RI 92-93 (julio-diciembre 1975): 509-521.

[O28] "Borges y la cultura hispano-americana" (Estudio)
RI 100-101 (julio-diciembre 1977): 257-268.

[O29] "*Para un mapa de Borges*. Jaime Alazraki: *Jorge Luis Borges*. Emir Rodríguez Monegal: *Borges: hacia una lectura poética*. Saúl Sosnowski: B*orges y la Cábala*" (Reseña)
RI 100-101 (julio-diciembre 1977): 745-750.

[O30] "El Inca Garcilaso y el discurso de la cultura" (Nota)
RI 104-105 (julio-diciembre 1978): 507-514.

[O31] "La escritura de la vanguardia" (Nota)
RI 106-107 (enero-junio 1979): 187-198.

[O32] "La literatura latinoamericana en la década del 80" (Nota)
RI 110-111 (enero-junio 1980): 161-165.

[O33] "La primera letra" (Nota)
RI 118-119 (enero-junio 1982): 415-423.

[O34] "García Márquez y Vargas Llosa, imitados" (Nota)
RI 137 (octubre-diciembre 1986): 971-978.

[O35] "La literatura mexicana y la experiencia comunitaria" (Nota)
RI 148-149 (julio-diciembre 1989): 605-611.

[O36] "Carlos Fuentes: Para recuperar la tradición de *La Mancha*" (Entrevista)
RI 148-149 (julio-diciembre 1989): 637-654.

ORTIGOZA, Carlos

[O37] "Carmen Olga Brenes: *El sentimiento democrático en el teatro de Juan Ruiz de Alarcón*" (Reseña)
RI 54 (julio-diciembre 1962): 399-407.

OSORIO T., Nelson

[O38] "Para una caracterización histórica del vanguardismo literario hispano-americano" (Estudio)
RI 114-115 (enero-junio 1981): 227-254.

OTERO, Carlos Peregrín

[O39] "Enrique Anderson-Imbert y Lawrence B. Kiddle (Editores): *Veinte cuentos hispanoamericanos del siglo XX*" (Reseña)
RI 44 (julio-diciembre 1957): 403-407.

OTERO, José

[O40] "Gerardo Sáenz: *Ideología de la fuerza*" (Reseña)
RI 90 (enero-marzo 1975): 165-165.

OTERO, Lisandro

[O41] "Delmonte y la cultura de la sacarocracia" (Nota)
RI 152-153 (julio-diciembre 1990): 723-731.

OTERO-KRAUTHAMMER, Elizabeth

[O42] "Carmelo Rodríguez Torres: *La casa y la llama fiera*" (Reseña)
RI 130-131 (enero-junio 1985): 385-388.

[O43] "Integración de la identidad judía en *Las genealogías*, de Margo Glantz" (Estudio)
RI 132-133 (julio-diciembre 1985): 867-873.

[O44] "Jorgelina Corbatta: *Mito personal y mitos colectivos en las novelas de Manuel Puig*" (Reseña)
RI 146-147 (enero-junio 1989): 546-547.

[O45] "Saúl Sosnowski: *La orilla inminente: Escritores judíos argentinos*" (Reseña)
RI 146-147 (enero-junio 1989): 547-549.

[O46] "Fredo Arias de la Canal: *Intento de psicoanálisis de Juana Inés y Otros ensayos sorjuanistas*" (Reseña)
RI 150 (enero-marzo 1990): 349-351.

[O47] "Julio Woscoboinik: *El secreto de Borges: Indagación psicoanalítica de su obra*" (Reseña)
RI 150 (enero-marzo 1990): 352-354.

OVARES, Flora Eugenia

[O48] "Desmitificación y crítica: Dos ensayistas costarricenses" (Estudio)
RI 138-139 (enero-junio 1987): 159-172.

OVIEDO, José Miguel

[O49] "*Los cachorros*: Fragmento de una exploración total" (Estudio)
RI 70 (enero-marzo 1970): 25-38.

[O50] "Notas a una (deprimente) lectura del teatro hispanoamericano" (Nota)
RI 76-77 (julio-diciembre 1971): 753-762.

[O51] "Un grabado preciosista de Carpentier" (Reseña)
RI 92-93 (julio-diciembre 1975): 665-667.

[O52] "La escisión total de Juan Goytisolo: Hacia un encuentro con lo hispanoamericano" (Estudio)
RI 95 (abril-junio 1976): 191-200.

[O53] "Sobre Vallejo: Respuesta a Keith A. McDuffie" (Polémica)
RI 96-97 (julio-diciembre 1976): 593-596.

[O54] "Borges sobre los pasos de Borges: *El libro de arena*" (Nota)
RI 100-101 (julio-diciembre 1977): 713-719.

[O55] "*Trilce* II: Clausura y apertura" (Nota)
RI 106-107 (enero-junio 1979): 67-75.

[O56] "Borges: El poeta según sus prólogos" (Nota)
RI 130-131 (enero-junio 1985): 209-220.

OVIEDO, José Miguel / Jorge EDWARDS / et al.

[O57] "La experiencia de los novelistas" (Mesa redonda)
RI 116-117 (julio-diciembre 1981): 309-321.

OWEN ALDRIDGE, A.

[O58] "Las ideas en la América del Sur sobre la Ilustración española" (Estudio)
RI 66 (julio-diciembre 1968): 283-297.

P

PACHECO, José Emilio

[P1] "Descripción de *Piedra de Sol*" (Estudio)
RI 74 (enero-marzo 1971): 135-146.

[P2] "Nota sobre la otra vanguardia" (Nota)
RI 106-107 (enero-junio 1979): 327-334.

PACHÓN PADILLA, Eduardo

[P3] "El nuevo cuento colombiano. Generación de 1970: nacidos de 1940 a 1954" (Estudio)
RI 128-129 (julio-diciembre 1984): 883-901.

PAGÉS LARRAYA, Antonio

[P4] "Imagen de Ricardo Rojas" (Estudio)
RI 46 (julio-diciembre 1958): 311-315.

[P5] "Revelación y mito en un soneto de Darío" (Estudio)
RI 69 (septiembre-diciembre 1969): 441-458.

[P6] "*Martín Fierro* en la perspectiva de un siglo" (Estudio)
RI 87-88 (abril-septiembre 1974): 231-243.

PALACIOS, Nydia

[P7] "La novela nicaragüense en el siglo XX" (Nota)
RI 157 (octubre-diciembre 1991): 1019-1029.

PALADINO, Clara

[P8] "Tomás de Mattos: *¡Bernabé! ¡Bernabé!*" (Reseña)
RI 160-161 (julio-diciembre 1992): 1227-1231.

PALAU DE NEMES, Graciela

[P9] "*Blanco* de Octavio Paz: Una mística espacialista" (Estudio)
RI 74 (enero-marzo 1971): 183-196.

[P10] "La poesía indigenista de vanguardia de Alejandro Peralta" (Nota)
RI 110-111 (enero-junio 1980): 205-216.

[P11] "Raquel Chang-Rodríguez: *Prosa hispanoamericana virreinal*" (Reseña)
RI 112-113 (julio-diciembre 1980): 679-680.

PALENCIA-ROTH, Michael

[P12] "Los pergaminos de Aureliano Babilonia" (Estudio)
RI 123-124 (abril-septiembre 1983): 403-417.

[P13] "El círculo hermenéutico en *El otoño del patriarca*" (Estudio)
RI 128-129 (julio-diciembre 1984): 999-1016.

PALEY DE FRANCESCATO, Martha

[P14] "Julio Cortázar: *Ultimo round*" (Reseña)
RI 72 (julio-septiembre 1970): 532-534.

[P15] "'*Casa tomada*', por Julio Cortázar en traducción al diseño gráfico por Juan Fresán" (Reseña)
RI 73 (octubre-diciembre 1970): 670-671.

[P16] "Malva E. Filer: *Los mundos de Julio Cortázar*" (Reseña)
RI 78 (enero-marzo 1972): 168-170.

[P17] "La circularidad en la poesía de Pablo Neruda" (Estudio)
RI 82-83 (enero-junio 1973): 189-204.

[P18] "Julio Cortázar: *Libro de Manuel*" (Reseña)
RI 84-85 (julio-diciembre 1973): 689-691.

[P19] "Bibliografía de y sobre Julio Cortázar" (Bibliografía)
RI 84-85 (julio-diciembre 1973): 697-726.

[P20] "José Emilio Pacheco: *El principio del placer*" (Reseña)
RI 86 (enero-marzo 1974): 193-194.

[P21] "Joaquín Roy: *Julio Cortázar ante su sociedad*" (Reseña)
RI 94 (enero-marzo 1976): 143-144.

[P22] "*Cola de lagartija*: Látigo de la palabra y la triple P" (Estudio)
RI 132-133 (julio-diciembre 1985): 875-882.

[P23] "Re/creación y des/construcción de la historia en *Terra nostra* de Felipe Montero (Nota)
RI 151 (abril-junio 1990): 563-568.

PALLEY, Julián

[P24] "William Shand y Alberto Girri: *Poesía norteamericana contempo-ránea.*"T.S. Eliot: *Cuatro cuartetos*, Traducción de J.R. Wilcock" (Reseña)
RI 44 (julio-diciembre 1957): 407-411.

[P25] "Eugenio Florit: *Antología de La poesía norteamericana contemporánea*" (Reseña)
RI 45 (enero-junio 1958): 206-207.

[P26] "Roberto Juarroz: Los portalones del sueño" (Nota)
RI 151 (abril-junio 1990): 489-495.

PANESI, Jorge

[P27] "Manuel Puig: Las relaciones peligrosas" (Estudio)
RI 125 (octubre-diciembre 1983): 903-917.

PAOLI, Roberto

[P28] "Observaciones sobre el indigenismo de César Vallejo" (Estudio)
RI 71 (abril-junio 1970): 341-344.

[P29] "*Los ríos profundos*": La memoria y lo imaginario" (Estudio)
RI 118-119 (enero-junio 1982): 177-190.

[P30] "Carnavalesco y tiempo cíclico en *Cien años de soledad*" (Estudio)
RI 128-129 (julio-diciembre 1984): 979-998.

[P31] "Borges y la literatura inglesa" (Estudio)
RI 140 (julio-septiembre 1987): 595-614.

[P32] "El perfecto cuentista: Comentario a tres textos de Horacio Quiroga" (Nota)
RI 160-161 (julio-diciembre 1992): 953-974.

PAREJA DIEZCANSECO, Alfredo

[P33] "Los narradores de la generación del treinta: El grupo de Guayaquil" (Estudio)
RI 144-145 (julio-diciembre 1988): 691-707.

PARKER, Alexander A.

[P34] "Emilio Carilla: *El barroco literario hispánico*" (Reseña)
RI 75 (abril-junio 1971): 475-477.

PARRA, Teresita J.

[P35] "Perspectiva mítica de la realidad histórica en dos cuentos de Arturo Uslar Pietri" (Nota)
RI 137 (octubre-diciembre 1986): 945-950.

PATTI, Constant J. / George O. SCHANZER,

[P36] "*Bohemia - Revista de Arte* (Montevideo, 1908-1910). Estudio e índices" (Estudio)
RI 53 (enero-junio 1962): 103-129.

PAYNE, Edward W.

[P37] "Giovanni Previtali: *Ricardo Güiraldes: biografía y crítica*" (Reseña)
RI 62 (julio-diciembre 1966): 331-331.

PAZ SOLDÁN, Alba María

[P38] "Narradores y nación en la novela *Juan de la Rosa*, de Nataniel Aguirre" (Estudio)
RI 134 (enero-marzo 1986): 29-52.

[P39] "Indice de la novela boliviana (1931-1978)" (Bibliografía)
RI 134 (enero-marzo 1986): 311-320.

[P40] "Montserrat Ordóñez Vila (comp.): *La Vorágine: Textos críticos*" (Reseña)
RI 144-145 (julio-diciembre 1988): 1089-1090.

PÉCORA, Alcir / Berta WALDMAN,

[P41] "As partes do jogo" (Estudio)
RI 126 (enero-marzo 1984): 101-112.

PEIXOTO, Marta

[P42] "Darlene J. Sadlier: *Imagery and Theme in the Poetry of Cecília Meireles: A Study of Mar Absoluto*" (Reseña)
RI 130-131 (enero-junio 1985): 415-416.

PELLEGRINO, Carlos

[P43] "Lisa Block de Behar: *Jules Laforgue o las metáforas del desplazamiento*" (Reseña)
RI 150 (enero-marzo 1990): 354-356.

[P44] "Apuntes para una lectura de la poesía uruguaya contemporánea" (Estudio)
RI 160-161 (julio-diciembre 1992): 827-839.

PELLETTIERI, Osvaldo

[P45] "Teatro latinoamericano de los veinte: una práctica teatral modernizadora" (Nota)
RI 155-156 (abril-septiembre. 1991): 635-642.

PELLICER, James O.

[P46] "Daniel E. Salazar: *La evolución de las ideas de Domingo F. Sarmiento*" (Reseña)
RI 140 (julio-septiembre 1987): 720-723.

PELLICER, Rosa

[P47] "La con-fabulación de Juan José Arreola" (Estudio)
RI 159 (abril-junio 1992): 539-555.

PELLON, Gustavo

[P48] "Martí, Lezama Lima y el uso figurativo de la historia"
RI 154 (enero-marzo 1991): 77-89.

PENNINGTON, Eric

[P49] "Eduardo Mallea: *History of an Argentine Passion*" (Reseña)
RI 135-136 (abril-septiembre 1986): 784-785.

[P50] "Juan Radrigán: *El teatro de Juan Radrigán*" (Reseña)
RI 137 (octubre-diciembre 1986): 1094-1096.

PEÑA, Margarita

[P51] "Literatura femenina en México en la antesala del año 2000 (Antecedentes: Siglos XIX y XX)" (Nota)
RI 148-149 (julio-diciembre 1989): 761-769.

PEÑUELAS, Marcelino C.

[P52] "Denuncia y protesta. *El libro de las visiones y las apariciones*, de J. L. Castillo Puche" (Nota)
RI 116-117 (julio-diciembre 1981): 247-253.

PERCAS, Helena

[P53] "Unas notas sobre la poesía de Margarita Abella Caprile" (Nota)
RI 43 (enero-junio 1957): 146-151.

[P54] "Dora Isella Russell: *Oleaje*" (Reseña)
RI 43 (enero-junio 1957): 171-172.

[P55] "Arturo Torres-Rioseco: *Cautiverio, Antología poética (1940-1955)*" (Reseña)
RI 44 (julio-diciembre 1957): 411-412.

[P56] "José Juan Arrom: *El teatro de Hispanoamérica en la época colonial*" (Reseña)
RI 44 (julio-diciembre 1957): 413-414.

[P57] "Algunas observaciones sobre la lengua de Borges" (Nota)
RI 45 (enero-junio 1958): 121-128.

[P58] "Sobre la Avellaneda y su novela *Sab*" (Nota)
RI 54 (julio-diciembre 1962): 347-357.

PERELMUTER PÉREZ, Rosa

[P59] "La hipérbasis en el *Primero sueño*" (Nota)
RI 120-121 (julio-diciembre 1982): 715-725.

PÉREZ, Alberto Julián

[P60] "Susana Reisz de Rivarola: *Teoría literaria. Una propuesta*" (Reseña)
RI 141 (octubre-diciembre 1987): 1060-1062.

[P61] "La *enciclopedia* poética de Rubén Darío"
RI 146-147 (enero-junio 1989): 329-338.

[P62] "Aníbal González: *La novela modernista hispanoamericana*" (Reseña)
RI 146-147 (enero-junio 1989): 549-552.

[P63] "Iván A. Schulman, ed.: *Nuevos asedios al modernismo*" (Reseña)
RI 146-147 (enero-junio 1989): 552-554.

[P64] "Daniel Balderston, comp.: *The Literary Universe of Jorge Luis Borges. An Index to References and Allusions to Persons, Titles and Places in His Writings*" (Reseña)
RI 146-147 (enero-junio 1989): 554-556.

[P65] "*Revue Co-textes*, 13 (1987): *Points de Repère sur le Modernisme*" (Reseña)
RI 146-147 (enero-junio 1989): 556-558.

[P66] "Antonio Cornejo Polar: *La formación de la tradición literaria en el Perú*" (Reseña)
RI 150 (enero-marzo 1990): 356-360.

[P67] "Josefina Ludmer: *El género gauchesco. Un tratado sobre la patria*" (Reseña)
RI 150 (enero-marzo 1990): 360-362.

[P68] "Cristina Grau: *Borges y la arquitectura*" (Reseña)
RI 155-156 (abril-septiembre 1991): 786-787.

[P69] "Serge Champeau: *Borges et la métaphysique*" (Reseña)
RI 155-156 (abril-septiembre 1991): 788-790.

[P70] "Paul Julian Smith: *The Body Hispanic Gender and Sexuality in Spanish and Spanish American Literature*" (Reseña)
RI 155-156 (abril-septiembre 1991): 790-792.

[P71] "Naomí Lindstrom: *Jorge Luis Borges A Study of the Short Fiction*" (Reseña)
RI 155-156 (abril-septiembre 1991): 792-794.

[P72] "Edna Aizenberg: *Borges and His Successors. The Borgesian Impact on Literature and the Arts*" (Reseña)
RI 155-156 (abril-septiembre 1991): 794-797.

PÉREZ ANTÓN, Romeo

[P73] "Carlos Real de Azúa: *El Poder*" (Reseña)
RI 160-161 (julio-diciembre 1992): 1231-1235.

PÉREZ BEBERFALL, Freda

[P74] "Bibliografía de y sobre Mario Benedetti" (Bibliografía)
RI 114-115 (enero-junio 1981): 359-411.

PÉREZ BOTERO, Luis

[P75] "Caracteres demológicos en *Mulata de Tal*" (Nota)
RI 78 (enero-marzo 1972): 117-126.

PÉREZ DE LA DEHESA, Rafael

[P76] "La editorial Sempere en Hispanoamérica y España" (Documentos)
RI 69 (septiembre-diciembre 1969): 551-555.

PÉREZ DÍAZ, Consuelo

[P77] "Síntesis de un bienio" (Nota)
RI 157 (octubre-diciembre 1991): 1069-1073.

PÉREZ-ERDÉLYI, Mireya

[P78] "Luz María Umpierre: *...Y otras desgracias. And Other Misfortunes...*" (Reseña)
RI 140 (julio-septiembre 1987): 736-738.

PÉREZ FIRMAT, Gustavo

[P79] "Noción de José Kozer"
RI (LVI)152-153 (julio-diciembre 1990): 1247-1256.

PÉREZ MARTÍN, Norma

[P80] "La muerte en la poesía de César Vallejo" (Nota)
RI 60 (julio-diciembre 1965): 285-291.

PÉREZ MIGUEL, Rafael

[P81] "Mito y realidad en *La propia*, de Manuel González Zeledón"
RI 138-139 (enero-junio 1987): 139-158.

PÉREZ TORRES, Raúl

[P82] "El oficio de escritor" (Ensayo)
RI 144-145 (julio-diciembre 1988): 969-975.

PERRONE, Charles A.

[P83] "De Gregório de Matos a Caetano Veloso e *Outras palavras*: Barroquismo na música popular brasileira contemporânea" (Estudio)
RI 126 (enero-marzo 1984): 77-99.

PÉRUS, Françoise

[P84] "La formación ideológica estético-literaria. (Acerca de la reproducción y transformación del *efecto estético*)" (Estudio)
RI 114-115 (enero-junio 1981): 255-275.

PETIT, María Angélica / Omar PREGO GADEA

[P85] "*Los adioses* de Juan Carlos Onetti un modelo de escritura hermética-abierta" (Nota)
RI 160-161 (julio-diciembre 1992): 1117-1132.

PETRY MROCZKOWSKA, Joanna

[P86] "Geografía simbólica en *Terra nostra*, de Carlos Fuentes" (Nota)
RI 130-131 (enero-junio 1985): 261-271.

PEZZONI, Enrique

[P87] "*Blanco*: La respuesta del deseo (Estudio)
RI 78 (enero-marzo 1972): 57-72.

[P88] "Mito y poesía en Enrique Molina" (Estudio)
RI 125 (octubre-diciembre 1983): 767-782.

PHAF, Ineke / Martín LIENHARD / José MORALES SARAVIA

[P89] "Alejandro Losada" (Necrológica)
RI 135-136 (abril-septiembre 1968): 631-644.

PHILLIPS, Allen W.

[P90] "Notas sobre Borges y la crítica reciente" (Estudio)
RI 43 (enero-junio 1957): 41-59.

[P91] "Carlos Alberto Loprete: *La literatura modernista en la Argentina*" (Reseña)
RI 44 (julio-diciembre 1957): 415-417.

[P92] "Notas sobre una afinidad poética: Jules Laforgue y el Lugones del *Lunario sentimental*" (Estudio)
RI 45 (enero-junio 1958): 43-64.

[P93] "Rubén Darío y sus juicios sobre el modernismo" (Estudio)
RI 47 (enero-junio 1959): 41-64.

[P94] "Guillermo de Torre: *Claves de la literatura hispanoamericana*" (Reseña)
RI 50 (julio-diciembre 1960): 359-362.

[P95] "Reproducción y comentario de algunas prosas olvidadas de Ramón López Velarde" (Documentos)
RI 51 (enero-junio 1961): 155-180.

[P96] "Otra vez Fuensanta: Despedida y reencuentro" (Estudio)
RI 79 (abril-junio 1972): 199-214.

[P97] "Juan Ramón Jiménez e Hispanoamérica: Su presencia en la obra y el pensamiento del poeta" (Estudio)
RI 118-119 (enero-junio 1982): 191-206.

[P98] "José Olivio Jiménez: *José Martí, poesía y existencia*" (Reseña)
RI 130-131 (enero-junio 1985): 416-420.

[P99] "Cuatro poetas hispanoamericanos entre el modernismo y la vanguardia"
RI 146-147 (enero-junio 1989): 427-449.

PHILLIPS, Rachel

[P100] "*Topoemas*: La paradoja suspendida" (Estudio)
RI 74 (enero-marzo 1971): 197-202.

[P101] "Octavio Paz: La gimnasia poético-crítica" (Nota)
RI 91 (abril-junio 1975): 253-256.

[P102] "*Pasado en claro*: Preludio/postludio de Octavio Paz" (Nota)
RI 96-97 (julio-diciembre 1976): 581-584.

PICADO G., Manuel

[P103] "Carlos Luis Fallas: Visión de conjunto" (Nota)
RI 138-139 (enero-junio 1987): 219-231.

[P104] "Elocuencia de tigre" (Nota)
RI 138-139 (enero-junio 1987): 487-492.

PICÓN GARFIELD, Evelyn

[P105] "*Usted* tiende la mano a *tu* prójimo: *Alguien que anda por ahí* de Julio Cortázar" (Estudio)
RI 102-103 (enero-junio 1978): 89-98.

[P106] "Julieta Campos: *Tiene los cabellos rojizos y se llama Sabina*" (Reseña)
RI 112-113 (julio-diciembre 1980): 680-683.

[P107] "*La luminosa ceguera de sus días*: Los cuentos *humanos* de Carmen Naranjo"
RI 138-139 (enero-junio 1987): 287-301.

PICÓN SALAS, Mariano

[P108] "Un hombre que hacía claro lo obscuro"
RI 41-42 (enero-diciembre 1956): 69-73.

PIERO, Raúl A. del

[P109] "Antonio López de Priego y el patriotismo mexicano del siglo XVIII" (Estudio)
RI 48 (julio-diciembre 1959): 215-245.

PINKERTON, Marjorie J.

[P110] "Eduardo Mallea: Suplemento a una bibliografía" (Bibliografía)
RI 58 (julio-diciembre 1964): 319-323.

PIÑÓN, Nélida

[P111] "A Sombra da Caça (Textos)
RI 98-99 (enero-junio 1977): 51-55.

PLANELLS, Antonio

[P112] "*Casa tomada* o la parábola del limbo" (Nota)
RI 135-136 (abril-septiembre 1986): 591-603.

[P113] "Armando Zárate, Prólogo, selección y notas: *Literatura hispanoamericana de protesta social: una poética de la libertad*" (Reseña)
RI 155-156 (abril-septiembre 1991): 797-799.

PODESTÁ A., Bruno

[P114] "Ricardo Palma y Manuel González Prada: Historia de una enemistad" (Nota)
RI 78 (enero-marzo 1972): 127-132.

PODESTÁ, Guido A.

[P115] "Roberto Paoli: *Estudios sobre literatura peruana contemporánea*" (Reseña)
RI 137 (octubre-diciembre 1986): 1096-1103.

POESSE, Walter

[P116] "Una excelente edición de Juan Ruiz de Alarcón" (Nota)
RI 48 (julio-diciembre 1959): 321-326.

POLLMANN, Leo

[P117] "El espantoso redentor. La poética inmanente de *Historia universal de la infamia*" (Estudio)
RI 108-109 (julio-diciembre 1979): 459-473.

[P118] "Función del cuento latino-americano" (Estudio)
RI 118-119 (enero-junio 1982): 207-215.

POLO GARCÍA, Victorino

[P119] "De *Tres tristes tigres* a *La Habana para un infante difunto*, un espejo para el camino" (Estudio)
RI 159 (abril-junio 1992): 557-566.

POLT, John H. R.

[P120] "Acotaciones a un artículo sobre Eduardo Mallea" (Polémica)
RI 43 (enero-junio 1957): 133-134.

[P121] "Mahfud Massís: *Elegía bajo la tierra*" (Reseña)
RI 43 (enero-junio 1957): 191-196.

PONIATOWSKA, Elena

[P122] "Marta Traba o el salto al vacío" (Ensayo)
RI 132-133 (julio-diciembre 1985): 883-897.

POOT-HERRERA, Sara

[P123] "*La feria*, una crónica pueblerina"
RI 148-149 (julio-diciembre 1989): 1019-1032.

POPE, Randolph L.

[P124] "La apertura al futuro: Una categoría para el análisis de la novela hispanoamericana contemporánea" (Estudio)
RI 90 (enero-marzo 1975): 15-28.

PORTUONDO, José Antonio

[P125] "Pedro Henríquez Ureña, el orientador" (Estudio)
RI 41-42 (enero-diciembre 1956): 75-80.

PRADA, Ana Rebeca

[P126] "Sobre *Morder el silencio*, de Arturo Von Vacano" (Nota)
RI 134 (enero-marzo 1986): 255-264.

PRADA OROPEZA, Renato

[P127] "*Los deshabitados*: El círculo de la desolación" (Estudio)
RI 134 (enero-marzo 1986): 127-138.

[P128] "Una incógnita obstinada: *Nunca más el mar*" (Estudio)
RI 144-145 (julio-diciembre 1988): 917-931.

PRATS SARIOL, José

[P129] "Detalles de la crítica literaria cubana" (Nota)
RI 152-153 (julio-diciembre 1990): 1313-1321.

PREGO GADEA, Omar / María Angélica PETIT

[P130] "*Los adioses* de Juan Carlos Onetti. Un modelo de escritura hermética-abierta" (Nota)
RI 160-161 (julio-diciembre 1992): 1117-1132.

PREUSS, Mary H.

[P131] "El estudio de las literaturas indígenas (Un diálogo con Juan Adolfo Vázquez)" (Entrevista)
RI 127 (abril-junio 1984): 571-583.

PRIETO, Abel E.

[P132] "Lezama: Entre la poética y la poesía" (Nota)
RI 154 (enero-marzo 1991): 17-24.

PRIETO, Adolfo

[P133] "Los años sesenta" (Estudio)
RI 125 (octubre-diciembre 1983): 889-901.

[P134] "*Las ciento y una*, el escritor como mito político" (Estudio)
RI 143 (abril-junio 1988): 477-489.

PRIETO, René

[P135] "Roberto González Echevarría: *La ruta de Severo Sarduy*" (Reseña)
RI 152-153 (julio-diciembre 1990): 1394-1396.

[P136] "La persistencia del deseo: *Colibrí* de Severo Sarduy"
RI 154 (enero-marzo 1991): 317-326.

PRIETO TABOADA, Antonio

[P137] "El poder de la ambigüedad en *Sombras suele vestir*, de José Bianco" (Estudio)
RI 125 (octubre-diciembre 1983): 717-730.

[P138] "Ficción y realidad de José Bianco (1908-1986)" (Nota)
RI 137 (octubre-diciembre 1986): 957-962.

[P139] "Elías Miguel Muñoz: *Crazy Love*" (Reseña)
RI 152-153 (julio-diciembre 1990): 1396-1398.

[P140] "Idioma y ciudadanía literaria en *Holy Smoke*, de Guillermo Cabrera Infante" (Nota)
RI 154 (enero-marzo 1991): 257-264.

PRING-MILL, Robert

[P141] "Acciones paralelas y montaje acelerado en el segundo episodio de *Hora 0*" (Estudio)
RI 118-119 (enero-junio 1982): 217-240.

PROMIS, José

[P142] "Martí escribe una novela" (Estudio)
RI 112-113 (julio-diciembre 1980): 413-425.

PROSDOCIMI DE RIVERA, María del Carmen

[P143] "Alberto Baeza Flores: *Los poetas dominicanos del 65: Una generación importante y distinta*" (Reseña)
RI 142 (enero-marzo 1988): 363-364.

[P144] "Diógenes Céspedes: *Lenguaje y poesía en Santo Domingo en el siglo XX*" (Reseña)
RI 142 (enero-marzo 1988): 365-367.

[P145] "Doris Sommer: *One Master for Another: Populism as Patriarchal Rethoric in Dominican Novels*" (Reseña)
RI 142 (enero-marzo 1988): 367-369.

PRYOR RICE, Argyll

[P146] "*Júbilo y fuga* de Emilio Ballagas" (Nota)
RI 62 (julio-diciembre 1966): 267-274.

PUCCINI, Darío

[P147] "*Residencia en la tierra*: Algunas variantes" (Nota)
RI 135-136 (abril-septiembre 1986): 509-519.

PUIG ZALDÍVAR, Raquel

[P148] "Bibliografía de y sobre Adolfo Bioy Casares" (Bibliografía)
RI 86 (enero-marzo 1974): 173-178.

PUPO-WALKER, Enrique

[P149] "El cuadro de costumbres, el cuento y la posibilidad de un deslinde" (Estudio)
RI 102-103 (enero-junio 1978): 1-15.

[P150] "Los *Comentarios Reales* y la Historicidad de lo imaginario" (Estudio)
RI 104-105 (julio-diciembre 1978): 385-407.

[P151] "La problematización del discurso en textos de Mario Vargas Llosa y Ricardo Doménech" (Nota)
RI 116-117 (julio-diciembre 1981): 283-288.

[P152] "Notas para una caracterización formal de *El lazarillo de ciegos caminantes*" (Estudio)
RI 120-121 (julio-diciembre 1982): 647-670.

[P153] "Pesquisas para una nueva lectura de los *Naufragios*, de Alvar Núñez Cabeza de Vaca" (Estudio)
RI 140 (julio-septiembre 1987): 517-539.

[P154] "Raquel Chang-Rodríguez: *La apropiación del signo: tres cronistas indígenas del Perú*" (Reseña)
RI 150 (enero-marzo 1990): 362-364.

PUYHOL, Lénica

[P155] "Juan José Arreola: *La feria*" (Reseña)
RI 66 (julio-diciembre 1968): 385-386.

[P156] "Juan Ibargüengoitia: "*Los relámpagos de agosto*" (Reseña)
RI 66 (julio-diciembre 1968): 386-388.

Q

QUESADA SOTO, Alvaro

[Q1] "La ciudad y las relaciones mercantiles en el nacimiento de la novela costarricense" (Estudio)
RI 138-139 (enero-junio 1987): 59-77.

QUINTERO, David

[Q2] "*Un hombre muerto a puntapiés*: Lectura introductoria" (Estudio)
RI 144-145 (julio-diciembre 1988): 725-737.

QUINTEROS, Isis

[Q3] "Hernán Vidal: *José Donoso: Surrealismo y rebelión de los instintos*" (Reseña)
RI 95 (abril-junio 1976): 325-327.

QUINTEROS SORIA, Juan

[Q4] "La palabra *dicha* (Sobre la poesía de Eduardo Mitre)"
RI 134 (enero-marzo 1986): 207-218.

[Q5] "Eduardo Mitre: *El árbol y la piedra. Poetas contemporáneos de Bolivia*" (Reseña)
RI 155-156 (abril-setiembre 1991): 799-801.

R

RAMA, Ángel

[R1] "Indagación de la ideología en la poesía (Los dípticos seriados de *Versos sencillos*)" (Estudio)
RI 112-113 (julio-diciembre 1980): 353-400.

[R2] "*Los ríos profundos*, ópera de pobres" (Estudio)
RI 122 (enero-marzo 1983): 11-41.

RAMÍREZ, Arthur

[R3] "Hacia una bibliografía de y sobre Juan Rulfo" (Bibliografía)
RI 86 (enero-marzo 1974): 135-171.

RAMÍREZ, Arthur / Fern L. RAMÍREZ

[R4] "Hacia una bibliografía de y sobre Juan José Arreola" (Bibliografía)
RI 108-109 (julio-diciembre 1979): 651-667.

RAMÍREZ, Fern L. / Arthur RAMÍREZ

[R5] "Hacia una bibliografía de y sobre Juan José Arreola" (Bibliografía)
RI 108-109 (julio-diciembre 1979): 651-667.

RAMÍREZ, Mercedes

[R6] "Carlos Liscano: *El método y otros juguetes carcelarios. Memorias de la guerra reciente. ¿Estará nomás cargada de futuro? Agua estancada y otras historias*" (Reseña)
RI 160-161 (julio-diciembre 1992): 1235-1237.

RAMÍREZ JUÁREZ, Arturo

[R7] "Dos décadas de la dramaturgia mexicana" (Nota)
RI 148-149 (julio-diciembre 1989): 1277-1286.

RAMOS, Alicia

[R8] "Heberto Padilla: *En mi jardín pastan los héroes*" (Reseña)
RI 152-153 (julio-diciembre 1990): 1398-1399.

RAMOS, Julio

[R9] "Saber del *otro*: Escritura y oralidad en el *Facundo* de D. F. Sarmiento" (Estudio)
RI 143 (abril-junio 1988): 551-569.

[R10] "Tres artículos desconocidos de José Martí" (Documentos)
RI 146-147 (enero-junio 1989): 235-247.

RAMOS, Margaret M.

[R11] "Manuel de Castro: *El padre Samuel*" (Reseña)
RI 43 (enero-junio 1957): 196-200.

RAMOS ESCOBAR, José Luis

[R12] "*Viaje a la semilla*: Un análisis estructural de narraciones incaicas" (Nota)
RI 127 (abril-junio 1984): 527-538.

RASI, Humberto M.

[R13] "Borges frente a la poesía gauchesca: Crítica y creación" (Estudio)
RI 87-88 (abril-septiembre 1974): 321-336.

[R14] "Emilio Carilla: *La creación del 'Martín Fierro'*" (Reseña)
RI 87-88 (abril-septiembre 1974): 549-551.

[R15] "David Viñas, novelista y crítico comprometido" (Nota)
RI 95 (abril-junio 1976): 259-265.

[R16] "Borges ante Lugones: Divergencias y convergencias" (Estudio)
RI 100-101 (julio-diciembre 1977): 589-599.

RAVIOLO, Heber

[R17] "Héctor Galmés o la paradójica invención del imperfecto cuentista" (Nota)
RI 160-161 (julio-diciembre 1992): 1059-1064.

REATI, Fernando

[R18] "La realidad como simulacro (En torno a la novelística de Emilio Sosa López)" (Nota)
RI 155-156 (abril-septiembre 1991): 643-647.

REDONDO DE FELDMAN, Susana

[R19] "Gabriella de Beer: *Luis Cabrera. Un intelectual en la Revolución mexicana*" (Reseña)
RI 137 (octubre-diciembre 1986): 1103-1105.

REEDY, Daniel R.

[R20] "Poesías inéditas de Juan del Valle Caviedes" (Documentos)
RI 55 (enero-junio 1963): 157-190.

[R21] "Glen L. Kolb: *Juan del Valle y Caviedes. A Study of the Life, Times and Poetry of a Spanish Colonial Satirist*" (Reseña)
RI 55 (enero-junio 1963): 196-198.

[R22] "De beso de la mujer araña al de la tía Julia: Estructura y dinámica interior" (Nota)
RI 116-117 (julio-diciembre 1981): 109-116.

REEVE, Richard M.

[R23] "Un poco de luz sobre nueve años oscuros: Los cuentos desconocidos de Carlos Fuentes" (Nota)
RI 72 (julio-septiembre 1970): 473-480.

[R24] "Carlos A. Fuentes: *Casa con dos puertas*" (Reseña)
RI 75 (abril-junio 1971): 477-479.

[R25] "Carlos Fuentes: *Los reinos imaginarios: Todos los gatos son pardos y El tuerto es rey*" (Reseña)
RI 78 (enero-marzo 1972): 170-173.

[R26] "Bella Jozef: *História da literatura hispanoamericana*" (Reseña)
RI 80 (julio-septiembre 1972): 556-558.

[R27] "Carlos Fuentes: *Terra nostra*" (Reseña)
RI 102-103 (enero-junio 1978): 279-283.

RENART, J. Guillermo

[R28] "Bases narratológicas para una nueva lectura de *El infierno tan temido* de Onetti (Nota)
RI 160-161 (julio-diciembre 1992): 1133-1159.

REPILADO, Ricardo

[R29] "La novelística de José Soler Puig" (Nota)
RI 152-153 (julio-diciembre 1990): 1001-1007.

REVERTE BERNAL, Concepción

[R30] "Universidad de Cádiz. Grupo Vocal Gregor. Coral de la Universidad de Cádiz: *Lírica virreinal y musicología. Música del Descubrimiento. Polifonía en las Catedrales del Nuevo Mundo y Música en la Epoca Virreinal*" (Reseña)
RI 151 (abril-junio 1990): 649-655.

[R31] "*Elogio de la madrasta* de Mario Vargas Llosa, un relato modernista" (Estudio)
RI 159 (abril-junio 1992): 567-580.

REVISTA IBEROAMERICANA

[R32] "Publicaciones recibidas" (Bibliografía)
RI 41-42 (enero-diciembre 1956): 451-461.

[R33] "Publicaciones recibidas" (Bibliografía)
RI 44 (julio-diciembre 1957): 449-454.

REXACH, Rosario

[R34] "Eugenio Florit: *Antología Penúltima*" (Reseña)
RI 75 (abril-junio 1971): 479-481.

[R35] "La segunda generación republicana en Cuba y sus figuras principales" (Ensayo)
RI 152-153 (julio-diciembre 1990): 1291-1311.

REY, Agapito

[R36] "José Rojas Garcidueñas: *Bernardo de Balbuena. La vida y la obra*" (Reseña)
RI 48 (julio-diciembre 1959): 379-380.

REYES, Alfonso

[R37] "Encuentros con Pedro Henríquez Ureña" (Estudio)
RI 41-42 (enero-diciembre 1956): 55-60.

RIBADENEIRA AGUIRRE, Santiago

[R38] "Algunas reflexiones e irreverencias: hacia el próximo teatro ecuatoriano" (Nota)
RI 144-145 (julio-diciembre 1988): 959-967.

RIBADENEIRA M., Edmundo

[R39] "La obra narrativa de Alfredo Pareja Diezcanseco" (Nota)
RI 144-145 (julio-diciembre 1988): 763-769.

RIBBANS, Geoffrey W.

[R40] "Las primeras crónicas ibero-americanas del *Mercure de France* (1897-1902)" (Estudio)
RI 96-97 (julio-diciembre 1976): 381-409.

RICCIO, Alessandra

[R41] "Lo testimonial y la novela-testimonio" (Estudio)
RI 152-153 (julio-diciembre 1990): 1055-1068.

RIPOLL, Carlos

[R42] "La *revista de avance* (1927-1930). Vocero de vanguardismo y pórtico de revolución" (Estudio)
RI 58 (julio-diciembre 1964): 261-282.

[R43] "Martin S. Stabb: *In Quest of Identity. Patterns in the Spanish American Essay of Ideas, 1890-1960*" (Reseña)
RI 66 (julio-diciembre 1968): 388-392.

[R44] "José Martí: *Obras completas*" (Reseña)
RI 69 (septiembre-diciembre 1969): 579-584.

[R45] "José Martí: *Lucía Jerez*" (Reseña)
RI 70 (enero-marzo 1970): 137-144.

[R46] "Andrés Valdespino: *Jorge Mañach y su generación en las letras cubanas*" (Reseña)
RI 78 (enero-marzo 1972): 173-176.

RIVAROLA, José Luis

[R47] "Isaías Lerner: *Arcaísmos léxicos del español de América*" (Reseña)
RI 91 (abril-junio 1975): 379-383.

RIVAS ROJAS, Raquel

[R48] "Mabel Moraña: *Literatura y cultura nacional en Hispanoamérica, 1910-1940*" (Reseña)
RI 158 (enero-marzo 1992): 305-307.

RIVERA-RODAS, Oscar

[R49] "Niveles diegéticos en las crónicas de Arzáns" (Estudio)
RI 134 (enero-marzo 1986): 9-28.

[R50] "Martí y su concepto de poesía" (Estudio)
RI 137 (octubre-diciembre 1986): 841-856.

[R51] "El discurso modernista y la dialéctica del erotismo y la castidad. Un poema de Ricardo Jaimes Freyre" (Estudio)
RI 146-147 (enero-junio 1989): 43-62.

[R52] "Para una semiótica proxémica en Villaurrutia" (Estudio)
RI 148-149 (julio-diciembre 1989): 1239-1259.

RIVERO, Eliana S.

[R53] "Luis F. González-Cruz: *Pablo Neruda y el Memorial de Isla Negra: integración de la visión poética*" (Reseña)
RI 86 (enero-marzo 1974): 194-197.

[R54] "Análisis de perspectivas y significación de *La rosa separada* de Pablo Neruda" (Estudio)
RI 96-97 (julio-diciembre 1976): 459-472.

[R55] "Horacio Jorge Becco: *Pablo Neruda: bibliografía*" (Reseña)
RI 96-97 (julio-diciembre 1976): 641-642.

[R56] "Juan Villegas: *Estructuras míticas y arquetipos en el «Canto general» de Neruda*" (Reseña)
RI 108-109 (julio-diciembre 1979): 717-719.

[R57] "Pasión de Juana Borrero y la crítica" (Nota)
RI 152-153 (julio-diciembre 1990): 829-839.

RIVERO POTTER, Alicia

[R58] "Algunas metáforas somáticas -erótico-escripturales- en *De donde son los cantantes* y *Cobra*" (Nota)
RI 123-124 (abril-septiembre 1983): 497-507.

[R59] "La creación literaria en Julieta Campos: *Tiene los cabellos rojizos y se llama Sabina*" (Estudio)
RI 132-133 (julio-diciembre 1985): 899-907.

RIVERS, Elías L.

[R60] "*Don Segundo Sombra* y la desanalfabetización del héroe" (Nota)
RI 102-103 (enero-junio 1978): 119-123.

ROBB, James Willis

[R61] "Estilizaciones de un tema metafísico en Alfonso Reyes" (Nota)
RI 59 (enero-junio 1965): 95-100.

[R62] "Un cuento inédito de Alfonso Reyes" (Documentos)
RI 59 (enero-junio 1965): 117-122.

[R63] "Zenaida Gutiérrez-Vega , ed.: *Epistolario Alfonso Reyes-José María Chacón*" (Reseña)
RI 102-103 (enero-junio 1978): 283-284.

[R64] "Alfonso Reyes y Eugenio Florit: De poeta a poeta" (Documentos)
RI 137 (octubre-diciembre 1986): 1015-1041.

[R65] "Alfonso Reyes en busca de la unidad (Constancia y evolución)" (Estudio)
RI 148-149 (julio-diciembre 1989): 819-837.

[R66] "Alfonso Reyes: Una bibliografía selecta (1907-1990)" (Bibliografía)
RI 155-156 (abril-septiembre 1991): 691-736.

ROBE, Stanley L.

[R67] "Dos comentarios de 1915 sobre *Los de abajo*" (Nota)
RI 91 (abril-junio 1975): 267-272.

ROBERTS, Gemma

[R68] "Matías Montes Huidobro: *Desterrados al fuego*" (Reseña)
RI 96-97 (julio-diciembre 1976): 642-644.

ROBLES, Humberto E.

[R69] "Aproximaciones a *Los albañiles* de Vicente Leñero" (Estudio)
RI 73 (octubre-diciembre 1970): 579-599.

[R70] "Perspectivismo, yuxta-posición y contraste en *El Señor Presidente*" (Estudio)
RI 79 (abril-junio 1972): 215-236.

[R71] "Génesis y vigencia de *Los Sangurimas*" (Ensayo)
RI 106-107 (enero-junio 1979): 85-91.

[R72] "La noción de vanguardia en el Ecuador: Recepción y trayectoria (1918-1934)" (Estudio)
RI 144-145 (julio-diciembre 1988): 649-674.

[R73] "Jorge Icaza: *El chulla Romero y Flores*" (Reseña)
RI 159 (abril-junio 1992): 720-725.

ROBLES, Mercedes M.

[R74] "La presencia de *The Wild Palms*, de William Faulkner, en *Punta de rieles*, de Manuel Rojas" (Nota)
RI 108-109 (julio-diciembre 1979): 563-571.

ROCA, Juan Manuel

[R75] "Haroldo Alvarado Tenorio: *Recuerda cuerpo*" (Reseña)
RI 128-129 (julio-diciembre 1984): 1107-1108.

ROCCA, P. Santiago

[R76] "Cristina Peri Rossi: *Solitario de amor*" (Reseña)
RI 160-161 (julio-diciembre 1992): 1237-1238.

ROCCA MARTÍNEZ, José Luis / Virgina, GIL AMATE

[R77] "Exilio, emigración y destierro en la obra de Daniel Moyano" (Estudio)
RI 159 (abril-junio 1992): 581-596.

RODRÍGUEZ, Alfred / Tamara HOLZAPFEL

[R78] "Apuntes para una lectura del *Quijote* de Pierre Menard" (Nota)
RI 100-101 (julio-diciembre 1977): 671-677.

RODRÍGUEZ, Ileana

[R79] "Imagen de Nicaragua en la literatura imperial: Exploración, conquista, colonización" (Estudio)
RI 114-115 (enero-junio 1981): 277-291.

RODRÍGUEZ ALCALÁ, Hugo

[R80] "Arturo Torres-Rioseco" (Nota)
RI 43 (enero-junio 1957): 151-158.

[R81] "José Luis Romero: *Argentina: Imágenes y perspectivas*" (Reseña)
RI 44 (julio-diciembre 1957): 417-421.

[R82] "Apuntes para una biografía de Alejandro Korn (Años 1860-1883)" (Estudio)
RI 46 (julio-diciembre 1958): 433-448.

[R83] "Luis Alberto Menafra: *Carlos Reyles*" (Reseña)
RI 48 (julio-diciembre 1959): 380-383.

[R84] "Armando Correia Pacheco y Alfredo A. Roggiano: *Diccionario de la literatura latinoamericana, Argentina*" (Reseña)
RI 51 (enero-junio 1961): 201-204.

[R85] "Daniel E. Zalazar: *Libertad y creación en los ensayos de Alejandro Korn*" (Reseña)
RI 91 (abril-junio 1975): 383-384.

[R86] "Emilio Carilla: *El libro de los 'misterios'. El lazarillo de ciegos caminantes*" (Reseña)
RI 102-103 (enero-junio 1978): 284-289.

[R87] "Victoria Pueyrredón: *Acabo de morir*" (Reseña)
RI 102-103 (enero-junio 1978): 289-291.

[R88] "El vanguardismo en el Paraguay" (Estudio)
RI 118-119 (enero-junio 1982): 241-255.

RODRÍGUEZ-ARENAS, Flor María

[R89] "Fernando Velarde: *Las flores del desierto*. Edición de Carlos García Barrón" (Reseña)
RI 130-131 (enero-junio 1985): 420-421.

[R90] "Raquel Chang-Rodríguez: *Cancionero peruano del siglo XVII. Estudio preliminar, edición y bibliografía*" (Reseña)
RI 130-131 (enero-junio 1985): 422-424.

RODRÍGUEZ-CARRANZA, Luz

[R91] "Emir Rodríguez Monegal o la construcción de un mundo (nuevo) posible" (Nota)
RI 160-161 (julio-diciembre 1992): 903-917.

RODRÍGUEZ CASTELO, Hernán

[R92] "La poesía ecuatoriana, 1970-1985" (Estudio)
RI 144-145 (julio-diciembre 1988): 819-849.

RODRÍGUEZ CORONEL, Rogelio

[R93] "La novela cubana contemporánea: alternativas y deslindes" (Análisi)
RI 152-153 (julio-diciembre 1990): 899-912.

RODRÍGUEZ DE MAGIS, María Elena

[R94] "Leopoldo Zea: *América Latina y el mundo*" (Reseña)
RI 62 (julio-diciembre 1966): 332-334.

RODRÍGUEZ-LUIS, Julio

[R95] "Rose S. Minc: *Latin American Fiction Today. Literature and Popular Culture in the Hispanic World*" (Reseña)
RI 130-131 (enero-junio 1985): 424-426.

RODRÍGUEZ MONEGAL, Emir

[R96] "Los dos Asturias" (Estudio)
RI 67 (enero-abril 1969): 13-20.

[R97] "Emir Rodríguez Monegal contesta a Gerald Martin" (Polémica)
RI 69 (septiembre-diciembre 1969): 517-519.

[R98] "Borges en U.S.A." (Nota)
RI 70 (enero-marzo 1970): 65-75.

[R99] "Relectura de *El arco y la lira*" (Estudio)
RI 74 (enero-marzo 1971): 35-46.

[R100] "Introducción al método del Sr. Concha" (Polémica)
RI 75 (abril-junio 1971): 349-356.

[R101] "Una escritura revolucionaria" (Estudio)
RI 76-77 (julio-diciembre 1971): 497-506.

[R102] "José Donoso: La novela como happening. (Una entrevista de Emir Rodríguez Monegal sobre *El obsceno pajaro de la noche*)" (Entrevista)
RI 76-77 (julio-diciembre 1971): 517-536.

[R103] "Lo real y lo maravilloso en *El reino de este mundo*" (Estudio)
RI 76-77 (julio-diciembre 1971): 619-649.

[R104] "Borges y Nouvelle Critique" (Estudio)
RI 80 (julio-septiembre 1972): 367-390.

[R105] "Sobre el anti-imperialismo de Rodó" (Nota)
RI 80 (julio-septiembre 1972): 495-501.

[R106] "Una traducción inexcusable" (Nota)
RI 81 (octubre-diciembre 1972): 653-662.

[R107] "Pablo Neruda: El sistema del poeta" (Estudio)
RI 82-83 (enero-junio 1973): 41-71.

[R108] Le *Fantôme* de Lautréamont" (Estudio)
RI 84-85 (julio-diciembre 1973): 625-639.

[R109] "El *Martín Fierro* en Borges y Martínez Estrada" (Estudio)
RI 87-88 (abril-septiembre 1974): 287-302.

[R110] "Borges y Paz: Un diálogo de textos críticos" (Estudio)
RI 89 (octubre-diciembre 1974): 567-593.

[R111] "*Paradiso*: Una silogística del sobresalto" (Estudio)
RI 92-93 (julio-diciembre 1975): 523-533.

[R112] "Literatura: cine: revolución" (Estudio)
RI 92-93 (julio-diciembre 1975): 579-591.

[R113] "La nueva novela vista desde Cuba" (Estudio)
RI 92-93 (julio-diciembre 1975): 647-662.

[R114] "Borges: Una teoría de la literatura fantástica" (Estudio)
RI 95 (abril-junio 1976): 177-189.

[R115] "Anacronismos: Mário de Andrade y Guimarães Rosa en el contexto de la novela hispanoamericana" (Estudio)
RI 98-99 (enero-junio 1977): 109-115.

[R116] "Borges y la política" (Estudio)
RI 100-101 (julio-diciembre 1977): 269-291.

[R117] "Carnaval/Antropofagia/Parodia" (Estudio)
RI 108-109 (julio-diciembre 1979): 401-412.

[R118] "La utopía modernista: El mito del nuevo y el viejo mundo en Darío y Rodó" (Estudio)
RI 112-113 (julio-diciembre 1980): 427-442.

[R119] "Cabrera Infante: La novela como autobiografía total" (Estudio)
RI 116-117 (julio-diciembre 1981): 265-271.

[R120] "El olvidado ultraísmo uruguayo" (Estudio)
RI 118-119 (enero-junio 1982): 257-274.

[R121] "Clarice Lispector en sus libros y en mi recuerdo" (Nota)
RI 126 (enero-marzo 1984): 231-238.

[R122] "Isidoro Ducasse, lector del barroco español" (Estudio)
RI 135-136 (abril-septiembre 1986): 333-360.

RODRÍGUEZ PADRÓN, Jorge

[R123] "La original narrativa de Arturo Azuela" (Estudio)
RI 148-149 (julio-diciembre 1989): 1033-1046.

RODRÍGUEZ-PERALTA, Phyllis

[R124] "Sobre el indigenismo de César Vallejo" (Estudio)
RI 127 (abril-junio 1984): 429-444.

[R125] "Las últimas páginas en la creación poética de Rubén Darío" (Estudio)
RI 146-147 (enero-junio 1989): 395-414.

RODRÍGUEZ PÉRSICO, Adriana

[R126] "*Argirópolis*: Un modelo de país" (Estudio)
RI 143 (abril-junio 1988): 513-523.

RODRÍGUEZ REEVES, Rosa

[R127] "Bibliografía de y sobre Manuel Rojas" (Bibliografía)
RI 95 (abril-junio 1976): 285-313.

RODRÍGUEZ-VECCHINI, Hugo

[R128] "*Don Quijote* y *La Florida del Inca*" (Estudio)
RI 120-121 (julio-diciembre 1982): 587-620.

RODRÍGUEZ-VILLAMIL, Ana María

[R129] "Armonía Somers: *La mujer desnuda*" (Reseña)
RI 160-161 (julio-diciembre 1992): 1238-1242.

ROFFÉ, Reina

[R130] "Omnipresencia de la censura en la escritora argentina" (Ensayo)
RI 132-133 (julio-diciembre 1985): 909-915.

ROGGIANO, Alfredo A.

[R131] "Pedro Henríquez Ureña o el pensamiento integrador" (Estudio)
RI 41-42 (enero-diciembre 1956): 171-194.

[R132] "Noticias importantes de Hispanoamérica" (Noticias)
RI 41-42 (enero-diciembre 1956): 431-450.

[R133] "Noticias de Hispanoamérica. Baldomero Sanín Cano (1861-1957)" (Necrológica)
RI 43 (enero-junio 1957): 213-217.

[R134] "Roberto F. Giusti y la revista *Nosotros* (A propósito de iuna entrevista a Roberto F. Giusti)" (Estudio)
RI 44 (julio-diciembre 1957): 273-300.

[R135] "Gino Germani: *Estructura social de la Argentina*" (Reseña)
RI 44 (julio-diciembre 1957): 421-426.

[R136] "Ana María Barrenechea y Emma Speratti Piñero: *La literatura fantástica en Argentina*" (Reseña)
RI 44 (julio-diciembre 1957): 426-428.

[R137] "Horacio Jorge Becco: *El Señor del Misterio. Diálogo del hombre y la llanura. Duerme de frente en oscuro*" (Reseña)
RI 44 (julio-diciembre 1957): 428-431.

[R138] "Noticias de Iberoamérica" (Noticias)
RI 44 (julio-diciembre 1957): 434-448.

[R139] "María Concepción L. de Chaves: *Madame Lynch*" (Reseña)
RI 45 (enero-junio 1958): 207-211.

[R140] "Enrique Anderson Imbert: *Historia de la literatura iberoamericana. 2a. edición*" (Reseña)
RI 45 (enero-junio 1958): 211-217.

[R141] "Eugenio Florit: *Antología poética*" (Reseña)
RI 46 (julio-diciembre 1958): 472-475.

[R142] "Hugo Rodríguez-Alcalá: *Korn, Romero, Güiraldes, Unamuno, Ortega ...*" (Reseña)
RI 47 (enero-junio 1959): 196-198.

[R143] "Juan Pinto: *Breviario de la literatura argentina contemporánea con una ojeada retrospectiva*" (Reseña)
RI 47 (enero-junio 1959): 198-199.

[R144] "Dos prosas poemáticas y una traducción de Pedro Henríquez Ureña" (Documentos)
RI 48 (julio-diciembre 1959): 357-362.

[R145] "Manuel Gutiérrez Nájera: *Cuentos completos y otras narraciones. Edición de E. K. Mapes*" (Reseña)
RI 48 (julio-diciembre 1959): 383-384.

[R146] "Elías Nandino: *Nocturno día*" (Reseña)
RI 48 (julio-diciembre 1959): 384-386.

[R147] "Variantes en un poema de Rubén Darío" (Documentos)
RI 49 (enero-junio 1960): 153-161.

[R148] "Fernando Alegría: *Breve historia de la novela hispanoamericana*" (Reseña)
RI 49 (enero-junio 1960): 186-188.

[R149] "Juan José Arrom: *Certidumbre de América. Estudios de letras, folklore y cultura*" (Reseña)
RI 49 (enero-junio 1960): 189-190.

[R150] "Erwin Kempton Mapes (1884-1961)" (Necrológica)
RI 51 (enero-junio 1961): 137-146.

[R151] "José A. Balseiro: *Expresión de Hispanoamérica*" (Reseña)
RI 52 (julio-diciembre 1961): 389-395.

[R152] "Bibliografía de y sobre Leopoldo Lugones" (Bibliografía)
RI 53 (enero-junio 1962): 155-213.

[R153] "Carlos Pellicer: *Material poético, 1918/1961*" (Reseña)
RI 54 (julio-diciembre 1962): 407-412.

[R154] "Alí Chumacero: *Páramo de sueños seguido de Imágenes desterradas*" (Reseña)
RI 54 (julio-diciembre 1962): 413-420.

[R155] "María del Carmen Millán: *Literatura mexicana*" (Reseña)
RI 54 (julio-diciembre 1962): 420-422.

[R156] "Arturo Torres Rioseco: *Autobiografía*" (Reseña)
RI 54 (julio-diciembre 1962): 422-427.

[R157] "Velia Márquez: *El Cuauhtémoc de plata*" (Reseña)
RI 55 (enero-junio 1963): 205-208.

[R158] "Romualdo Brughetti: *Las nubes y el hombre*" (Reseña)
RI 55 (enero-junio 1963): 208-211.

[R159] "Jaime Torres Bodet: *Obras escogidas*" (Reseña)
RI 55 (enero-junio 1963): 211-217.

[R160] "La idea de poesía en Alfonso Reyes" (Nota)
RI 59 (enero-junio 1965): 109-115.

[R161] "Allen W. Phillips: *Ramón López Velarde, el poeta y el prosista* y *Francisco González León, el poeta de Lagos*" (Reseña)
RI 60 (julio-diciembre 1965): 317-319.

[R162] "Otto Olivera: *Cuba en su poesía*" (Reseña)
RI 62 (julio-diciembre 1966): 334-338.

[R163] "Jean Franco: *The Modern Culture of Latin America. Society and the Artist*" (Reseña)
RI 66 (julio-diciembre 1968): 393-396.

[R164] "Guillermo Sucre: *Borges el poeta*" (Reseña)
RI 66 (julio-diciembre 1968): 396-399.

[R165] "Mínima guía bibliográfica" (Bibliografía)
RI 71 (abril-junio 1970): 353-358.

[R166] "Bibliografía de y sobre Octavio Paz" (Bibliografía)
RI 74 (enero-marzo 1971): 269-297.

[R167] "Homenaje a Arturo Torres Rioseco (1897-1971)" (Necrológica)
RI 78 (enero-marzo 1972): 15-29.

[R168] "Destino personal y destino nacional en el *Martín Fierro*" (Estudio)
RI 87-88 (abril-septiembre 1974): 219-230.

[R169] "Manuel Pedro González (1893-1974)" (Necrológica)
RI 89 (octubre-diciembre 1974): 689-692.

[R170] "Proposiciones para una revisión del romanticismo argentino" (Estudio)
RI 90 (enero-marzo 1975): 69-77.

[R171] "Mónica Mansour: *La poesía negrista*" (Reseña)
RI 90 (enero-marzo 1975): 167-168.

[R172] "Ramón Xirau: *Mito y poesía. Ensayos sobre literatura contemporánea en lengua española*" (Reseña)
RI 91 (abril-junio 1975): 385-386.

[R173] "Allen W. Phillips: *Temas del modernismo hispánico y otros estudios. Cinco estudios sobre literatura mexicana moderna*" (Reseña)
RI 91 (abril-junio 1975): 385-385.

[R174] "Qué y qué no del *Lunario sentimental*" (Nota)
RI 94 (enero-marzo 1976): 71-77.

[R175] "Bella Jozef: *O espaço reconquistado. Linguagem e criação no romance hispano-americano contemporâneo*" (Reseña)
RI 96-97 (julio-diciembre 1976): 644-645.

[R176] "Alfonso Reyes: *Prosa y poesía. Edición de James Willis Robb*" (Reseña)
RI 102-103 (enero-junio 1978): 291-292.

[R177] "Ángel Flores: *Bibliografía de escritores hispanoamericanos. A Bibliography of Spanish-American Writers 1609-1974*" (Reseña)
RI 102-103 (enero-junio 1978): 293-294.

[R178] "Hensley C. Woodbridge: *Rubén Darío. A Selective Classified and Annotated Bibliography*" (Reseña)
RI 102-103 (enero-junio 1978): 293-293.

[R179] "Irving A. Leonard. Notable hispanoamericanista norteamericano" (Estudio)
RI 104-105 (julio-diciembre 1978): 307-312.

[R180] "La vanguardia en antologías. Papel de Huidobro" (Nota)
RI 106-107 (enero-junio 1979): 205-211.

[R181] "Acción y libertad en la poética de José Martí" (Estudio)
RI 112-113 (julio-diciembre 1980): 401-412.

[R182] "John E. Englekirk o la fraternidad por la cultura" (Necrológica)
RI 130-131 (enero-junio 1985): 313-318.

[R183] "Pedro Henríquez Ureña (1884-1946). *Notas de viaje*" (Documentos)
RI 130-131 (enero-junio 1985): 321-322.

[R184] "Emir Rodríguez Monegal o el crítico necesario" (Necrológica)
RI 135-136 (abril-septiembre 1986): 623-630.

[R185] "Antonio R. de la Campa y Raquel Chang-Rodríguez: *Poesía hispano-americana colonial. Antología*" (Reseña)
RI 137 (octubre-diciembre 1986): 1105-1107.

[R186] "Alicia Colombí Monguió, *Petrarquismo peruano: Diego Dávalos y Figueroa y la poesía de la 'Miscelánea Austral'*" (Reseña)
RI 141 (octubre-diciembre 1987): 1062-1063.

[R187] "Texto de las *Memorias* de Pedro Henríquez Ureña. Autobiografía" (Documento)
RI 142 (enero-marzo 1988): 331-332.

[R188] "Joaquín Marco: *Literatura hispanoamericana: Del modernismo a nuestros días*" (Reseña)
RI 146-147 (enero-junio 1989): 558-561.

[R189] "Eduardo Neale-Silva. 1906-1989" (Necrológica)
RI 151 (abril-junio 1990): 575-576.

[R190] "María Esther Vázquez: *Desde la niebla*" (Reseña)
RI 151 (abril-junio 1990): 655-656.

[R191] "Horacio Armani: *En la sangre del día*" (Reseña)
RI 151 (abril-junio 1990): 656-659.

[R192] "Roberto González Echevarría" (Bibliografía)
RI 152-153 (julio-diciembre 1990): 1353-1362.

[R193] "Crono bio-bibliografía seleccionada y comentada de Ernesto Sábato. Itinerario del hombre y del escritor" (Bibliografía)
RI 158 (enero-marzo 1992): 15-32.

ROGGIANO, Alfredo / Antonio CORONADO

[R194] "Francisco Monterde: *Díaz Mirón. El hombre. La obra*" (Reseña)
RI 46 (julio-diciembre 1958): 471-472.

ROJAS, Gonzalo

[R195] "Testimonio sobre Pablo de Rokha" (Testimonio)
RI 106-107 (enero-junio 1979): 101-107.

ROJAS, Mario A.

[R196] "*La casa de los espíritus*, de Isabel Allende: Un caleidoscopio de espejos desordenados" (Estudio)
RI 132-133 (julio-diciembre 1985): 917-925.

[R197] " José Molinaza: *Historia crítica del teatro dominicano*" (Reseña)
RI 142 (enero-marzo 1988): 369-372.

ROJAS, Santiago

[R198] "Modalidad narrativa en *Aura*: Realidad y enajenación" (Estudio)
RI 112-113 (julio-diciembre 1980): 487-497.

ROJAS G., Margarita

[R199] "Transgresiones al discurso poético amoroso: La poesía de Ana Istarú"
RI 138-139 (enero-junio 1987): 391-402.

ROJAS-TREMPE, Lady

[R200] "Elena Garro dialoga sobre su teatro con Guillermo Schmidhuber" (Entrevista)
RI 148-149 (julio-diciembre 1989): 685-690.

ROJO, Grinor

[R201] "Bernardo Subercaseaux S.: *Fin de siglo. La época de Balmaceda*" (Reseña)
RI 151 (abril-junio 1990): 659-664.

ROMÁN-LAGUNAS, Jorge

[R202] "Bibliografía anotada de y sobre Alberto Blest Gana" (Bibliografía)
RI 112-113 (julio-diciembre 1980): 605-647.

ROMERO, Armando

[R203] "Hacia una lectura de *Barroco*, de Severo Sarduy" (Nota)
RI 112-113 (julio-diciembre 1980): 563-569.

[R204] "Oscar Hahn: *El cuento fantástico hispanoamericano en el siglo XIX*" (Reseña)
RI 112-113 (julio-diciembre 1980): 683-687.

[R205] "Ausencia y presencia de las vanguardias en Colombia" (Estudio)
RI 118-119 (enero-junio 1982): 275-287.

[R206] "Fernando Charry Lara: *Pensamientos del amante*" (Reseña)
RI 123-124 (abril-septiembre 1983): 669-672.

[R207] "J.G. Cobo Borda: *Salón de té* y *Roncando al sol como una foca en las Galápagos*" (Reseña)
RI 123-124 (abril-septiembre 1983): 672-674.

[R208] "Jotamario: *Mi reino por este mundo*" (Reseña)
RI 123-124 (abril-septiembre 1983): 674-676.

[R209] "Los poetas de *Mito*" (Estudio)
RI 128-129 (julio-diciembre 1984): 689-755.

[R210] "Juan Manuel Marcos: *Roa Bastos, precursor del 'post-boom'*" (Reseña)
RI 130-131 (enero-junio 1985): 426-428.

[R211] "Gabriel García Márquez: *El amor en los tiempos del cólera*" (Reseña)
RI 137 (octubre-diciembre 1986): 1107-1110.

[R212] "Juan Gustavo Cobo Borda: *Antología de la poesía hispanoamericana*" (Reseña)
RI 140 (julio-septiembre 1987): 726-729.

[R213] "De los mil días a la violencia: La novela colombiana de entreguerras" (Estudio)
RI 141 (octubre-diciembre 1987): 861-885.

[R214] "Julio Ortega: *Antología de la poesía hispanoamericana actual*" (Reseña)
RI 146-147 (enero-junio 1989): 561-564.

[R215] "José Asunción Silva: *Obra completa*" (Reseña)
RI 159 (abril-junio 1992): 725-732.

ROMERO, José Luis

[R216] "Una voz. A los diez años de su muerte"
RI 41-42 (enero-diciembre 1956): 81-83.

ROMERO, Luis Alberto

[R217] "Sarmiento, testigo y testimonio de la sociedad de Santiago" (Estudio)
RI 143 (abril-junio 1988): 461-475.

ROMERO, Rolando J.

[R218] "Ficción e historia en *Farabeuf*" (Estudio)
RI 151 (abril-junio 1990): 403-418.

ROMERO ARTETA, Oswaldo E.

[R219] "Dios en la obra de Jorge L. Borges: Su teología y su teodicea" (Estudio)
RI 100-101 (julio-diciembre 1977): 465-501.

[R220] "La literatura ecuatoriana en las tesis doctorales de las universidades norteamericanas desde 1943 a 1985" (Bibliografía)
RI 144-145 (julio-diciembre 1988): 1011-1018.

ROMERO DE VALLE, Emilia

[R221] "Luis Alberto Sánchez: *El doctor Océano. Estudios sobre don Pedro de Peralta Barnuevo*" (Reseña)
RI 66 (julio-diciembre 1968): 399-401.

[R222] "*Mercurio Peruano, 1791-1795, 12 volúmenes. Edición facsimilar*" (Reseña)
RI 66 (julio-diciembre 1968): 401-403.

[R223] "Luis Monguió: *Don José Joaquín de Mora y el Perú del ochocientos*" (Reseña)
RI 68 (mayo-agosto 1969): 424-427.

ROMITI, Elena

[R224] "La devolución del pensamiento a la vida: Julio C. Da Rosa" (Nota)
RI 160-161 (julio-diciembre 1992): 1091-1101.

ROSA, William

[R225] "Las posibilidades del dos básico en *El jardín de senderos que se bifurcan*" (Nota)
RI 155-156 (abril-septiembre 1991): 597-606.

ROSA-NIEVES, Cesáreo

[R226] "Preludio al tema del modernismo en Puerto Rico (Ciclo generacional: 1907-1921)" (Nota)
RI 44 (julio-diciembre 1957): 359-363.

ROSEMBERG, Fernando

[R227] "Los cuentos y novelas de Haroldo Conti" (Nota)
RI 80 (julio-septiembre 1972): 513-522.

ROSSER, Harry L.

[R228] "El cuento *olvidado* de Juan Rulfo" (Nota)
RI 150 (enero-marzo 1990): 193-202.

ROWE, William

[R229] "Arguedas: El narrador y el antropólogo frente al lenguaje" (Estudio)
RI 122 (enero-marzo 1983): 97-109.

ROY, Joaquín

[R230] "Claves de Cortázar en un libro olvidado: *Buenos Aires. Buenos Aires.*" (Estudio)
RI 84-85 (julio-diciembre 1973): 471-482.

[R231] "Mario Vargas Llosa: *Pantaleón y las visitadoras*" (Reseña)
RI 86 (enero-marzo 1974): 197-199.

[R232] "Fernando Morán: *Novela y semidesarrollo (Una interpretación de la novela hispanoamericana y española)*" (Reseña)
RI 86 (enero-marzo 1974): 199-200.

[R233] "El *boom* al día" (Reseña)
RI 91 (abril-junio 1975): 387-388.

[R234] "Julio Cortázar en cinco libros de crítica: Lida Aronne Amestoy: *Cortázar: la novela mandala*. Juan Carlos Curutchet: *Julio Cortázar o la crítica de la razón pragmática*. Kathleen Genover: *Claves de una novelística existencial (En Rayuela de Cortázar)*. Mercedes Rein: *Cortázar y Carpentier*. Saúl Sosnowski: *Julio Cortázar: una búsqueda mítica*" (Reseña)
RI 91 (abril-junio 1975): 388-390.

[R235] "Juan Bautista Avalle-Arce (ed.): *Narradores hispanoamericanos de hoy*. Donald N. Bleznick: *Variaciones interpretativas en torno a la nueva narrativa hispanoamericana*. Enrique Pupo Walker: *El cuento hispanoamericano ante la crítica*" (Reseña)
RI 94 (enero-marzo 1976): 148-151.

[R236] "Oscar Collazos: *Crónica de tiempo muerto*" (Reseña)
RI 95 (abril-junio 1976): 327-328.

[R237] "Ernesto Cardenal: *Poesía escogida*" (Reseña)
RI 95 (abril-junio 1976): 328-328.

[R238] "Felisberto Hernández: *La casa inundada y otros cuentos*" (Reseña)
RI 96-97 (julio-diciembre 1976): 645-646.

[R239] "Luis Gasulla: *Culminación de Montoya*" (Reseña)
RI 96-97 (julio-diciembre 1976): 646-647.

[R240] "Poesía y memorias de Josep Conangla I Fontanilles sobre la guerra de Cuba"
RI 146-147 (enero-junio 1989): 129-159.

ROZENCVAIG, Perla

[R241] "Reinaldo Arenas: *El palacio de las blanquísimas mofetas*" (Reseña)
RI 118-119 (enero-junio 1982): 453-454.

[R242] "Gladys Feijóo: *Lo fantástico en los relatos de Carlos Fuentes: aproximación teórica*" (Reseña)
RI 135-136 (abril-septiembre 1986): 785-786.

[R243] "Las novelas *gaseiformes* de Enrique Labrador Ruiz" (Nota)
RI 152-153 (julio-diciembre 1990): 967-974.

RUFFINELLI, César Emilio

[R244] "Juan Manuel Marcos: *De García Márquez al post-boom*" (Reseña)
RI 140 (julio-septiembre 1987): 729-733.

RUFFINELLI, Jorge

[R245] "Arguedas y Rulfo: Dos narrativas que se encuentran" (Estudio)
RI 122 (enero-marzo 1983): 171-179.

RUIZ, Ariel

[R246] "Reparos a la bondad de las crónicas periodísticas de Don Manuel Gutiérrez Nájera" (Nota)
RI 137 (octubre-diciembre 1986): 931-936.

RUIZ BARRIONUEVO, Carmen

[R247] "Juegos del espacio y estrategias del personaje en José Antonio Ramos Sucre" (Estudio)
RI 159 (abril-junio 1992): 597-609.

RUNNING, Thorpe

[R248] "La poética explosiva de Roberto Juarroz" (Estudio)
RI 125 (octubre-diciembre 1983): 853-866.

[R249] "*Incurable* de David Huerta: Una solución para la poesía de la postmodernidad" (Estudio)
RI 150 (enero-marzo 1990): 159-175.

S

Sá, Olga de

[S1] "Clarice Lispector: Processos criativos"
RI 126 (enero-marzo 1984): 259-280.

Sabat-Rivers, Georgina

[S2] "Sor Juana: Diálogo de retratos" (Nota)
RI 120-121 (julio-diciembre 1982): 703-713.

[S3] "Biografías: Sor Juana vista por Dorothy Schons y Octavio Paz" (Estudio)
RI 132-133 (julio-diciembre 1985): 927-937.

Sacerio-Garí, Enrique

[S4] "El despertar de la forma en la poesía concreta" (Nota)
RI 126 (enero-marzo 1984): 165-174.

Sackett, Theodore Alan

[S5] "Metaliteratura e inter-textualidad en la última ficción de Jorge Icaza"
RI 144-145 (julio-diciembre 1988): 753-762.

Sacks, Norman P.

[S6] "Lastarria y Sarmiento: El chileno y el argentino achilenado" (Estudio)
RI 143 (abril-junio 1988): 491-512.

Sacoto, Antonio

[S7] "Fuentes para un estudio de la literatura ecuatoriana" (Bibliografía)
RI 144-145 (julio-diciembre 1988): 1001-1009.

Sáenz, Gerardo

[S8] "Antonio Castro Leal: *Luis G. Urbina (1864-1934)*" (Reseña)
RI 59 (enero-junio 1965): 131-132.

[S9] "James O. Swain: *Juan Marín - Chilean, the Man and his Writings*" (Reseña)
RI 78 (enero-marzo 1972): 176-177.

Safir, Margery A.

[S10] "Mitología: Otro nivel de metalenguaje en *Boquitas pintadas*" (Estudio)
RI 90 (enero-marzo 1975): 47-58.

Sainz, Enrique

[S11] "Eliseo Diego: Definición de un poeta"
RI 152-153 (julio-diciembre 1990): 1203-1210.

Salamanca, Douglas

[S12] "Literatura, sandinismo y compromiso" (Nota)
RI 157 (octubre-diciembre 1991): 843-859.

Salas Zamora, Edwin

[S13] "La identidad cultural del negro en las novelas de Quince Duncan. Aspectos temáticos y técnicos" (Estudio)
RI 138-139 (enero-junio 1987): 377-390.

Salgado, María A.

[S14] "*Casa de campo* o la realidad de la apariencia" (Nota)
RI 130-131 (enero-junio 1985): 283-291.

[S15] "Félix Rubén García Sarmiento, Rubén Darío y otros entes de ficción" (Estudio)
RI 146-147 (enero-junio 1989): 339-362.

[S16] "Esbozo de aproximación a la poética de Heberto Padilla en *Fuera del juego*" (Nota)
RI(LVI)152-153 (julio-diciembre 1990): 1257-1267.

Salper, Roberta L.

[S17] "Hernán Vidal: *Para llegar a Manuel Cofiño. Estudio de una narrativa revolucionaria cubana*" (Reseña)
RI 135-136 (abril-septiembre 1986): 786-789.

[S18] "Margarite Fernández Olmos: *Sobre la literatura puertorriqueña de aquí y de allá: aproximaciones feministas*" (Reseña)
RI 151 (abril-junio 1990): 665-666.

[S19] "Sandra Messinger Cypess, David R. Kohut, Rachelle Moore: *Women Authors of Modern Hispanic South America. A Bibliography of Literary Criticism and Interpretation*" (Reseña)
RI 151 (abril-junio 1990): 666-667.

[S20] "Naomi Lindstrom: *Women's Voice in Latin American Literature*" (Reseña)
RI 154 (enero-marzo 1991): 413-415.

SALVADOR, Alvaro

[S21] "La antipoesía entre el neo-vanguardismo y la posmodernidad" (Estudio)
RI 159 (abril-junio 1992): 611-622.

SALVADOR, Nélida

[S22] "Leonidas de Vedia: *Enrique Banchs*" (Reseña)
RI 62 (julio-diciembre 1966): 338-340.

[S23] "Contribución a la bibliografía de Oliverio Girondo" (Bibliografía)
RI 102-103 (enero-junio 1978): 187-219.

SAN ROMÁN, Gustavo

[S24] "Entrevista a Cristina Peri Rossi" (Entrevista)
RI 160-161 (julio-diciembre 1992): 1041-1048.

SÁNCHEZ, Luis Alberto

[S25] "Notas sobre Pedro Henríquez Ureña" (Estudio)
RI 41-42 (enero-diciembre 1956): 159-166.

[S26] "Chocano, traductor. Un aspecto y un libro ignorados del gran poeta" (Nota)
RI 45 (enero-junio 1958): 113-119.

[S27] "Chocano en Centroamérica (1920-1921)" (Estudio)
RI 49 (enero-junio 1960): 59-72.

[S28] "Ricardo Miró (Panamá 5, noviembre, 1883; 2, marzo, 1940)" (Estudio)
RI 54 (julio-diciembre 1962): 287-294.

[S29] "La prosa periodística de César Vallejo" (Estudio)
RI 71 (abril-junio 1970): 303-320.

[S30] "Pablo de Olavide y Jáuregui (Lima, 25 de enero, 1725 - Baeza, España, 24 ó 25 de febrero, 1803)" (Estudio)
RI 81 (octubre-diciembre 1972): 569-584.

[S31] "Comentarios extemporáneos: Neruda y el premio Nobel" (Testimonio)
RI 82-83 (enero-junio 1973): 27-39.

[S32] "El secreto amor de Neruda" (Estudio)
RI 94 (enero-marzo 1976): 19-29.

SÁNCHEZ, Modesto G.

[S33] "El fondo hisórico de *El acoso: 'Epoca heroica y época del botín'*" (Estudio)
RI 92-93 (julio-diciembre 1975): 397-422.

SÁNCHEZ, Néstor

[S34] "En relación con la novela como proceso o ciclo de vida" (Ensayo)
RI 76-77 (julio-diciembre 1971): 569-574.

SÁNCHEZ, Osvaldo

[S35] "Herencia, miseria y profecía de la más joven poesía cubana" (Estudio)
RI 152-153 (julio-diciembre 1990): 1129-1142.

SÁNCHEZ, Reinaldo

[S36] "*Don Junípero*: Vehículo del costumbrismo en Cuba" (Nota)
RI 152-153 (julio-diciembre 1990): 759-768.

SÁNCHEZ REULET, Aníbal

[S37] "Pensamiento y mensaje en Pedro Henríquez Ureña" (Estudio)
RI 41-42 (enero-diciembre 1956): 61-67.

[S38] "Alfonso Reyes (1889-1959)" (Necrológica)
RI 49 (enero-junio 1960): 107-114.

[S39] "La *poesía gauchesca* como fenómeno literario" (Estudio)
RI 52 (julio-diciembre 1961): 281-299.

SANDOVAL DE FONSECA, Virginia

[S40] "Dramaturgia costarricense" (Estudio)
RI 138-139 (enero-junio 1987): 173-192.

SANJINÉS C., Javier

[S41] "El control del *ficcional*: Alcides Arguedas y Euclides Da Cunha" (Estudio)
RI 134 (enero-marzo 1986): 53-74.

SANTÍ, Enrico Mario

[S42] "Escritura y tradición: El *Martín Fierro* en dos cuentos de Borges" (Estudio)
RI 87-88 (abril-septiembre 1974): 303-319.

[S43] "Lezama, Vitier y la crítica de la razón reminiscente" (Nota)
RI 92-93 (julio-diciembre 1975): 535-546.

[S44] "Hacia *Oppiano Licario*" (Nota)
RI 116-117 (julio-diciembre 1981): 273-279.

[S45] "*Ismaelillo*, Martí y el modernismo" (Estudio)
RI 137 (octubre-diciembre 1986): 811-840.

SANTIAGO, Silvano

[S46] "Uma ferroada no peito do pé (Dupla leitura de *Triste Fim de Policarpo Quaresma)*" (Estudio)
RI 126 (enero-marzo 1984): 31-46.

SARA, Walter

[S47] "José Hernández: Cien años de bibliografía, aporte parcialmente anotado" (Bibliografía)
RI 81 (octubre-diciembre 1972): 681-774.

SARDUY, Severo

[S48] "Notas a las notas a las notas ... A propósito de Manuel Puig" (Estudio)
RI 76-77 (julio-diciembre 1971): 555-567.

[S49] "Página sobre Lezama" (Nota)
RI 92-93 (julio-diciembre 1975): 467-467.

[S50] "Textos inéditos de Severo Sarduy: Ciclón/Diagonal-Armand/Arenas" (Ensayo)
RI 154 (enero-marzo 1991): 327-335.

SARLO, Beatriz

[S51] "Los dos ojos de *Contorno*" (Estudio)
RI 125 (octubre-diciembre 1983): 797-807.

[S52] "Releer *Rayuela* desde *El cuaderno de bitácora*" (Estudio)
RI 132-133 (julio-diciembre 1985): 939-952.

SAUTER, Silvia

[S53] "Proceso creativo en la obra de Ernesto Sábato" (Estudio)
RI 158 (Enero-marzo 1992): 115-151.

SCHADE, George D.

[S54] "La sátira y las imágenes en la poesía de Luis Carlos López (con una bibliografía)" (Estudio)
RI 43 (enero-junio 1957): 109-123.

[S55] "La mitología en la poesía de Guillermo Valencia" (Estudio)
RI 47 (enero-junio 1959): 91-104.

[S56] "El arte narrativo de *Sin rumbo*" (Estudio)
RI 102-103 (enero-junio 1978): 17-29.

[S57] "Dos mexicanos vistos por sí mismos: Reyes y Abreu Gómez" (Estudio)
RI 148-149 (julio-diciembre 1989): 785-801.

SCHANZER, George O. / Constant J. PATTI

[S58] "*Bohemia - Revista de Arte* (Montevideo, 1908-1910). Estudio e índices" (Estudio)
RI 53 (enero-junio 1962): 103-129.

[S59] "Boyd G. Carter: *Historia de la literatura hispanoamericana a través de sus revistas (tomo V de la 'Historia literaria de Hispanoamérica'*, dirigida por Pedro Frank De Andrea)" (Reseña)
RI 70 (enero-marzo 1970): 145-146.

SCHMIDHUBER, Guillermo

[S60] "El modernismo hispanoamericano y el teatro: una reflexión" (Nota)
RI 146-147 (enero-junio 1989): 161-171.

[S61] "Díptico sobre el teatro mexicano de los treinta: Bustillo y Magdaleno, Usigli y Villaurrutia" (Estudio)
RI 148-149 (julio-diciembre 1989): 1221-1237.

[S62] "Gerardo Kleinburgh: *Tríptico*" (Reseña)
RI 154 (enero-marzo 1991): 415-417.

SCHOLZ, Laszlo

[S63] "Un octaedro del *Octaedro* de Julio Cortázar" (Estudio)
RI 96-97 (julio-diciembre 1976): 447-458.

[S64] "Realidad e irrealidad en *Tantas veces Pedro* de Alfredo Bryce Echenique" (Estudio)
RI 155-156 (abril-septiembre 1991): 533-542.

SCHRAIBMAN, José

[S65] "*Tiempo de destrucción*: ¿Novela estructural? (Estudio)
RI 116-117 (julio-diciembre 1981): 213-220.

SCHULMAN, Iván A.

[S66] "Génesis del azul modernista" (Estudio)
RI 50 (julio-diciembre 1960): 251-271.

[S67] "Manuel Gutiérrez Nájera: *Obras; crítica literaria, I*" (Reseña)
RI 50 (julio-diciembre 1960): 362-364.

[S68] "Las estructuras polares en la obra de José Martí y Julián del Casal" (Estudio)
RI 56 (julio-diciembre 1963): 251-282.

[S69] "Martí y Darío frente a Centroamérica: Perspectivas de realidad y ensueño" (Estudio)
RI 66 (julio-diciembre 1968): 201-236.

[S70] "Esperanza Figueroa, Julio Hernández Miyares, Luis A. Jiménez, Gladys Zaldívar: *Julián del Casal. Estudios críticos sobre su obra*" (Reseña)
RI 94 (enero-marzo 1976): 151-153.

[S71] "*Non serviam*: Huidobro y los orígenes de la modernidad" (Estudio)
RI 106-107 (enero-junio 1979): 9-17.

[S72] "La estrategia del revés: El modernismo de Rafael Ángel Troyo (Una relectura)" (Estudio)
RI 138-139 (enero-junio 1987): 27-40.

[S73] "José Martí frente a la modernidad hispanoamericana: Los vacíos y las reconstrucciones de la escritura modernista" (Estudio)
RI 146-147 (enero-junio 1989): 175-192.

SCHWARTZ, Jorge

[S74] "*Don Segundo Sombra*: Una novela monológica" (Estudio)
RI 96-97 (julio-diciembre 1976): 427-446.

[S75] "Ficción e ideología: La narrativa fantástica de Murilo Rubião (Estudio)
RI 98-99 (enero-junio 1977): 233-245.

[S76] "Borges y la primera hoja de *Ulysses*" (Nota)
RI 100-101 (julio-diciembre 1977): 721-726.

[S77] "Suzanne Jill Levine: *El espejo hablado (Un estudio sobre 'Cien años de soledad')*" (Reseña)
RI 102-103 (enero-junio 1978): 294-296.

[S78] "Oliverio Girondo: Actualización bibliográfica" (Bibliografía)
RI 137 (octubre-diciembre 1986): 1045-1049.

[S79] "Beatriz Sarlo: *Una modernidad periférica: Buenos Aires, 1920 y 1930*" (Reseña)
RI 146-147 (enero-junio 1989): 564-568.

SCHWARTZ, Kessel

[S80] "José de la Cuadra" (Estudio)
RI 43 (enero-junio 1957): 95-107.

SCHWARTZ, R. J.

[S81] "En busca de Silva" (Estudio)
RI 47 (enero-junio 1959): 65-77.

SCHWARTZ LERNER, Lía

[S82] "Tradición literaria y heroínas indias en *La Araucana*" (Estudio)
RI 81 (octubre-diciembre 1972): 615-625.

SEABROOK, Roberta

[S83] "La poesía en movimiento: Octavio Paz" (Estudio)
RI 74 (enero-marzo 1971): 161-175.

SEGAL, Zully

[S84] "Juan Manuel Rivera: *Estética y mistificación en la obra de Ezequiel Martínez Estrada*" (Reseña)
RI 151 (abril-junio 1990): 667-671.

[S85] "Samuel Gordon: *El tiempo en el cuento hispanoamericano, antología de ficción y crítica*" (Reseña)
RI 155-156 (abril-septiembre 1991): 802-804.

[S86] "Naomi Lindstrom: *Jewish Issues in Argentine Literature, from Gerchunoff to Szichman*" (Reseña)
RI 155-156 (abril-septiembre 1991): 804-806.

SEGALA, Amos

[S87] "Textología náhuatl y nuevas interpretaciones" (Nota)
RI 155-156 (abril-septiembre 1991): 649-655.

SERGE, Cesare

[S88] "Ernesto Sábato o la lucha por la razón" (Estudio)
RI 158 (enero-marzo 1992): 223-232.

SEGUÍ, Agustín

[S89] "Los cuatro sueños de Castel en *El túnel* de Ernesto Sábato" (Estudio)
RI 158 (enero-marzo 1992): 69-80.

SELVA, Mauricio de la

[S90] "Marco Antonio Montes de Oca: *Delante de la luz cantan los pájaros*" (Reseña)
RI 50 (julio-diciembre 1960): 364-368.

SERÍS, Homero

[S91] "Dos cartas de Pedro Henríquez Ureña" (Documentos)
RI 41-42 (enero-diciembre 1956): 49-53.

SERRA, Edelweis

[S92] "Juan L. Ortiz: *En el aura del sauce*" (Reseña)
RI 89 (octubre-diciembre 1974): 726-728.

[S93] "La estrategia del lenguaje en *Historia universal de la infamia*" (Nota)
RI 100-101 (julio-diciembre 1977): 657-663.

SEVERINO, Alexandrino E.

[S94] "David T. Haberly: *Three Sad Races: Racial Identity and National Consciousness in Brazilian Literature*" (Reseña)
RI 126 (enero-marzo 1984): 328-328.

SHAW, Donald L.

[S95] "Pasión y verdad en el teatro de Villaurrutia" (Nota)
RI 54 (julio-diciembre 1962): 337-346.

[S96] "Rómulo Gallegos: Suplemento a una bibliografía" (Bibliografía)
RI 75 (abril-junio 1971): 447-457.

SHUMWAY, Nicolás

[S97] "Sábato *vs.* Quique: Una colaboración de opositores" (Estudio)
RI 125 (octubre-diciembre 1983): 829-838.

SIBIRSKY, Saúl

[S98] "Manuel de Castro y su última novela" (Nota)
RI 49 (enero-junio 1960): 125-133.

[S99] "Emilio de Matteis: *La abulia mental de Latinoamérica*" (Reseña)
RI 59 (enero-junio 1965): 132-136.

[S100] "Carlos de Sigüenza y Góngora (1645-1700). La transición hacia el iluminismo criollo en una figura excepcional" (Estudio)
RI 60 (julio-diciembre 1965): 195-207.

SICARD, Alain

[S101] "La objetivación del fenómeno en la génesis de la noción de materia en *Residencia en la tierra*" (Estudio)
RI 82-83 (enero-junio 1973): 99-110.

SIEBENMANN, Gustav

[S102] "Ernesto Sábato y su postulado de una novela metafísica" (Estudio)
RI 118-119 (enero-junio 1982): 289-302.

SIEMENS, William L.

[S103] "Rayas extravagantes: *Tres tristes tigres* y el neobarroco cubano" (Estudio)
RI 154 (enero-marzo 1991): 235-243.

SILVA-CÁCERES, Raúl

[S104] "El discurso obsesivo y la adición como estructura en *Mulata de Tal*, de Miguel Ángel Asturias" (Estudio)
RI 112-113 (julio-diciembre 1980): 459-470.

[S105] "Un desplazamiento metonímico como base de la teoría de la visión en *El siglo de las luces*" (Nota)
RI 123-124 (abril-septiembre 1983): 487-496.

SILVA CASTRO, Raúl

[S106] "José Donoso: *Coronación*" (Reseña)
RI 47 (enero-junio 1959): 199-201.

[S107] "Mariano Latorre y su novela *La paquera*" (Estudio)
RI 48 (julio-diciembre 1959): 297-306.

[S108] "María Flora Yáñez: *Antología del cuento chileno moderno*" (Reseña)
RI 48 (julio-diciembre 1959): 386-389.

[S109] "Fernando Santiván: *Confesiones de Santiván. Recuerdos literarios*" (Reseña)
RI 48 (julio-diciembre 1959): 389-391.

[S110] "José Zamudio: *Heinrich Heine en la literatura chilena*" (Reseña)
RI 48 (julio-diciembre 1959): 392-393.

[S111] "Vicente Huidobro y el creacionismo" (Nota)
RI 49 (enero-junio 1960): 115-124.

[S112] "Federico Gana: *Obras completas. Edición al cuidado de Alfonso M. Escudero*" (Reseña)
RI 51 (enero-junio 1961): 204-207.

[S113] "Julio Barrenechea: *Antología de Julio Barrenechea*" (Reseña)
RI 53 (enero-junio 1962): 230-233.

[S114] "Miguel Arteche: *Quince poemas*" (Reseña)
RI 53 (enero-junio 1962): 233-236.

[S115] "Homero Castillo: *El criollismo en la novelística chilena*" (Reseña)
RI 54 (julio-diciembre 1962): 427-430.

[S116] "María Urzúa: *Altovalsol*" (Reseña)
RI 54 (julio-diciembre 1962): 430-432.

[S117] "María Angélica Alfonso: *Mundo compartido*" (Reseña)
RI 54 (julio-diciembre 1962): 432-435.

[S118] "El centenario de *Martín Rivas*" (Nota)
RI 55 (enero-junio 1963): 139-146.

[S119] "Arturo Torres-Rioseco: *Gabriela Mistral (una profunda amistad; un dulce recuerdo)*" (Reseña)
RI 55 (enero-junio 1963): 217-218.

[S120] "Manuel Rojas: *Obras completas*" (Reseña)
RI 56 (julio-diciembre 1963): 362-363.

[S121] "Daniel de la Vega: *Confesiones imperdonables*" (Reseña)
RI 56 (julio-diciembre 1963): 363-365.

[S122] "Eduardo Barrios (1884-1963)" (Estudio)
RI 58 (julio-diciembre 1964): 239-260.

[S123] "Jaime Talciani: *La vida de nadie*" (Reseña)
RI 60 (julio-diciembre 1965): 320-321.

[S124] "Guillermo Blanco: *Gracia y el forastero*" (Reseña)
RI 60 (julio-diciembre 1965): 322-324.

SILVERMAN, Malcolm

[S125] "João Ubaldo Ribeiro: *Vila Real*" (Reseña)
RI 126 (enero-marzo 1984): 329-330.

[S126] "Jorge Amado: *Farda fardão camisola de dormir*" (Reseña)
RI 126 (enero-marzo 1984): 330-331.

SIMMONS, Merle E.

[S127] "G. M. Bertini: *Romanze novellesche spagnole in America*" (Reseña)
RI 47 (enero-junio 1959): 201-203.

[S128] "Thomas Mabry Cranfill, ed.: *The Muse in Mexico; A Mid-Century Miscellany*" (Reseña)
RI 48 (julio-diciembre 1959): 393-395.

SIMON, Iumna Maria

[S129] "Projetos alternativos/Confronto de poéticas" (Ensayo)
RI 98-99 (enero-junio 1977): 169-181.

SIMS, Robert L.

[S130] "El laboratorio periodístico de García Márquez: Lo carnavalesco y la creación del espacio novelístico" (Nota)
RI 137 (octubre-diciembre 1986): 979-989.

SKLODOWSKA, Elzbieta

[S131] "Juan Manuel Marcos: *El invierno de Gunter*" (Reseña)
RI 144-145 (julio-diciembre 1988): 1090-1092.

[S132] "Andrés Avellaneda: *Censura, autoritarismo y cultura: Argentina 1960-1983, (I)*" (Reseña)
RI 144-145 (julio-diciembre 1988): 1092-1094.

[S133] "Alberto Julián Pérez: *Poética de la prosa de J. L. Borges. Hacia una crítica bakhtiniana de la literatura*" (Reseña)
RI 144-145 (julio-diciembre 1988): 1094-1096.

[S134] "Alfred J. Mac Adam: *Textual Confrontations. Comparative Readings in Latin American Literature*" (Reseña)
RI 144-145 (julio-diciembre 1988): 1096-1098.

[S135] "Armando Romero: *El nadaísmo colombiano o la búsqueda de una vanguardia perdida*" (Reseña)
RI 146-147 (enero-junio 1989): 568-570.

[S136] "Raquel Chang-Rodríguez, Gabriella de Beer, eds.: *La historia en la literatura iberoamericana. Memorias del XXVI Congreso del Instituto Internacional de Literatura Iberoamericana*" (Reseña)
RI 151 (abril-junio 1990): 671-675.

[S137] "Miguel Barnet y la novela-testimonio"
RI 152-153 (julio-diciembre 1990): 1069-1078.

[S138] "Fernando Burgos, ed.: *Las voces del karaí. Estudios sobre Augusto Roa Bastos*" (Reseña)
RI 154 (enero-marzo 1991): 417-420.

SMITH, Charles A.

[S139] "Teresinha Alves Pereira: *Estudo sôbre Clarice Lispector*" (Reseña)
RI 91 (abril-junio 1975): 390-391.

SMITH, George E.

[S140] "Bibliografía de las obras de Augusto d'Halmar" (Bibliografía)
RI 54 (julio-diciembre 1962): 365-382.

SMITH, Verity A.

[S141] "Memorias del país de los muertos. Una lectura de *La caja está cerrada*, de Antón Arrufat" (Nota)
RI 152-153 (julio-diciembre 1990): 1091-1102.

SNEARY, Eugene C.

[S142] "Cecil Charles, traductora de Martí" (Nota)
RI 45 (enero-junio 1958): 155-162.

SNOW, Peter G.

[S143] "Arthur P. Whitaker: *Nationalism in Latin America: Past and Present*" (Reseña)
RI 58 (julio-diciembre 1964): 356-358.

[S144] "James R. Scobie: *Argentina: A City and a Nation*" (Reseña)
RI 60 (julio-diciembre 1965): 319-320.

SOBEJANO, Gonzalo

[S145] "Valores figurativos y compositivos de la soledad en la novela de Juan Goytisolo" (Nota)
RI 116-117 (julio-diciembre 1981): 81-88.

SOBRAL, Geraldo

[S146] "Antônio Cândido: *Literatura e Sociedade (Estudos de teoria e história literária)*" (Reseña)
RI 62 (julio-diciembre 1966): 340-342.

[S147] "Gilberto Freyre: *Dona Sinhá & o Filho Padre*" (Reseña)
RI 62 (julio-diciembre 1966): 343-345.

SOLANA, Angeles

[S148] "José Alcántara Almánzar: *Narrativa y sociedad en Hispanoamérica*" (Reseña)
RI 142 (enero-marzo 1988): 372-373.

[S149] "Diógenes Céspedes: *Seis ensayos sobre poética latinoamericana*" (Reseña)
RI 142 (enero-marzo 1988): 373-375.

SOLERA, Rodrigo

[S150] "La novela de tema indígena en Costa Rica"
RI 138-139 (enero-junio 1987): 281-285.

SOLÓRZANO, Carlos

[S151] "*Teatro completo de Rodolfo Usigli*" (Reseña)
RI 62 (julio-diciembre 1966): 345-348.

[S152] "Miguel Ángel Asturias y el teatro" (Estudio)
RI 67 (enero-abril 1969): 101-104.

SOLOTOREVSKY, Myrna

[S153] "*Crónica de una muerte anunciada*: La escritura de un texto irreverente" (Estudio)
RI 128-129 (julio-diciembre 1984): 1077-1091.

[S154] "El relato literario como configurador de un referente histórico: *Termina el desfile* de Reinaldo Arenas
RI 154 (enero-marzo 1991): 365-369.

SOMERS, Armonía

[S155] "Carta abierta desde Somersville" (Entrevista)
RI 160-161 (julio-diciembre 1992): 1155-1165.

SOMMER, Doris

[S156] "La ficción fundacional de Galván y las revisiones populistas de Bosch y Marrero Aristy"
RI 142 (enero-marzo 1988): 99-128.

SOMMERS, Joseph

[S157] "La génesis literaria de Francisco Rojas González" (Estudio)
RI 56 (julio-diciembre 1963): 299-309.

[S158] "Iván A. Schulman, Manuel Pedro González, Juan Loveluck y Fernando Alegría: *Coloquio sobre la novela hispanoamericana*" (Reseña)
RI 66 (julio-diciembre 1968): 406-408.

[S159] "Clara Passafari: *Los cambios en la concepción y estructura de la narrativa mexicana desde 1947*" (Reseña)
RI 69 (septiembre-diciembre 1969): 584-585.

SOREN TRIFF, Eduardo

[S160] "Improvisación musical y discurso literario en Julio Cortázar" (Nota)
RI 155-156 (abril-septiembre 1991): 657-663.

SORENSEN GOODRICH, Diana

[S161] "*Facundo* y los riesgos de la ficción" (Nota)
RI 143 (abril-junio 1988): 573-583.

SOSNOWSKI, Saúl

[S162] "Los ensayos de Julio Cortázar: Pasos hacia su poética" (Estudio)
RI 84-85 (julio-diciembre 1973): 657-666.

[S163] "Roberto Paoli: *Borges. Percorsi di significato*" (Reseña)
RI 100-101 (julio-diciembre 1977): 755-756.

[S164] "Esteban Echeverría: El intelectual ante la formación del estado" (Estudio)
RI 114-115 (enero-junio 1981): 293-300.

[S165] "La dispersión de las palabras: Novelas y novelistas argentinos en la década del setenta" (Estudio)
RI 125 (octubre-diciembre 1983): 955-963.

SOTO, Francisco

[S166] "Reinaldo Arenas: *El portero*" (Reseña)
RI 152-153 (julio-diciembre 1990): 1399-1401.

[S167] "Reinaldo Arenas: *Voluntad de vivir manifestándose*" (Reseña)
RI 152-153 (julio-diciembre 1990): 1401-1403.

[S168] "*Celestino antes del alba*: Escritura subversiva/sexualidad transgresiva" (Nota)
RI 154 (enero-marzo 1991): 345-354.

[S169] "Reinaldo Arenas: *Viaje a La Habana*" (Reseña)
RI 155-156 (abril-septiembre 1991): 806-809.

SOTO, Luis Emilio

[S170] "Ricardo Rojas y la americanidad" (Estudio)
RI 46 (julio-diciembre 1958): 317-333.

[S171] "Para un perfil de Oliverio Girondo" (Nota)
RI 91 (abril-junio 1975): 289-292.

SOTOMAYOR, Áurea M.

[S172] "*El hipogeo secreto*: La escritura como palíndromo y como cópula" (Estudio)
RI 112-113 (julio-diciembre 1980): 499-513.

SPECK, Paula

[S173] "*Las fuerzas extrañas*: Leopoldo Lugones y las raíces de la literatura fantástica en el Río de la Plata" (Estudio)
RI 96-97 (julio-diciembre 1976): 411-426.

SPELL, Lota M.

[S174] "Jefferson Rea Spell (9 de noviembre de 1886-3 de marzo de 1967)" (Bibliografía)
RI 66 (julio-diciembre 1968): 355-364.

SPERATTI PIÑERO, Emma Susana

[S175] "Crono-bibliografía de don Pedro Henríquez Ureña" (Bibliografía)
RI 41-42 (enero-diciembre 1956): 195-242.

[S176] "Luis Leal: *Breve historia del cuento mexicano*" (Reseña)
RI 43 (enero-junio 1957): 211-212.

SPERATTI PIÑERO, Emma Susana / Raimundo LIDA

[S177] "Lacunza en México" (Nota)
RI 104-105 (julio-diciembre 1978): 527-533.

SPIRES, Robert C.

[S178] "*La cólera de Aquiles*: Un texto producto del lector" (Nota)
RI 116-117 (julio-diciembre 1981): 241-245.

STAVANS, Ilán

[S179] "Alberto Manguel and Gianni Guadalupi: *The Dictionary of Imaginary Places*" (Reseña)
RI 144-145 (julio-diciembre 1988): 1098-1100.

[S180] "De regreso al *Ensayo de un crimen*" (Nota)
RI 151 (abril-junio 1990): 519-521.

[S181] "Oscar Hijuelos, novelista" (Nota)
RI 155-156 (abril-septiembre 1991): 673-677.

STEENMEIJER, Maarten

[S182] "Neurosis epistemológica: *El túnel* como novela modernista" (Estudio)
RI 158 (enero-marzo 1992): 81-90.

STEIMBERG DE KAPLAN, Olga

[S183] "Realismo y alegoría en *Libro de navíos y borrascas* de Daniel Moyano" (Nota)
RI 155-156 (abril-septiembre 1991): 617-623.

STERN, Mirta E.

[S184] "El espacio intertextual en la narrativa de Juan José Saer: Instancia productiva, referente y campo de teorización de la escritura" (Estudio)
RI 125 (octubre-diciembre 1983): 965-981.

STIEHM, Bruce G.

[S185] "Aspectos morfopoéticos del estilo de Huidobro" (Nota)
RI 112-113 (julio-diciembre 1980): 523-531.

[S186] "Eugenio Chang-Rodríguez (Guest Editor) y James Macris (Editor of Special Issues): *Spanish in the Western Hemisphere in Contact with English, Portuguese and the Amerindian Languages*" (Reseña)
RI 130-131 (enero-junio 1985): 428-430.

STIMSON, Frederick S.

[S187] "Stanley T. Williams: *The Spanish Background of American Literature*" (Reseña)
RI 43 (enero-junio 1957): 206-208.

[S188] "Una poesía desconocida de Plácido" (Documentos)
RI 48 (julio-diciembre 1959): 363-366.

STRAUB, William J.

[S189] "Conversación con Jorge Carrera Andrade. Una entrevista de William J. Straub" (Entrevista)
RI 79 (abril-junio 1972): 307-315.

STROUT, Lilia Dapaz

[S190] "Evelyn Picón Garfield: *¿Es Julio Cortázar un surrealista?*" (Reseña)
RI 94 (enero-marzo 1976): 153-155.

STULTS, Barry / Germán Darío CARRILLO

[S191] "*Cien años de soledad* y el concepto de la *caída afortunada*" (Estudio)
RI 79 (abril-junio 1972): 237-262.

SUÁREZ-MURIAS, Marguerite C.

[S192] "La lengua española, patrimonio espiritual y político" (Nota)
RI 78 (enero-marzo 1972): 133-141.

SUBERCASEUX, Bernardo

[S193] "Romanticismo y liberalismo en el primer Lastarria" (Estudio)
RI 114-115 (enero-junio 1981): 301-312.

SUCRE, Guillermo

[S194] "Tendencias de la crítica borgiana" (Nota)
RI 68 (mayo-agosto 1969): 365-369.

[S195] "Andrés Bello en su aventura creadora" (Nota)
RI 70 (enero-marzo 1970): 95-100.

[S196] "Borges: El elogio de la sombra" (Estudio)
RI 72 (julio-septiembre 1970): 371-388.

[S197] "La fijeza y el vértigo" (Estudio)
RI 74 (enero-marzo 1971): 47-72.

[S198] "Poesía crítica: Lenguaje y silencio" (Ensayo)
RI 76-77 (julio-diciembre 1971): 575-597.

[S199] "Borges, una poética de la desposesión" (Estudio)
RI 79 (abril-junio 1972): 187-198.

[S200] "Lezama Lima: El logos de la imaginación" (Estudio)
RI 92-93 (julio-diciembre 1975): 493-508.

[S201] "Ramos Sucre: Anacronismo y/o renovación" (Estudio)
RI 106-107 (enero-junio 1979): 77-84.

SUTHERLAND STARK, Bernice

[S202] "Antonio Sacoto: *El indio en el ensayo de la América española*" (Reseña)
RI 80 (julio-septiembre 1972): 558-559.

SWANSON, Philip

[S203] "Una entrevista con José Donoso" (Entrevista)
RI 141 (octubre-diciembre 1987): 995-998.

SWIATLO, David

[S204] "Sueño y vigilia: El despertar de una conciencia (en *Libro de Manuel*, de J. Cortázar)" (Nota)
RI 96-97 (julio-diciembre 1976): 545-552.

SZMETAN, Ricardo

[S205] "Carlos A. Loprete: *El ensueño argentino*" (Reseña)
RI 135-136 (abril-septiembre 1986): 789-791.

[S206] "El escritor frente a la sociedad en algunos cuentos de Rubén Darío" (Estudio)
RI 146-147 (enero-junio 1989): 415-423.

T

TALLER "HIPÓTESIS"

[T1] "Dos novelistas contemporáneos: Jesús Urzagasti y Jaime Sáenz" (Nota)
RI 134 (enero-marzo 1986): 279-284.

[T2] "Escribir antes y después de la muerte (Sobre la obra poética de Jaime Sáenz)" (Nota)
RI 134 (enero-marzo 1986): 285-289.

TAMARGO, Maribel

[T3] "*La invención de Morel*: Lectura y lectores" (Estudio)
RI 96-97 (julio-diciembre 1976): 485-495.

TAMAYO VARGAS, Augusto

[T4] "Concolorcorvo ¿sería fray Calixto San Joseph Tupac Inga?" (Documentos)
RI 48 (julio-diciembre 1959): 333-356.

TAYLOR, Martín G.

[T5] "*Los reyes* de Julio Cortázar: El minotauro redimido" (Estudio)
RI 84-85 (julio-diciembre 1973): 537-556.

TEIXIDO, Raúl

[T6] "Renato Prada, alienación y compromiso" (Lectura)
RI 134 (enero-marzo 1986): 243-254.

TEJA, Ada María

[T7] "El origen de la nacionalidad y su toma de conciencia en la obra juvenil de José Martí: Semantización de Cuba y España" (Estudio)
RI 152-153 (julio-diciembre 1990): 793-822.

TINAJERO, Fernando

[T8] "Rupturas, desencantos y esperanzas (Cultura y Sociedad en el Ecuador: 1960-1985)" (Estudio)
RI 144-145 (julio-diciembre 1988): 791-810.

TOPETE, José Manuel

[T9] "Rafael Heliodoro Valle y el Ateneo Americano de Washington" (Estudio)
RI 43 (enero-junio 1957): 125-131.

TORCHIA-ESTRADA, Juan Carlos

[T10] "Un libro sobre Francisco Romero" (Nota)
RI 50 (julio-diciembre 1960): 317-325.

[T11] "Alejandro Korn visto por sus críticos" (Estudio)
RI 54 (julio-diciembre 1962): 245-286.

TORO, Alfonso de

[T12] "Estructura narrativa y temporal en *Cien años de soledad*" (Estudio)
RI 128-129 (julio-diciembre 1984): 957-978.

[T13] "Postmodernidad y Latinoamérica (Con un modelo para la narrativa postmoderna)" (Estudio)
RI 155-156 (abril-septiembre 1991): 441-467.

TORO, Fernando de

[T14] "Análisis actancial de *Pirámide 179*, de Máximo Avilés Blonda" (Estudio)
RI 142 (enero-marzo 1988): 271-287.

TORRE, Guillermo de

[T15] "Reconocimiento crítico de César Vallejo" (Estudio)
RI 49 (enero-junio 1960): 45-58.

TORRES, Daniel

[T16] "La virtualidad interior del indigenismo en *Hombres de maíz*: Topografía del inconsciente al margen" (Nota)
RI 141 (octubre-diciembre 1987): 905-912.

TORRES DE PERALTA, Elba

[T17] "E. D. Carter Jr.: *Otro round: Estudios sobre la obra de Julio Cortázar*" (Reseña)
RI 155-156 (abril-septiembre 1991): 809-811.

TORRES-RIOSECO, Arturo

[T18] "Recuerdos de Pedro Henríquez Ureña" (Nota)
RI 41-42 (enero-diciembre 1956): 139-142.

[T19] "La casi muerte de Felipe Alfau" (Nota)
RI 43 (enero-junio 1957): 143-144.

[T20] "La huella de Quintana en la literatura hispanoamericana" (Estudio)
RI 44 (julio-diciembre 1957): 261-272.

[T21] "Un poeta modernista olvidado: Carlos Pezoa Véliz (1879-1908)" (Estudio)
RI 47 (enero-junio 1959): 79-90.

[T22] "La dictadura, tema novelístico" (Nota)
RI 48 (julio-diciembre 1959): 307-310.

[T23] "Sobre antologías" (Nota)
RI 48 (julio-diciembre 1959): 311-314.

[T24] "Aclaración a una reseña del diccionario de la literatura latinoamericana-Chile" (Polémica)
RI 49 (enero-junio 1960): 147-148.

TOVAR, Francisco

[T25] "La Habana, un paisaje urbano" (Estudio)
RI 159 (abril-junio 1992): 623-638.

TRITTEN, Susan

[T26] "Los cholos y la búsqueda de una nueva sociedad" (Lecturas)
RI 134 (enero-marzo 1986): 219-224.

TURNER, Harriet S. / John K. KNOWLES

[T27] "Relectura crítica de *La tísica*, de Javier de Viana" (Estudio)
RI 135-136 (abril-septiembre 1986): 417-429.

U

UHRNAN, Evelyn E.

[U1] "Antonio Oliver Belmas: *Este otro Rubén Darío*" (Reseña)
RI 51 (enero-junio 1961): 207-208.

ULACIA, Manuel

[U2] "Octavio Paz: Poesía, pintura, música, etcétera. Conversación con Octavio Paz" (Entrevista)
RI 148-149 (julio-diciembre 1989): 615-636.

ULLA, Noemí

[U3] "Tradición y transgresión en los cuentos de Julio Ricci" (Nota)
RI 160-161 (julio-diciembre 1992): 1065-1076.

ULLOA, Justo C.

[U4] "*Paradiso* y la estética de la derivación"
RI 154 (enero-marzo 1991): 101-107.

ULLOA, Justo C. / Leonor A. de ULLOA

[U5] "Proyecciones y ramificaciones del deseo en 'Junto al río de cenizas una rosa'" (Nota)
RI 92-93 (julio-diciembre 1975): 569-578.

ULLOA, Leonor A. de

[U6] "Cangrejos, golondrinas: Metástasis textual" (Estudio)
RI 154 (enero-marzo 1991): 91-100.

ULLOA, Leonor A. de / Justo C. ULLOA

[U7] "Proyecciones y ramificaciones del deseo en 'Junto al río de cenizas una rosa'" (Nota)
RI 92-93 (julio-diciembre 1975): 569-578.

UMPIERRE, Luz María

[U8] "Ignacio Solares : *El árbol del deseo*" (Reseña)
RI 123-124 (abril-septiembre 1983): 676-678.

[U9] "Rosario Ferré: *Sitio a Eros; Trece ensayos literarios*" (Reseña)
RI 123-124 (abril-septiembre 1983): 678-680.

[U10] "Luisa Valenzuela: *Cola de lagartija*" (Reseña)
RI 130-131 (enero-junio 1985): 430-432.

URBINA, Nicasio

[U11] "La lectura en la obra de Ernesto Sábato" (Estudio)
RI 141 (octubre-diciembre 1987): 823-836.

[U12] "John Beverley y Marc Zimmerman: *Literature and Politics in the Central American Revolutions*" (Reseña)
RI 155-156 (abril-septiembre 1991): 811-814.

[U13] "Palabras de silencio hablado: introducción a la poesía nicaragüense" (Estudio)
RI 157 (octubre-diciembre 1991): 891-914.

[U14] "La estructura narrativa de *Sobre héroes y tumbas* de Ernesto Sábato: Aplicación de un método" (Estudio)
RI 158 (enero-marzo 1992): 161-171.

URDANIVIA BERTARELLI, Eduardo

[U15] "Acerca del concepto de poesía en Lezama Lima" (Nota)
RI 154 (enero-marzo 1991): 25-32.

URIARTE, Iván

[U16] "Rafael Humberto Moreno-Durán: *De la imaginación a la barbarie*" (Reseña)
RI 102-103 (enero-junio 1978): 297-300.

[U17] "Marco Antonio Flores: *Los compañeros*" (Reseña)
RI 102-103 (enero-junio 1978): 300-303.

[U18] "La revisión crítica de Carlos Rincón" (Reseña)
RI 114-115 (enero-junio 1981): 347-355.

[U19] "El intertexto como principio constructivo en los cuentos de *Azul* ... y su proyección en la nueva narrativa latinoamericana" (Nota)
RI 137 (octubre-diciembre 1986): 937-943.

URTECHO, Alvaro

[U20] "Padre Azarias H. Pallais: *En la nueva Nicaragua*" (Reseña)
RI 157 (octubre-diciembre 1991): 1083-1085.

[U21] "Eduardo Zepeda-Henríquez: *Mitología nicaragüense: trabajo pionero de interpretación y reflexión*" (Reseña)
RI 157 (octubre-diciembre 1991): 1085-1087.

[U22] "Manuel Martínez: *Tiempo, lugares y sueños*" (Reseña)
RI 157 (octubre-diciembre 1991): 1087-1090.

[U23] "Carlos Alemán: *Bording House San Antonio*" (Reseña)
RI 157 (octubre-diciembre 1991): 1090-1092.

UZQUIZA GONZÁLEZ, José Ignacio

[U24] "Simbolismo e historia en Juan Rulfo" (Estudio)
RI 159 (abril-junio 1992): 639-655.

V

VALDANO, Juan

[V1] "Personajes y entornos del cuento ecuatoriano contemporáneo" (Nota)
RI 144-145 (julio-diciembre 1988): 811-818.

VALENZUELA, Luisa

[V2] "La mala palabra" (Ensayo)
RI 132-133 (julio-diciembre 1985): 489-491.

VALERO, Roberto

[V3] "*Otra vez el mar*, de Reinaldo Arenas" (Estudio)
RI 154 (enero-marzo 1991): 355-363.

VALIS, Noël M.

[V4] "Fernando Burgos (ed.): *Prosa hispánica de vanguardia*" (Reseña)
RI 144-145 (julio-diciembre 1988): 1104-1106.

VALLBONA, Rima de

[V5] "*La ruta de su evasión*, de Yolanda Oreamuno: Escritura proustiana suplementada"
RI 138-139 (enero-junio 1987): 193-217.

VALLE, Francisco

[V6] "*El inventario teatral de Nicaragua*, de Jorge Eduardo Arellano" (Nota)
RI 157 (octubre-diciembre 1991): 1059-1068.

VALLIÈRES, María Gladys

[V7] "Cynthia Steele: *Narrativa indigenista en los Estados Unidos y México. Trad. de Manuel Fernández Perera*" (Reseña)
RI 144-145 (julio-diciembre 1988): 1100-1104.

VALVERDE, Umberto

[V8] "La nueva respuesta de la literatura colombiana" (Ensayo)
RI 128-129 (julio-diciembre 1984): 853-859.

VAN HORNE, John

[V9] "El mérito de la *Araucana*" (Nota)
RI 44 (julio-diciembre 1957): 339-344.

VARDERI, Alejandro

[V10] "Barry J. Lury and Wayne H. Finke, Editors: *Anthology of Contemporary Latin American Literature (1960-1984)*" (Reseña)
RI 146-147 (enero-junio 1989): 570-573.

[V11] "Nora Erro-Orthman y Claridad L. Silva-Velázquez: *Puerta abierta: La nueva escritora latinoamericana*" (Reseña)
RI 150 (enero-marzo 1990): 364-367.

[V12] "Armando Romero: *Las combinaciones debidas*" (Reseña)
RI 151 (abril-junio 1990): 676-678.

[V13] "Roberto Echavarren: *Aura Amara*" (Reseña)
RI 151 (abril-junio 1990): 679-681.

[V14] "Sylvia Molloy: *En breve cárcel*" (Reseña)
RI 158 (enero-marzo 1992): 308-311.

VARGAS, Rafael

[V15] "Nuevas voces de la poesía mexicana: seis casos"
RI 148-149 (julio-diciembre 1989): 1195-1207.

VARGAS LLOSA, Mario

[V16] "Literatura y suicidio: El caso Arguedas. (*El zorro de arriba y el zorro de abajo*)" (Estudio)
RI 110-111 (enero-junio 1980): 3-28.

[V17] "José María Arguedas: Entre la ideología y la arcadia"
RI 116-117 (julio-diciembre 1981): 33-46.

VARGAS LLOSA, Mario / Jorge EDWARDS /et al.

[V18] "Mesa redonda: La experiencia de los novelistas" (Mesa redonda)
RI 116-117 (julio-diciembre 1981): 309-321.

VÁZQUEZ, Josefina Zoraida

[V19] "Antes y después de la revolución mexicana"
RI 148-149 (julio-diciembre 1989): 693-713.

VÁZQUEZ, Juan Adolfo

[V20] "Francisco Romero: *Alejandro Korn. Filósofo de la libertad*" (Reseña)
RI 43 (enero-junio 1957): 179-183.

[V21] "A. Owen Aldridge, editor: *The Ibero-American Enlightenment*" (Reseña)
RI 94 (enero-marzo 1976): 155-156.

[V22] "Nacimiento e infancia de Elal. Mitoanálisis de un texto tehuelche meridional" (Estudio)
RI 95 (abril-junio 1976): 201-216.

[V23] "El campo de las literaturas indígenas latinoamericanas" (Estudio)
RI 104-105 (julio-diciembre 1978): 313-349.

[V24] "Victoria Reifler Bricker: *The Indian Christ, The Indian King: The Historical Substrate of Maya Myth and Ritual*" (Reseña)
RI 123-124 (abril-septiembre 1983): 680-683.

[V25] "Manuel Sarkisyanz: *Vom Beben in den Anden. Propheten des indianischen Aufbruchs in Peru [Temblores en los Andes. Profetas del cambio revolucionario indígena en el Perú]*" (Reseña)
RI 146-147 (enero-junio 1989): 573-574.

[V26] "Susan E. Ramírez, editor: *Indian-religious relations in Colonial Spanish America*" (Reseña)
RI 151 (abril-junio 1990): 681-685.

VÁZQUEZ, María Esther

[V27] "Victoria Ocampo, una argentina universalista" (Necrológica)
RI 110-111 (enero-junio 1980): 167-175.

[V28] "Angélica Gorodischer, una escritora latinoamericana de ciencia ficción" (Nota)
RI 123-124 (abril-septiembre 1983): 571-576.

[V29] "*La memoria de Shakespeare*: el último juego de Borges" (Nota)
RI 151 (abril-junio 1990): 479-487.

VÁZQUEZ BIGI, Ángel Manuel

[V30] "El tipo sicológico en Eduardo Barrios y correspondencia en las letras europeas" (Estudio)
RI 48 (julio-diciembre 1959): 265-296.

[V31] "Los tres planos de la creación artística de Eduardo Barrios" (Estudio)
RI 55 (enero-junio 1963): 125-137.

[V32] "Mariano Morínigo: *Eduardo Barrios, novelista*" (Reseña)
RI 86 (enero-marzo 1974): 200-204.

VÁZQUEZ DE QUIÑONES, Ana

[V33] "Fernando Loustaunau: *Pot-Pot*" (Reseña)
RI 160-161 (julio-diciembre 1992): 1242-1244.

VELASCO, Mabel

[V34] "La cosmología azteca en el *Primero Sueño* de Sor Juana Inés de la Cruz" (Nota)
RI 127 (abril-junio 1984): 539-548.

VÉLEZ, Julio

[V35] "Martín Adán: La palabra y el laberinto" (Estudio)
RI 159 (abril-junio 1992): 657-671.

VÉLEZ SERRANO, Luis

[V36] "Notas sobre la significación en *Los fundadores del alba*, de R. Prada" (Nota)
RI 134 (enero-marzo 1986): 271-277.

VERANI, Hugo J.

[V37] "Contribución a la bibliografía de Juan Carlos Onetti" (Bibliografía)
RI 80 (julio-septiembre 1972): 523-548.

[V38] "Julio Ricci: *El grongo*" (Reseña)
RI 108-109 (julio-diciembre 1979): 720-721.

[V39] "Oscar Rivera-Rodas: *Cinco momentos de la lírica hispanoamericana: Historia literaria de un género*" (Reseña)
RI 112-113 (julio-diciembre 1980): 687-689.

[V40] "Alfredo Roggiano, ed.: *Octavio Paz*" (Reseña)
RI 112-113 (julio-diciembre 1980): 689-690.

[V41] "Una experiencia de límites: La narrativa de Cristina Peri Rossi" (Estudio)
RI 118-119 (enero-junio 1982): 303-316.

[V42] "Lisa Block de Behar: *Al margen de Borges*" (Reseña)
RI 146-147 (enero-junio 1989): 574-576.

[V43] "Octavio Paz: *Primeras letras (1931-1943)*"
RI 148-149 (julio-diciembre 1989): 1191-1193.

[V44] "David Lagmanovich: *Códigos y rupturas: textos hispanoamericanos*" (Reseña)
RI 151 (abril-junio 1990): 685-687.

[V45] "*Vanguardia: Cuatro reseñas*. Merlin H. Foster y K. David Jackson, eds.: *Vanguardism in Latin American Literature: An Annotated Bibliographical Guide*. Ana María de Moraes Belluzzo, ed.: *Modernidade: Vanguardas Artísticas na América Latina*. Gloria Videla de Rivera: *Direcciones del vanguardismo hispanoamericano*. Jorge Schwartz: *Las vanguardias latinoamericanas: textos programáticos y críticos*" (Reseña)
RI 158 (enero-marzo 1992): 312-317.

[V46] "Narrativa uruguaya contemporánea: periodización y cambio literario" (Estudio)
RI 160-161 (julio-diciembre 1992): 777-805.

VERDEVOYE, Paul

[V47] "Miguel Ángel Asturias y la *nueva novela*" (Estudio)
RI 67 (enero-abril 1969): 21-29.

[V48] "Las novelas de Alejo Carpentier y la realidad maravillosa" (Estudio)
RI 118-119 (enero-junio 1982): 317-330.

VERZASCONI, Ray

[V49] "Apuntes sobre las diversas ediciones de *El Señor Presidente*" (Nota)
RI 110-111 (enero-junio 1980): 189-194.

VIDAL, Hernán

[V50] "*Deja que los perros ladren* de Sergio Vodanovic: Desarrollismo, Democracia Cristiana, Dictadura" (Estudio)
RI 114-115 (enero-junio 1981): 313-335.

VIDELA DE RIVERO, Gloria

[V51] "Huidobro en España"
RI 106-107 (enero-junio 1979): 37-48.

[V52] "Poesía de vanguardia en Iberoamérica a través de la revista *La Pluma*, de Montevideo (1927-1931)" (Estudio)
RI 118-119 (enero-junio 1982): 331-349.

[V53] "Carlos Meneses: *Cartas de juventud de Jorge Luis Borges (1921-1922)*" (Reseña)
RI 150 (enero-marzo 1990): 368-369.

VIEIRA, Nelson H.

[V54] "Malcolm Silverman : *Moderna ficção brasileira 2*" (Reseña)
RI 126 (enero-marzo 1984): 332-333.

VILLANUEVA COLLADO, Alfredo

[V55] "José Asunción Silva y Karl-Joris Huysmans: Estudio de una lectura" (Estudio)
RI 146-147 (enero-junio 1989): 273-286.

VILLARREAL, Minerva Margarita

[V56] "La red de las discriminaciones o el enigma de las ovejas petrificadas: (comentario a la novela *Oficio de tineblas* de Rosario Castellanos)" (Estudio)
RI 150 (enero-marzo 1990): 63-82.

VILLEGAS, Juan

[V57] "La aventura mítica en *La flor del aire* de Gabriela Mistral" (Estudio)
RI 95 (abril-junio 1976): 217-232.

[V58] "Oyente lírico y clases sociales en la poesía chilena" (Estudio)
RI 135-136 (abril-septiembre 1986): 463-473.

VISCA, Arturo Sergio

[V59] "Francisco Espínola, narrador" (Nota)
RI 160-161 (julio-diciembre 1992): 975-999.

VITIER, Cintio

[V60] "Zenea y el romanticismo cubano" (Estudio)
RI 152-153 (julio-diciembre 1990): 703-713.

VOLEK, Emil

[V61] "Homenaje checoslovaco a Miguel Ángel Asturias" (Estudio)
RI 67 (enero-abril 1969): 127-132.

[V62] "Octavio Paz en Checoslovaquia" (Estudio)
RI 74 (enero-marzo 1971): 265-268.

[V63] "Pablo Neruda y algunos países socialistas de Europa" (Estudio)
RI 82-83 (enero-junio 1973): 349-368.

[V64] "Aquiles y la tortuga: Arte, imaginación y la realidad según Borges" (Estudio)
RI 100-101 (julio-diciembre 1977): 293-310.

[V65] "*Tres tristes tigres* en la jaula verbal: Las antinomias dialécticas y la tentativa de lo absoluto en la novela de Guillermo Cabrera Infante" (Estudio)
RI 116-117 (julio-diciembre 1981): 175-183.

[V66] "La carnavalización y la alegoría en *El mundo alucinante*, de Reinaldo de Arenas" (Estudio)
RI 130-131 (enero-junio 1985): 125-148.

[V67] "Adriana Méndez Rodenas: *Severo Sarduy: El neobarroco de la transgresión*" (Reseña)
RI 130-131 (enero-junio 1985): 432-434.

[V68] "Filos y sophia bibliográficos: Alejo Carpentier" (Reseña)
RI 135-136 (abril-septiembre 1986): 559-564.

[V69] "*Pedro Páramo* de Juan Rulfo: una obra aleatoria en busca de su texto y del género literario" (Estudio)
RI 150 (enero-marzo 1990): 35-47.

VOSBURG, Nancy / Roslyn M. FRANK

[V70] "Textos y contra-textos en *El jardín de los senderos que se bifurcan*" (Estudio)
RI 100-101 (julio-diciembre 1977): 517-534.

VRANICH, Stanko B.

[V71] "Luis Carlos López visto por su hermano" (Documentos)
RI 135-136 (abril-septiembre 1986): 691-702.

W

WAAG, C. Michael

[W1] "Sátira política a través de la historia mitificada: *El secuestro del general*, de Demetrio Aguilera Malta"
RI 144-145 (julio-diciembre 1988): 771-778.

WADE, Gerald E.

[W2] "Antonio Curcio Altamar: *Evolución de la novela en Colombia*" (Reseña)
RI 44 (julio-diciembre 1957): 431-434.

WAINERMAN, Luis

[W3] "Enrique Barbieri: *El límite de la luz*" (Reseña)
RI 137 (octubre-diciembre 1986): 1110-1111.

[W4] "Ricardo Maliandi: *La novela dentro de la novela. Ensayo sobre el sentido y la función de la auto-referencia novelística*" (Reseña)
RI 141 (octubre-diciembre 1987): 1063-1065.

[W5] "Bernardo Ezequiel Koremblit: *Coherencia de la paradoja*" (Reseña)
RI 151 (abril-junio 1990): 688-689.

WALDMAN, Berta

[W6] "Dalton Trevisan: A Linguagem roubada" (Estudio)
RI 98-99 (enero-junio 1977): 247-255.

WALDMAN, Berta / Alcir PÉCORA

[W7] "As partes do jogo" (Estudio)
RI 126 (enero-marzo 1984): 101-112.

WARD, Thomas

[W8] "El pensamiento religioso de Rubén Darío: Un estudio de *Prosas profanas* y *Cantos de vida y esperanza*"
RI 146-147 (enero-junio 1989): 363-375.

WEBER DE KURLAT, Frida

[W9] "Estructuras cómicas en los coloquios de Fernán González de Eslava" (Estudio)
RI 41-42 (enero-diciembre 1956): 393-407.

WEINBERG, Félix

[W10] "Una etapa poco conocida de la poesía gauchesca: De Hidalgo a Ascasubi (1823-1851)" (Estudio)
RI 87-88 (abril-septiembre 1974): 353-391.

WEISS, Judith A.

[W11] "Román V. de la Campa: *José Triana: Ritualización de la sociedad cubana*" (Reseña)
RI 112-113 (julio-diciembre 1980): 690-693.

WHITE, Steven F.

[W12] "Salomón de la Selva: Poeta comprometido de la *otra vanguardia*" (Estudio)
RI 157 (octubre-diciembre 1991): 915-921.

WIETHÜCHTER, Blanca

[W13] "Propuestas para un diálogo sobre el espacio literario boliviano" (Estudio)
RI 134 (enero-marzo 1986): 165-180.

WILLIAMS, Raymond L.

[W14] "Lectura de *Mío Cid Campeador*" (Nota)
RI 106-107 (enero-junio 1979): 309-314.

[W15] "García Márquez y Gardeazábal ante *Cien años de soledad*: Un desafío a la interpretación crítica" (Nota)
RI 116-117 (julio-diciembre 1981): 165-174.

WILLIAMS, Shirley A.

[W16] "Julio Ortega: *Poetics of Change: The New Spanish-American Narrative*" (Reseña)
RI 130-131 (enero-junio 1985): 434-436.

WISE, David

[W17] "Indigenismo de izquierda y de derecha: Dos planteamientos de los años 1920" (Estudio)
RI 122 (enero-marzo 1983): 159-169.

WOLFF, Maria Tai

[W18] "*Estas páginas sem brilhos*: O texto-sertão de Euclydes Da Cunha" (Estudio)
RI 126 (enero-marzo 1984): 47-61.

WOLFF UNRUH, Vicky

[W19] "El mundo disputado al nivel del lenguaje" (Nota)
RI 122 (enero-marzo 1983): 193-202.

WOOD, Cecil G.

[W20] "*Japonerías de estío*: Primeras tentativas de una nueva expresión poética" (Nota)
RI 106-107 (enero-junio 1979): 57-63.

WOODBRIDGE, Benjamin M., Jr.

[W21] "Eugénio Gomes: *Prata de casa (Ensaios de Literatura Brasileira)*" (Reseña)
RI 43 (enero-junio 1957): 176-178.

WOODBRIDGE, Hensley C.

[W22] "Edelberto Torres: *La dramática vida de Rubén Darío*" (Reseña)
RI 123-124 (abril-septiembre 1983): 683-684.

WYERS (WEBER), Frances

[W23] "Los contextos de *El recurso del método*, de Carpentier" (Estudio)
RI 123-124 (abril-septiembre 1983): 323-334.

XIRAU, Ramón

[X1] "El hombre: ¿cuerpo y no-cuerpo? (Homenaje y apunte)" (Estudio)
RI 74 (enero-marzo 1971): 29-33.

YAHNI, Roberto

[Y1] "Una primera edición anotada de *Rayuela*" (Nota)
RI 130-131 (enero-junio 1985): 303-311.

YAMAL, Ricardo

[Y2] "Carlos H. Magis: *La poesía hermética de Octavio Paz*" (Reseña)
RI 110-111 (enero-junio 1980): 345-349.

[Y3] "Marjorie Agosín: *Brujas y algo más/ Witches and Something Else*" (Reseña)
RI 135-136 (abril-septiembre 1986): 791-794.

[Y4] "Juan Villegas: *Antología de la nueva poesía femenina chilena*" (Reseña)
RI 141 (octubre-diciembre 1987): 1065-1068.

YATES, Donald A.

[Y5] "Publicaciones recientes sobre Borges" (Bibliografía)
RI 100-101 (julio-diciembre 1977): 729-735.

YATES, Donald A. / Raquel CHANG-RODRÍGUEZ

[Y6] "Crono-bibliografía de Irving A Leonard" (Bibliografía)
RI 104-105 (julio-diciembre 1978): 577-587.

YNSFRAIN, Pablo Max

[Y7] "El verdadero Don Segundo en *Don Segundo Sombra* de Ricardo Güiraldes (Nota)
RI 56 (julio-diciembre 1963): 317-320.

YOUNG, Richard A.

[Y8] "*El pozo*, de Juan Carlos Onetti, o la noche iluminada de Eladio Linacero" (Estudio)
RI 151 (abril-junio 1990): 431-446.

YOUNG, Robert J., Jr.

[Y9] "Cora Santandreu: *Aspectos del estilo en la poesía de Gabriela Mistral*" (Reseña)
RI 51 (enero-junio 1961): 208-210.

YÚDICE, George

[Y10] "*Poemas árticos*: Modelo de una nueva poética" (Estudio)
RI 106-107 (enero-junio 1979): 49-56.

[Y11] "Letras de emergencia: Claribel Alegría" (Estudio)
RI 132-133 (julio-diciembre 1985): 953-964.

YURKIEVICH, Saúl

[Y12] "Octavio Paz, indagador de la palabra" (Estudio)
RI 74 (enero-marzo 1971): 73-95.

[Y13] "Mito e historia: Dos generadores del *Canto general*" (Estudio)
RI 82-83 (enero-junio 1973): 111-133.

[Y14] "Julio Cortázar: Al unísono y al dísono" (Estudio)
RI 84-85 (julio-diciembre 1973): 411-424.

[Y15] "Nueva refutación del cosmos" (Estudio)
RI 90 (enero-marzo 1975): 3-14.

[Y16] "*Altazor*: La metáfora deseante" (Nota)
RI 106-107 (enero-junio 1979): 141-147.

[Y17] "Borges/Cortázar: Mundos y modos de la ficción fantástica" (Nota)
RI 110-111 (enero-junio 1980): 153-160.

[Y18] "Los avatares de la vanguardia" (Estudio)
RI 118-119 (enero-junio 1982): 351-366.

[Y19] "Borges: Del anacronismo al simulacro" (Estudio)
RI 125 (octubre-diciembre 1983): 693-705.

[Y20] "Julio Cortázar: Al calor de su sombra" (Estudio)
RI 130-131 (enero-junio 1985): 7-20.

[Y21] "*La expresión americana* o la fabulación autóctona" (Nota)
RI 154 (enero-marzo 1991): 43-50.

Z

ZAID, Gabriel

[Z1] "Siete poemas de Carlos Pellicer" (Estudio)
RI 148-149 (julio-diciembre 1989): 1099-1118.

ZAÏTZEFF, Serge I.

[Z2] "Las cartas madrileñas de Alfonso Reyes a Julio Torri" (Documentos)
RI 135-136 (abril-septiembre 1986): 703-739.

[Z3] "Beatriz Espejo: *Julio Torri, voyerista desencantado*" (Reseña)
RI 141 (octubre-diciembre 1987): 1068-1069.

[Z4] "Hacia el concepto de una generación perdida mexicana" (Nota)
RI 148-149 (julio-diciembre 1989): 751-757.

[Z5] "Frank Dauster: *The Double Strands Five Contemporary Mexican Poets*" (Reseña)
RI 150 (enero-marzo 1990): 370-374.

ZALAZAR, Daniel E.

[Z6] "Peter G. Earle: *Prophet in the Wilderness. The Works of Ezequiel Martínez Estrada*" (Reseña)
RI 86 (enero-marzo 1974): 205-209.

[Z7] "Peter G. Earle y Robert G. Mead, Jr.: *Historia del ensayo hispanoamericano*" (Reseña)
RI 96-97 (julio-diciembre 1976): 647-648.

[Z8] "Las posiciones de Sarmiento frente al indio" (Estudio)
RI 127 (abril-junio 1984): 411-427.

ZAMORA, Daisy

[Z9] "La mujer nicaragüense en la poesía" (Estudio)
RI 157 (octubre-diciembre 1991): 933-954.

ZAMORA, Margarita

[Z10] "Filología humanista e historia indígena en los *Comentarios Reales*" (Estudio)
RI 140 (julio-septiembre 1987): 547-558.

ZANETTI, Susana

[Z11] "Ángel Rama y la construcción de una literatura latinoamericana" (Nota)
RI 160-161 (julio-diciembre 1992): 919-932.

ZAPATA, Roger A.

[Z12] "Luis Alberto Sánchez: *El señor Segura hombre de teatro*" (Reseña)
RI 102-103 (enero-junio 1978): 303-304.

[Z13] "David Tripton (editor): *Perú. The New Poetry*" (Reseña)
RI 108-109 (julio-diciembre 1979): 721-723.

[Z14] "Carmelo Virgilio y Naomí Lindstrom (eds.): *Woman as Myth and Metaphor in Latin American Literature*" (Reseña)
RI 137 (octubre-diciembre 1986): 1112-1113.

ZÁRATE, Armando

[Z15] "César Vallejo: Premonición y vísperas" (Estudio)
RI 80 (julio-septiembre 1972): 431-440.

[Z16] "Devenir y síntoma de la poesía concreta" (Ensayo)
RI 98-99 (enero-junio 1977): 117-148.

[Z17] "Alberto Girri: *El motivo es el poema*" (Reseña)
RI 102-103 (enero-junio 1978): 304-305.

[Z18] "El *Facundo*: un héroe como su mito (Estudio)
RI 104-105 (julio-diciembre 1978): 471-485.

[Z19] "Luis Soler Cañas: *Güiraldes y su tierra*" (Reseña)
RI 108-109 (julio-diciembre 1979): 723-725.

[Z20] "Juan Coletti: *El jardín de las flores invisibles*" (Reseña)
RI 118-119 (enero-junio 1982): 455-456.

[Z21] "La poesía de Emilio Sosa López" (Nota)
RI 135-136 (abril-septiembre 1986): 613-619.

[Z22] "Preguntas a Juan M. Díaz de Guereñu sobre Juan Larrea" (Entrevista)
RI 140 (julio-septiembre 1987): 681-686.

ZAVALA A., Lauro

[Z23] "El nuevo cuento mexicano, 1979-1988" (Nota)
RI 148-149 (julio-diciembre 1989): 771-782.

ZEITZ, Eileen M.

[Z24] "*La escritura del dios*: Laberinto literario de Jorge Luis Borges" (Nota)
RI 100-101 (julio-diciembre 1977): 645-655.

ZOKNER, Cecilia

[Z25] "Gerardo Mario Goloboff: *Criador de palomas*" (Reseña)
RI 135-136 (abril-septiembre 1986): 794-795.

ZUBILLAGA, Carlos

[Z26] "La inserción de la conciencia crítica en el movimiento cultural uruguayo: Cuestionamiento y respuestas al acontecer histórico" (Estudio)
RI 160-161 (julio-diciembre 1992): 769-775.

Índice temático

A

ABELLA CAPRILE, Margarita

—Poesía **P53**

ABREU GÓMEZ, Ermilo

La del alba sería ... **S57**

ABRIL, Pablo

—Cartas **M108**

ACOSTA, José de

Peregrinación de Bartolomé Acosta **A124**

ADÁN, Martin

V35

ADOUM, Jorge Enrique

Entre Marx y una mujer desnuda **H38**

AFROAMÉRICA

B165

—Bibliografías **B168**

—Como tema **B102, S13**

—Poesía **B33, D27, G133, G181, J9, R171**

Colonial

—Como tema **M201**

AGOSÍN, Marjorie

Brujas y algo más/Witches and Something Else **Y3**

Hogueras **N14**

AGUILAR, Luis Miguel

Chetumal Bay Anthology **V15**

AGUILERA GARRAMUÑO, Marco Tulio

Breve historia de todas las cosas **H29**

AGUILERA MALTA, Demetrio

El secuestro del general **W1**

Siete lunas y siete serpientes **M155**

AGUIRRE, Nataniel

Juan de la Rosa **P38**

AGUSTINI, Delmira

K33

AINSA, Fernando

Las palomas de Rodrigo **F67**

Los naufragios de Malinow y otros relatos **F67**

Con acento extranjero **F73**

AIRÓ, Clemente

La ciudad y el viento **H24**

ALABAU, Magali

Hermana **H21**

Ras **H19**

ALARCÓN, Juan Ruiz de
—Teatro O37, P116
La cueva de Salamanca C173

ALBÁN, Laureano
—Poesía A70, B98, F84,

ALBERDI, Juan Bautista
Fragmento preliminar al estudio del derecho M46

ALCÁNTARA ALMÁNZAR, José
—Narrativa B35

ALEMÁN, Carlos
Boarding Houses: San Antonio U23

ALEGRÍA, Claribel
Y11

ALEGRÍA, Fernando
Narrativa G171
Caballo de copas L22
Los días contados L161
Una especie de memoria C192

ALFAU, Felipe
T19

ALFONSO, María Angélica
Mundo compartido S117

ALIGHIERI, Dante
La divina comedia B124

ALLENDE, Isabel
A59
—Narrativa D38
De amor y de sombra M43
La casa de los espíritus M38, R196

ALMANZA, Héctor Raúl
Brecha en la roca M177

ALTAMIRANO, Ignacio Manuel
E52

ALVARADO TENORIO, Haroldo
Libro del extrañado C211
Recuerda cuerpo R75

ALVAREZ GARDEAZÁBAL, Gustavo
—Narrativa W15

ALVAREZ SOSA, Arturo
La singularidad desnuda M16

AMADO, Jorge
—Narrativa N8
Farda fardao camisola de dormir S126
Tenda dos Milagres D91

AMAYA-ARMIJO, Oscar
Esta Patria, Este Amor ... C120

ANDERSON IMBERT, Enrique
—Ensayo C226

—Narrativa **B**13

El milagro y otros cuentos **M**268

La botella de Klein **B**14

Narradoras completas **F**13

Andrade, Mário de

—Poesía **N**32

Macunaíma **Ch**3, **R**115

Andrade, Oswald de

"Bucólica" **J**39

Angel, Albalucía

A89

Las andariegas **F**55

Misiá Señora **K**8

Antipoesía

Antillas

I9

Antologías

T23

Arango, Gonzalo

—Poesía **J**5

Araújo, Helena

A103

Fiesta en Teusaquillo **M**36

Arbeláez, Fernando

—Poesía **R**209

Arbeláez, J. Mario

—Poesía **J**5

Mi reino por este mundo **R**208

Arenas, Reinaldo

—Narrativa **I**3, **K**36, **T**25

Celestino antes del alba **S**168

El mundo alucinante **B**143, **G**102, **V**66

El palacio de las blanquísimas mofetas **R**241

El portero **S**166

Otra vez el mar **V**3

Termina el desfile **S**154

Viaje a La Habana **S**169

Voluntad de vivir manifestándose **S**167

Arévalo Martínez, Rafael

Las fieras del trópico **A**3

Argentina

L139, **R**81

—Autoras **N**22

—Criollismo **A**147

—Folklore **C**194

—Gauchesca **A**147, **B**125, **N**1, **P**67

—Geografía **L**83

—Historia **S**205

—Judaísmo **O**45, **S**86

—Narrativa **C**195, **D**57, **M**248

—Poesía **N**22

—Política **Ll**1

Colonial

—Historia **G**52

Contemporánea **D**39, **P**133

—Autoras **R**130

—Censura **R**130, **S**132

—Historia **F**10, **S**132

—Narrativa **D**39, **G**156, **S**165

—Poesía **G**69, **L**2

—Revistas **L**2, **S**51

—Sociología **R**135

—Teatro **D**18, **D**20

Modernismo **C**34, **P**91

—Revistas **M**78

Romanticismo **K**4, **R**170

Siglo XIX

—Gauchesca **C**86, **D**40, **D**77, **R**13, **S**39, **W**10

—Historia **A**99, **S**144

—Narrativa **C**183

—Teatro **C**86, **D**77

Siglo XX **D**58, **R**143

—Autoras **G**30

—Filosofía **A**82, **T**11

—Folletín **F**60

—Historia **S**79

—Narrativa **G**27, **G**30, **L**99, **M**22, **R**136

—Poesía **F**39

—Revistas **B**60, **C**81, **G**73, **R**134

—Teatro **C**86

Vanguardismo **A**143

—Narrativa **B**19

—Poesía **B**113

—Revistas **C**81

ARGUEDAS, Alcides

Pueblo enfermo **S**41

Raza de bronce **C**235

ARGUEDAS, José María

A13, **B**171, **Ch**40, **F**29, **H**9, **M**278, **N**25, **O**24

—Narrativa **A**25, **C**112, **C**229, **G**64, **J**21, **M**35, **R**229, **R**245, **V**17

—Neoindigenismo **M**35

El zorro de arriba y el zorro de abajo **L**101, **L**106, **V**16

"La agonía de Rasu-Ñiti" **L**101

Los ríos profundos **H**11, **P**29, **R**2, **W**19

"Orovilca" **A**25

Todas las sangres **V**17

Yawar fiesta **L**101

ARLT, Roberto

—Narrativa **D**63, **G**153, **M**94

ARMANI, Horacio

En la sangre del día **R**191

Arreola, Juan José

R4

—Narrativa A46, P47

La feria P123, P155, M238

Arrufat, Antón

—Teatro E45

La caja está cerrada S141

Arteche, Miguel

Quince poemas S114

Arzáns Orsúa y Vela, Bartolomé

Historia de la Villa Imperial de Potosí R49

Ascasubi, Hilario

Santos Vega B126

Asís, Jorge

Flores robadas en los jardines de Quilmes A141

Asturias, Miguel Ángel

A85, A114, A136, B76, D65, V61

—Narrativa M48, M154, M169, R96, R97, V47

—Poesía L51, V61

—Teatro S152

El espejo de Lida Sal G136

El Señor Presidente A79, G185, N6, R70, V49

Hombres de maíz T16

Leyendas de Guatemala M161

Los ojos de los enterrados D47

Mulata de Tal P75, S104

Ateneo Americano de Washington

T9

Autoras

G47, U9

Avilés Blonda, Máximo

Pirámide 179 T14

Azevedo, Arthur

—Narrativa B65

Aztecas

—Cosmología V34

—lengua G68

Colonial G57

Precolombina J16

—Danzas H8

Azuela, Arturo

—Narrativa R123

Azuela, Mariano

M217

—Cartas B90, L40

—Narrativa L48

Los de abajo R67

B

BACCINO PONCE DE LEÓN, Napoleón
  Maluco A5

BACH, Juan Sebastián
  Musikalisches Opfer B84

BAEZA FLORES, Alberto
  —Teatro D19

BAKHTÍN, Mikhail
  —Teoría literaria R117

BALBUENA, Bernardo de
  R36

BALLAGAS, Emilio
  —Poesía B36
  Júbilo y fuga P146

BALSEIRO, José Agustín
  R151
  La pureza cautiva D6
  Saudades de Puerto Rico D6
  Vísperas de sombra y otros poemas CH5

BANCHS, Enrique
  S22
  El cascabel del halcón C156

BARBIERI, Enrique
  El límite de la luz W3

BARBOSA, Rui
  Cartas à Noiva CH1

BARNET, Miguel
  —Narrativa S137
  La canción de Rachel CH16

BAROJA, Pío
  C91

BARREDA, Octavio G.
  B70

BARRENECHEA, Ana María y Julio CORTÁZAR
  Cuaderno de bitácora de Rayuela G8

BARRENECHEA, Julio
  —Poesía S113

BARRETO, Benito
  Mutirão para Matar A65

BARRIOS, Eduardo
  C67, S122
  —Narrativa S122, V32, V31, V30
  El hermano Asno B11
  El niño que enloqueció de amor L160
  Un perdido L160

BATRES, José

I8

—Poesía I8

Tradiciones de Guatemala A83

BECCO, Horacio Jorge

—Poesía R137

BEDREGAL, Yolanda

—Poesía A16

BELDA, Joaquín

La Coquito. Novela picaresca G161

BELLO, Andrés

S195

—Filosofía A81

—Poesía T20

BENEDETTI, Mario

P74

La tregua C1, F80

"Sabado de gloria" D37

BENÍTEZ ROJO, Antonio

—Narrativa A126

BERRIOZABAL, Juan Manuel de

La nueva cristiada A74

BIANCIOTTI, Héctor

El amor no es amado M91

BIANCO, José

—Narrativa P138

Sombras suele vestir P137

BIBLIA

D85

BIOY CASARES, Adolfo

B120, B127, P148

—Narrativa B45, B64, C30, A144

Breve diccionario del argentino exquisito C30

Diario de la guerra del cerdo E13

Dormir al sol B142

El sueño de los héroes B62

Historias de amor C191

La invención de Morel T3

Plan de evasión L78

BLANCO, Guillermo

Gracia y el forastero S124

BLANCO AMOR, Eduardo

La catedral y el niño B149

BLEST GANA, Alberto

R202

—Narrativa C88

Martín Rivas S118

BOAL, Augusto y Gianfrancesco Guarnieri

Arena conta Tiradentes C7

BOLIVIA

W13

—Mestizaje **T26**

—Narrativa **A91**

Contemporánea **E24**

—Poesía **M185, Q5**

—Teatro **M270**

Siglo XX

—Historia **G92**

—Narrativa **P39**

BOMBAL, María Luisa

—Narrativa **L80**

La última niebla **B15, B63**

"Las islas nuevas" **M233**

BORGES, Jorge Luis

A92, A100, A142, B18, B39, B56, B96, B112, B122, C33, CH39, F59, G48, G114, G174, L15, L72, L91, M44, M139, M194, M243, M276, O28, O29, P57, P64, P69, P71, P72, P90, R98, R116, R180, R219, S133, S194, V42, Y5

—Cartas **V53**

—Ensayo **A43, C32, L39, M6, M191, R13, R16, R109, R110, R114, V64**

—Judaísmo **A33**

—Narrativa **B124, C215, E6, F37, F63, F96, G6, G103, G144, K21, M10, M121, M173, M191, O47, P31, R13, R104, R109, S163, V64, Y15, Y17**

—Periodismo **B56**

—Poesía **A40, C49, F25, F105, G45, G96, J18, L71, O56, R164, S199, Y19**

—Prólogos **B56, H2, O56**

—Traducciones **J29, S76**

—Traducido **R106**

"Ariosto y los árabes" **G96**

"Biografía de Tadeo Isidoro Cruz" **S42**

"Borges y yo" **B153**

El Aleph **C174**

"El Aleph" (cuento) **B153, O33**

"El evangelio según Marcos" **B128**

"El fin" **S42**

El hacedor **H2**

El informe de Brodie **K10**

"El jardín de los senderos que se bifurcan" **F111, R225**

El libro de arena **O54**

"El libro de arena" (cuento) **B144**

"El milagro secreto" **L56**

"El sur" **G100**

Elogio de la sombra **S196**

"Emerson" **G86**

"Everness" **H46**

Historia de la noche **L7**

Historia universal de la infamia **A44, L74, P117, S93**

"Jactancia de quietud" **S199**

"La biblioteca de Babel" **A69**

"La casa de Asterión" **A62, A78, G4, M120**

"La escritura del dios" **A60, G71, Z24**

"La guitarra" **F79**

"La memoria de Shakespeare" **V**29

"La muerte y la brújula" **B**55, **C**207

"Las ruinas circulares" **B**153, **G**3

"Mallorca" **M**150

"Nota de un mal lector" **G**127

"Pierre Menard, autor del Quijote" **B**143, **H**60, **I**7

"Tlön, Uqbar, Orbis Tertius" **E**10, **L**78

BORRERO, Juana

R57

BOSCH, Juan

—Narrativa **B**35

La Mañosa **S**156

BOTELHO DE OLIVEIRA, Manuel

—Poesía **M**67

BOTI, Regino E.

F22

BRASIL

A144, **C**217, **C**222, **L**120, **L**162, **M**74, **S**94, **W**21

—Cultura popular **C**216

—Ensayo **L**128

—Historia **M**72

—Lengua **B**10

—Lingüística **M**125

—Narrativa **L**127, **N**34, **N**35

—Plástica **L**121

—Teatro **M**73

Colonial

—Historia **M**71

Contemporánea **C**39, **M**75

—Como tema **N**8

—Cultura popular **P**83

—Mujer (como tema) **N**27

—Música **P**83

—Narrativa **B**166, **K**16, **N**27, **V**54

—Poesía **S**4, **S**129, **Z**16

Siglo XIX **L**126

—Gauchesca **W**10

Siglo XX

—Narrativa **E**35

Vanguardismo **A**71

—Poesía **J**39

BRECHT, Bertold

—Teatro **M**88

BRENE, José R.

Fray Sabino **C**43

BRENES MESÉN, Roberto

—Poesía **C**H4

BRITO, Aristeo

El diablo en Texas **C**218

BRITTO GARCÍA, Luis

Abrapalabra **L**20

BRUGHETTI, Romualdo

Las nubes y el hombre R158

BRUNET, Marta

—Narrativa L10

María Nadie C92

BRYCE ECHENIQUE, Alfredo

Tantas veces Pedro S64

BUENAVENTURA, Enrique

—Teatro D54

BURGOS, Julia de

—Poesía F35

BURGOS CANTOR, Roberto

La novia enamorada del cielo B99

Lo amador M279

BUSTAMANTE, Cecilia

B172

—Poesía L25

BUSTILLO ORO, Juan

—Teatro S61

BUSTOS DOMECQ, H.

—Narrativa A36

"El hijo de su amigo" M1

"La fiesta del monstruo" M1

C

CABALLERO, Fernán

La gaviota B79

CABEZA DE VACA, Alvar Núñez

Naufragios C71, L90, P153

CABRAL, Manuel del

Compadre Mon C38

El escupido E14

CABRAL DE MELO NETO, João

—Poesía CH34

O cão sem plumas B23

CABRERA, Luis

R19

CABRERA, Lydia

J13

CABRERA INFANTE, Guillermo

F70, G173

—Narrativa B21, C186, M14, N20, R119

Exorcismos de esti(l)o M166

Holy Smoke P140

La Habana para un infante difunto B12, M167, P119

Tres tristes tigres A63, C3, F23, G160, G173, L77, L114, L168, M4, M83, M87, P119, S103, V65

CALDERÓN, Fernando
—Poesía A146

CALLEIRO, Mary A.
—Teatro A24

CAMARGO, Edmundo
—Poesía M185

CAMBACERES, Eugenio
En la sangre B115
Sin rumbo M77, S56

CAMPODÓNICO, Miguel Ángel
C22
Instrucciones para vivir ... F107
La piscina alfombrada M81

CAMPO, Estanislao del
Fausto B79

CAMPOS, Haroldo de
—Ensayo C23

CAMPOS, Julieta
C24
—Narrativa M58
Tiene los cabellos rojizos y se llama Sabina A19, P106, R59

CAMPOS, Rubén M.
K31

CAMPRA, Rosalba
Formas de la memoria F14

CANSINOS-ASSENS, Rafael
—Judaísmo A33

CANTÓN, Wilberto
Nosotros somos Dios D16

CARBALLIDO, Emilio
—Teatro C152, D11

CARDENAL, Ernesto
B129, B130, B131
—Poesía B132, H30, R237
La hora 0 L137, P141
El estrecho dudoso E29
Canto Cósmico B135

CÁRDENAS, Eliecer
Polvo y ceniza B89

CARDONA, Jenaro
El primo Q1

CARDOSO, Onelio Jorge
—Narrativa G35

CARIBE
C159
—Lingüística H33

CARLO, Omar del

—Teatro A75

CARONE, Modesto

As Marcas do Real P41

CARPENTIER, Alejo

G122, M263, T25, V68

—Ensayo F5

—Narrativa CH37, G70, G120, G131, M154, V48

—Periodismo L136

Concierto barroco A23, G21, M245, M261, O51

El acoso S33

El arpa y la sombra F4

"El camino de Santiago" B84, M21

El recurso del método B123, D61, G21, M176, W23

El reino de este mundo G120, R103

El siglo de las luces C230, G101, S105

La consagración de la primavera M160

Los convidados de plata G21

Los pasos perdidos G99, M65

"*Ortega y Gasset*" G127

"Viaje a la semilla" G101, L170

CARRANZA, María Mercedes

—Poesía A102

CARRASQUILLA, Tomás

C97, G34, H58

—Narrativa B94

Frutos de mi tierra H54

La marquesa de Yolombó H56

CARRERA ANDRADE, Jorge

G155, S189

—Poesía O1

CARRIÓ DE LA VANDERA, Alonso

El lazarillo de ciegos caminantes P152, R86, T4

CARRIÓN, Miguel de

Las honradas M147

Las impuras M147

CARROL, Lewis

—Narrativa C18

CARTER, Boyd G.

M122

CARVALHO, André de

Cubalibre L122

CASAL, Julián del

F46, S70

—Poesía A115, F42, S68

Nieve M221

"Una maja" A26

CASARAVILLA LEMOS, Enrique
    A94

CASTAÑEDA, Antonio
    Lejos del ardimiento M135

CASTELAR, José Adán
    Sin olvidar la humillación C119

CASTELLANOS, Rosario
    D73, L23, L63
    —Indigenismo C228
    Balún Canán C228, F114
    El viudo Román G151
    Oficio de tinieblas V56
    Meditation on the Treshold L24

CASTILLO, Othon
    Sed en el puerto L1

CASTILLO, Ricardo
    El pobrecito sr. X V15

CASTILLO PUCHE, J. L.
    El libro de las visiones y las apariciones P52

CASTRILLO, Primo
    Hombre y tierra J3

CASTRO, José
    Aún viven las manos de Santiago Berríos O20

CASTRO, Manuel de
    S98
    El padre Samuel R11
    Oficio de vivir S98

CASTRO Z., Oscar
    —Narrativa C98

CAVIEDES, Juan del Valle y
    —Poesía R20, R21

CENTROAMÉRICA
    U12
    —Poesía M98
    Contemporánea
    —Poesía C117
    Modernismo
    —Como tema S69
    Precolombina L70

CERRUTO, Oscar
    —Poesía M185
    Aluvión de fuego G24

CERVANTES, Lorna Dee
    Emplumada N30

CERVANTES, Miguel de
    C33
    Don Quijote de La Mancha G160, H31, H60, R128

CINE Y LITERATURA

C132, F70, N20, R112

CISNEROS, Antonio

—Poesía C181

CLAVIJERO, Francis Javier

Reglas de la lengua mexicana G68

COBO BORDA, Juan Gustavo

Roncando al sol como una foca en las Galápagos R207

Salón de té R207

COFIÑO LÓPEZ, Manuel

—Narrativa S17

La última mujer y el próximo combate D46, G125, M158

COLASANTI, Marina

Zooilógico J34

COLETTI, Juan

El jardín de las flores invisibles Z20

COLL, Pedro Emilio

G140

COLLAZOS, Oscar

Crónica de tiempo muerto R236

COLOANE, Francisco

—Narrativa D82

COLOMBIA

O16

—Bibliografías H22

—Narrativa W2

—Poesía A104

Contemporánea V8

—Autoras A102

—Narrativa F2, P3, R213

—Periodismo G63

—Poesía A102, C70, G135, J5, J6, R205, R209

—Revistas R209

Siglo XX

—Poesía CH31, G23, G134

—Revistas CH31

Vanguardismo

—Poesía R205, S135

COLÓN, Cristóbal

—Cartas G56

COLONIAL

Crónicas CH27

CONANGLA I FONTANILLES, Josep

—Poesía R240

CONCEPCIÓN VALDÉS, Gabriel de la

—Poesía S188

CONCRETA, poesía

S4, Z16

ÍNDICE TEMÁTICO

Contemporánea

Narrativa B41, B144

Conti, Haroldo

—Narrativa M250, R227

Mascaró, el cazador americano B156

Córdova Iturregui, Félix

El rabo de lagartija de aquel famoso señor rector y otros cuentos de orilla C164

Corpancho, Manuel Nicolás

G20

Cortázar, Julio

A29, C129, C197, F51, P19, R234, S190, Y20

—Crítica literaria M3

—Ensayo A43, S162

—Narrativa A29, A120, B138, C198, F28, F117, G100, G144, H12, H18, K12, L9, L44, M2, M86, M249, M272, P16, P21, R230, S160, T17, Y17

—Reseñas A41, C199

62. Modelo para armar A42, C64, F45, I6

Alguien que anda por ahí P105

"Axolotl" G191, M3

Buenos Aires. Buenos Aires R230

"Carta a una señorita en París" G191

"Cartas de mamá" A38

"Casa tomada" F104, P15, P112

Deshoras A45

"El otro cielo" R108

Final del juego A76

"Final del juego" (cuento) A38

Historias de cronopios y famas D69

"Instrucciones para matar hormigas en Roma" C219

"La barca o nueva visita a Venecia" L57

"La isla a mediodía" L4

"Las babas del diablo" C203

"Lejana" A38, G191

Libro de Manuel P18, S204

Los reyes T5

Octaedro S63

Rayuela A55, B42, B81, C198, F8, F43, G8, G150, H47, I12, J47, M3, M275, S52, Y1

Territorios C130, F52

Ultimo round P14

Un tal Lucas C131

Cortínez, Carlos

Abba B116

Cossio Woodward, Miguel

Saccharío D46, M157

Costa, Odylo (filho)

—Poesía L135

Costa Rica

—Indigenismo S150

—Mujer (como tema) A106, CH33

—Narrativa **D**66, **S**150

—Teatro **S**40

Contemporánea

—Poesía **C**17, **M**199

Siglo XIX

—Narrativa **Q**1

Siglo XX

—Ensayo **O**48

COTE LAMUS, Eduardo

—Poesía **R**209

COUTINHO, Sonia

O ultimo verão de Copacabana **J**45

CRÍTICA LITERARIA

K22

CRUZ, Sor Juana Inés de la

CH20, **C**H25, **D**79, **L**164, **O**46, **S**3

—Poesía **H**61, **L**165

"A tus manos me traslada" **S**2

"Copia divina, en quien veo" **S**2

Inundación Castálida **L**163, **L**167

Los empeños de una casa **C**H19

Primero Sueño **C**123, **L**166, **P**59, **V**34

"Señor don Diego Valverde" **E**7

CRUZ, San Juan de la

—Poesía **M**28

CUADRA, José de la

—Narrativa **S**80

Los Sangurimas **G**104, **R**71

CUADRA, Pablo

—Poesía **B**20

CUADROS DE COSTUMBRES

F58, **P**149

CUBA

L117, **M**90

—Antropología **I**1

—Crítica literaria **P**129

—Historia **C**124

—Narrativa **F**81

—Negritud (como tema) **F**81

—Poesía **G**133, **J**9, **R**162

—Teatro **D**18

Contemporánea **C**190

—Exilio **G**132, **O**7

—Historia **R**35

—Narrativa **A**1, **C**121, **R**41, **R**93

—Poesía **G**132, **H**20, **M**82, **O**7, **S**35

—Revistas **S**43

—Teatro **D**23

—Testimonio **R**41

Neobarroco **S**103

Revolución cubana

—Editoriales **A**2

—Narrativa D46, G126, M163

—Política cultural R113

Romanticismo

—Poesía V60

Siglo XIX

—Exilio L49

—Historia O41, R240

—Narrativa A125

—Revistas S36

Siglo XX

—Historia S33

—Narrativa CH29

—Poesía R42
—Revistas R42

Vanguardismo H26

CUESTA, Jorge

G146

CUNHA, Euclides da

Os Sertões M12, S41, W18

CH

CHACÓN Y CALVO, José María

G115, J8

—Cartas R63

CHARLES, Cecil

—Traducciones S142

CHARRY LARA, Fernando

—Poesía C137, G183, R209

Pensamientos del amante R206

CHASE, Alfonso

El tigre luminoso P104

CHATEAUBRIEND, François-René

René C63

CHECOSLOVAQUIA

Contemporánea V61, V62

—Crítica literaria V63

CHILE

C105, T24

—Artesanías A15

—Bibliografías D78

—Diccionarios C96

—Indigenismo N15

—Lingüística G189

—Narrativa A4, A53, C103, C138, D68, G167, S115

—Poesía C99

—Teatro C102, C107

—Traducciones S110

Contemporánea

—Autoras C147, Y4

—Historia V50

—Narrativa S108

—Poesía C143, C147, V58, Y4

Siglo XIX

—Historia **R**201, **R**217

—Revistas **C**212

Siglo XX **C**108, **S**109

—Crítica literaria **C**109

—Narrativa **C**106, **G**105

—Poesía **H**57

CHOCANO, José Santos

CH11, **S**27

—Poesía **S**27

—Traducciones **S**26

CHUMACERO, Alí

Imágenes desterradas **R**154

Páramo de sueños **R**154

D

DARÍO, Rubén

C93, **G**137, **G**138, **G**139, **G**187, **L**151, **O**5, **P**93, **R**118, **R**178, **S**69, **U**1, **W**22

—Autobiografía **S**15

—Conferencias **E**34

—Cristianismo **A**145

—Ensayo **J**48

—Narrativa **A**145

—Poesía **F**105, **K**45, **M**171, **M**192, **P**61, **R**125

"A Ramón del Valle Inclán" **A**18

Azul ... **B**158, **S**206, **U**19

Canto a la Argentina (poema) **C**34

Canto a la Argentina y otros poemas **R**147

Cantos de vida y esperanza **W**8

"Caracol" **P**5

"El fardo" **A**10

"El reino interior" **C**H32

"Lo fatal" **B**80

Prosas profanas **H**32, **W**8

DA ROSSA, Julio

—Narrativa **R**224

DÁVALOS Y FIGUEROA, Diego

—Poesía **R**186

DÁVILA ANDRADE, César

"Oda al arquitecto" **D**25

DE GREIFF, León

—Poesía **C**H31

DEBRAVO, Jorge

—Poesía **C**117

DELGADO APARAIN, Mario

La balada de Johnny Sosa **G**15

DELMONTE, Domingo

O41

DEL RÍO, Ana

   Oxido de Carmen **D**50

DENEVI, Marco

   —Narrativa **C**68

DENIZ, Gerardo

   —Poesía **M**234

DESNOES, Edmundo

   Memorias del subdesarrollo **C**20, **R**112

DEVOTI, Félix

   "Las ruinas de Pachacamac" **M**203

D'HALMAR, Augusto

   B151, **S**140

   —Narrativa **C**171

DI BENEDETTO, Antonio

   F62

   Zama **C**178

DI GIORGIO, Marosa

   —Poesía **E**9

DÍAZ, José Pedro

   Tratados y Ejercicios **B**83

DÍAZ CASANUEVA, Humberto

   El hierro y el hilo **K**28

DÍAZ DEL CASTILLO, Bernal

   Historia verdadera de la conquista de Nueva España **C**6, **M**60

DÍAZ MIRÓN, Salvador

   C185, **M**131

DÍAZ ROMERO, Eugenio

   —Poesía, **M**92

DÍAZ VILLAMIL

   La niña de sus ojos, **T**26

DIEGO, Eliseo

   —Poesía **S**11

DIEGO, José de

   —Ensayo **F**38

DÍEZ DE MEDINA, Fernando

   Mateo Montemayor **E**12

DOBLES, Fabián

   —Narrativa **D**56

DOMÉNECH, Ricardo

   "La agonía del general Franco proyectándose en el espejo de enfrente y vista por una generación" **P**151

DOMÍNGUEZ CAMARGO, Hernando

   O17

   Poema heroico **G**65

DONOSO, José

R102

—Narrativa B104, G144, Q3, S203

Casa de campo M9, S14

Coronación S106

El jardín de al lado M219

El obsceno pájaro de la noche D67, J27, M63, R102

DONOSO PAREJA, Miguel

Nunca más el mar P128

DORFMAN, Ariel

Cría ojos C135

DOS PASSOS, John

U.S.A. (Trilogía) M161

DOS SANTOS, Estela

Las despedidas A140

DOURADO, Autran

—Narrativa D62

DRUMMOND DE ANDRADE, Carlos

—Poesía G17

DUNCAN, Quince

Los cuatro espejos S13

DUNNE, John William

—Ensayo C32

DUQUE LÓPEZ, Alberto

Mateo el flautista C74

DURAND, José

M207

DURAND, Luis

D36

E

ECO, Umberto

El nombre de la rosa M121

ECUADOR

R220, S7

—Teatro L172

Contemporánea C233

—Historia T8

—Narrativa P33, V1

—Poesía R92

—Teatro R38

Siglo XX D60

—Narrativa I4

Vanguardismo R72

—Poesía O1

ECHAVARREN, Roberto

Aura Amara V13

ECHAVARRÍA, Rogelio
—Poesía **R209**

ECHAZÚ, Roberto
—Poesía **M185**

ECHEVERRÍA, Aquileo
Concherías **D89**

ECHEVERRÍA, Esteban
Dogma socialista **S164**
El matadero **L119**

EDWARDS, Jorge
—Narrativa **E28**
El anfitrión **C205**

ELIOT, T. S.
Four Quartets **P24**

ELIZONDO, Salvador
Camera lucida **G182**
El hipogeo secreto **S172**
Farabeuf **R218**

ESCHER, Maurits C.
L15

ENGLEKIRK, John E.
R182

ERCILLA Y ZÚÑIGA, Alonso de
La Araucana **A137, B92, L71, L73, S82, V9**

ESCOBAR, Eduardo
—Poesía **J5**

ESPAÑA
E3, G128, L6, L95, P70
—Autoras **CH21**
—Crítica literaria **CH23, D72**
—Cuadros de costumbres **P149**
—Narrativa **CH21**
—Poesía popular **G33**
Barroco **C59, P34, R122**
Colonial
—Historia **G55**
—Poesía **M201**
Conquista **A116**
Franquismo
—Exilio **G108**
Modernismo
—Latinoamérica, y **N10**
Siglo XIX
—Cuadros de costumbres **A107**
—Estados Unidos, y **E37**
Siglo XVIII
—Filosofía **O58**
Siglo XX **A135**
—Editoriales **P76**
—Poesía **C45, R173**
Vanguardismo **V4**
—Poesía **G178, M254, V51**
—Revistas **L21**

ESPAÑOLA, lengua

S192

—Dialectología L14

—Estados Unidos, en G58

ESPÍNOLA, Francisco

—Narrativa V59

ESTADOS UNIDOS

S187

—España, y L96, S187

—Hispanoamérica, e S187

—Indigenismo V7

—Narrativa V7

Contemporánea

—Crítica literaria F50, R98

—Poesía P25

Siglo XIX L96

Siglo XVIII L96

Siglo XX

—Crítica literaria D78

—Poesía P24

ESTORINA, Abelardo

—Teatro E45

F

FAGUNDES TELLES, Lygia

—Narrativa J40

FALCO, Angel

—Poesía A8

FALLAS, Carlos Luis

—Narrativa P103

FANTÁSTICA, narrativa

B38, H18, M124

FAULKNER, William

"Las palmeras salvajes" R74

FEMINISMO

F56

FERNÁNDEZ, César

Ambages M57

FERNÁNDEZ, Francisco

Los negros heráldicos M25

FERNÁNDEZ, Macedonio

B145, D49, E5, G88, M54

—Cartas B136

—Narrativa B138

Fernández, Pablo Armando
 —Poesía **D**52

Fernández de Lizardi, Joaquín
 El periquillo sarniento **D**26

Fernández Moreno, Baldomero
 —Poesía **C**60

Fernández Retamar, Roberto
 —Poesía **E**33, **G**149

Ferré, Rosario
 —Narrativa **L**10

Fijman, Jacobo
 A27

Filho, Adonias
 As Velhas **J**31

Filología
 G41

Flaubert, Gustave
 L'Education sentimentale **L**160

Flores, Marco Antonio
 Los compañeros **U**17

Florit, Eugenio
 R64
 —Poesía **F**48, **J**12, **R**34, **R**141

Fox, Lucía
 Ayer es nunca jamás **A**14
 Formas-Forms **G**29

Francia
 Contemporánea **B**26
 —Crítica **R**104
 Siglo XX **D**65
 —Crítica literaria **D**65
 —Revistas **R**40
 Vanguardismo **N**39
 —Poesía **C**223, **O**31
 —Revistas **B**51, **L**21

Francovich, Guillermo
 G93

Franklin, Benjamin
 E37

Fresán, Juan
 "Casa tomada" (diseño gráfico) **P**15

Freyre, Gilberto
 Dona Sinhá & o Filho Padre **S**147

Fuenmayor, Alfonso
 —Periodismo **G**63

Fuensanta
 —Poesía **P**96

FUENTES, Carlos

   A73, J1, O13

  —Ensayo H31, R24

  —Indigenismo F53

  —Narrativa B161, C8, D24, E28, F53, L125, O36, R23, R242

  —Teoría literaria D24

  Aura R198

  Cambio de piel F44, G190

  Cristóbal Nonato O12

  Cumpleaños G22

  El tuerto es rey R25

  Gringo viejo L60

  La cabeza de la hidra F18

  La muerte de Artemio Cruz F103, M179

  La región más transparente B54, M161, M277

  Terra nostra G46, G128, K1, P86, R27

  Todos los gatos son pardos L58, R25

  Una familia lejana G75

  Zona sagrada L76

FUENTES Y GUZMÁN, Francisco Antonio de

  Preceptos historiales I10

G

GAGINI, Carlos

  A6

GAITÁN DURÁN, Jorge

  —Poesía R209

GALEANO, Eduardo

  Días y noches de amor y de guerra A9

  Memoria del fuego G16

GALLEGOS, Rómulo

  A56, S96

  —Narrativa G179, J38

  Canaima M161

  Cantaclaro C28

  Doña Bárbara K38

  Tierra bajo los pies E15

GALMÉS, Héctor

  —Narrativa R17

GALVÁN, Manuel de Jesús

  Enriquillo S156

GÁLVEZ, Manuel

  B110

  —Narrativa G9, L97

GAMBARO, Griselda

G13

—Teatro C54, M142

Dios no nos quiere contentos M246

GANA, Federico

S112

GARCÍA, Iván

—Teatro A22

GARCÍA LORCA, Federico

"La guitarra" F79

GARCÍA MÁRQUEZ, Gabriel

G63, L79, M148

—Narrativa B140, C26, S130, W15

—Periodismo S130

Cien años de soledad C76, F94, G104, K14, L74, L75, M159, P12, P30, S77, T12, W15

Crónica de una muerte anunciada C75, M186, S153

El amor en los tiempos del cólera O34, R211

El otoño del patriarca A118, C41, C42, J25, J27, P13

La hojarasca M26

"La increíble y triste historia de la cándida Eréndira y su abuela desalmada" B78

GARCÍA MARRUZ, Fina

—Poesía A109

GARCÍA MONGE, Joaquín

Hijas del campo Q1

GARCÍA PONCE, Juan

Unión N28

GARMENDIA, Julio

—Narrativa M232

GARRIDO PUELLO, Emigdio Osvaldo

Olivorio, ensayo histórico C5

GARRO, Elena

L62

—Teatro R200

Los perros C9

Recuerdos del porvenir G2, M146

GASULLA, Luis

Culminación de Montoya R239

GATÓN ARCE, Freddy

—Poesía B163

GAUCHESCA (como género)

A39

GEADA, Rita

Vertizonte M226

GELMAN, Juan

Traducciones III, los poemas de Sidney West B147

GERVITZ, Gloria
   G47

GIORDANO, Enrique
   El mapa de Amsterdam C210

GIRONDO, Oliverio
   J49, L110, S23, S78, S171

GIRRI, Alberto
   El motivo es el poema Z17
   Valores diarios B147

GIUSTI, Roberto F.
   R134

GLANTZ, Margo
   G76
   Las genealogías O43
   No pronunciarás L111

GOETHE, Wolfgang
   Werther C63

GOLDEMBERG, Isaac
   Hombre de paso/Just Passing Through L107

GOLOBOFF, Gerardo Mario
   Criador de palomas Z25

GÓMEZ CARRILLO, Enrique
   M27

GÓMEZ DE AVELLANEDA, Gertrudis
   —Narrativa A105
   —Poesía F121
   Dos mujeres G168
   Munio Alfonso M140
   Sab C63, G168, P58

GÓMEZ DE LA SERNA, Ramón
   B136

GONÇALVEZ, Adelto
   Os Vira-latas da Madrugada G176

GÓNGORA, Luis de
   —Poesía B105, G124, G161

GONZÁLEZ, José Luis
   Balada de otro tiempo B30

GONZÁLEZ, Luisa
   A ras del suelo A106

GONZÁLEZ, Manuel Pedro
   R169

GONZÁLEZ, Otto Raúl
   —Poesía C117

GONZÁLEZ CABALLERO, Antonio
   —Teatro K42

GONZÁLEZ DE ESLAVA, Fernán
   —Teatro W9

GONZÁLEZ ECHEVARRÍA, Roberto

—Crítica literaria R192

GONZÁLEZ LEÓN, Francisco

R161

GONZÁLEZ MARTÍNEZ, Enrique

—Poesía D35

GONZÁLEZ OBREGÓN, Luis

L30

GONZÁLEZ PRADA, Manuel

P114

—Ensayo CH9

—Poesía F33, H13

GONZÁLEZ ZELEDÓN, Manuel

—Narrativa B94

La propia P81

GORODISCHER, Angélica

G152

—Narrativa D42, V28

GOROSTIZA, Celestino

L13

GOROSTIZA, José

—Crítica literaria D32

—Poesía C161, D12, D15, D32, F85

Canciones para cantar en las barcas D33

Muerte sin fin D10, G42

GOWER, John

Confessio Amantis M14

GOYTISOLO, Juan

G162

—Narrativa B109, E28, G158, O52, S145

Makbara G158

GOYTISOLO, Luis

La cólera de Aquiles S178

GROUSSAC, Paul

M131

GUAMÁN POMA DE AYALA, Felipe

Nueva corónica i buen gobierno A12, A13, C111, L133, P154

GUARANÍES

L67

GUARNIERI, Gianfrancesco y Augusto Boal

Arena conta Tiradentes C7

GUATEMALA

—Dictadura (como tema) A3

—Indigenismo T16

—Narrativa A54, M152, M156

Colonial

—Historiografía I10

Siglo XIX

—Poesía O4

—Revistas O4

GUDIÑO KIEFFER, Eduardo

Guía de pecadores G154

GUIDO, Beatriz

—Narrativa D39, J46

GUIDO Y SPANO, Carlos

—Poesía H66

GUILLÉN, Nicolás

—Poesía G95, N8

"Guitarra" F79

GUIMARÃES ROSA, João

B96

—Narrativa D2

Grande sertão: veredas CH36, R115

Sagarana G14

GÜIRALDES, Ricardo

Z19

—Narrativa P37

Diario B113

Don Segundo Sombra B111, C28, C52, E18, F1, R60, S74, Y7

GUTIÉRREZ, Eduardo

—Gauchesca D41

—Periodismo A95

Juan Moreira B125

GUTIÉRREZ, Joaquín

—Narrativa M235

Murámonos, Federico M235

Puerto Limón M162

GUTIÉRREZ ALEA, Tomás

Memorias del subdesarrollo R112

GUTIÉRREZ NÁJERA, Manuel

C78, M31

—Crítica literaria S67

—Narrativa D31, R145

—Periodismo R246

—Poesía C80, M128

GUZMÁN, Nicomedes

E20

H

HAHN, Oscar

Arte de morir C141

HAMSUN, Knut

L141

HEINE, Heinrich

—Traducido S110

HENRÍQUEZ UREÑA, Max

H25

ÍNDICE TEMÁTICO

HENRÍQUEZ UREÑA, Pedro

A121, B72, B74, CH18, G41, G186, H1, H14, H63, I5, I11, J15, L27, L115, P2, P108, P125, R37, R216, S25, S37, S175, T18

—Cartas H15, S91

—Filosofía R131

—Lingüística M253

—Prosa R144

—Teoría literaria C133

—Traducciones R144

Memorias B73, H17, R187

"Notas de viaje" H16, R183

HEREDIA, José María

A138

—Poesía CH30

HERNÁNDEZ, Felisberto

—Narrativa B61, R238

"El acomodador" G165

HERNÁNDEZ, José

A101, D40, S47

—Poesía A148

Martín Fierro A39, B82, B118, B126, D40, D72, G10, G49, L5, L98, P6, R14, R109, R168, S42, S74

HERNÁNDEZ, Juan José

La ciudad de los sueños A66

HERNÁNDEZ CATÁ, Alfonso

—Narrativa B170

HERRERA, Telmo

Papá murió hoy C188

HERRERA Y REISSIG, Julio

—Poesía J23, P99

La torre de las esfinges E49

HIJUELOS, Oscar

S181

HILST, Hilda

Da morte. Odas mínimas J44

HISPANOAMÉRICA

A98, B117, C87, C146, C225, CH23, E26, F9, H41, H45, L6, L36, L37, L85, M52, M153, M224, O2, P94, R26, R173, R188, S148, V44

—Americanismos R47

—Autoras CH21, K33, S19

—Bibliografías E40, E41, E42, E43, F97, F98, F100, F102, R177

—Como tema P97

—Crítica literaria M204

—Dictadura (como tema) A61

—Ensayo E2, G94, H65, S202, Z7

—España, y C91

—Folklore C208, S127

—Indigenismo F99

—Italia, e F3

—Lengua S192

—Lingüística L14, L104, S186

—Narrativa A52, A61, A119, B146, C48, CH21, E27, F65, L47, M172, R148, S127

—Noticias R132

—Poesía C72, C208, V39

—Revistas E40, E41, E42, E43, S59

—Teatro D17

Colonial A122, B106, C59, C149, P34

—Autoras CH26

—Crónicas K30

—Historia G55, V26

—Mujer (como tema) CH26

—Música R30

—Poesía C62, R185

—Prosa P11

—Teatro P56

Conquista A116

Contemporánea M29

—Cultura popular R95

—Ensayo A43

—Narrativa D1, F91, P124, R175, R232, R235, S158, W16

—Poesía R214

—Teatro B44, D14, D18, F115, M85, M88, O50

Modernismo H32, J47, L151, M52, M204, P63, P65, P93, S66

—España, y N10

—Narrativa P62

—Poesía C19, C45, E38, F25, F42, G60, G166, K2, K26, M200, P99, R51, S66, S73

—Prosa G188

—Revistas C83

—Teatro S60

—Utopía R118

Romanticismo M202

Siglo XIX C182, CH6

—Estados Unidos, y E37

—Narrativa L143, R204

Siglo XX C227, CH7

—Editoriales P76

—Ensayo R43

—Historia O38

—Indigenismo G175

—Narrativa B38, F68, G175, L171, O39, R115

—Poesía E39, H40, R173, R212

Vanguardismo A11, O38

—Poesía C45, M262, P99

—Prosa V4

HISTORIA Y LITERATURA

M32

HISTORIOGRAFÍA LITERARIA

L144, M172, S146, U18

HOJEDA, Diego de

La Cristiada A74

HOSTOS, Eugenio María de

La peregrinación de Bayoán C162

HUDSON, Guillermo Enrique

N2

HUERTA, David

Incurable R249

Versión V15

HUERTA, Efraín

—Poesía A20

HUIDOBRO, Vicente

B47, B48, C31, C214, H34, H36, H37, L16, L21, R180, V51

—Ensayo N5

—Manifiestos E1

—Poesía B47, B49, B50, B51, C13, C29, C51, C172, E32, G26, H28, K23, K29, L16, M184, S71, S111

Altazor B52, B53, B139, C213, G25, G84, H35, N4, S185, Y16

Canciones en la noche W20

Ecuatorial H3

El ciudadano del olvido F88

En la luna N17

Finis Britannia G72

Horizon Carré F89

Mío Cid Campeador W14

"Pasión, pasión y muerte" L105

Poemas árticos Y10

Sátiro o el poder de las palabras G37

Ver y palpar C114, F88

"El jardinero del castillo de medianoche" A58

HURTADO, Gerardo César

—Narrativa M190

HUYSMANS, Karl-Joris

A rebours V55

I

IBARBOUROU, Juana de

K33

IBARGOYEN, Saúl

La sangre interminable M40

IBARGÜENGOITIA, Jorge

—Narrativa C21

IBARGÜENGOITIA, Juan

Los relámpagos de agosto P156

IBEROAMÉRICA

C101, G58, G170, R140

—Congresos C189, M127, S136

—Lingüística H33

—Narrativa G169

—Noticias R138

Emancipación

—Filosofía V21

Modernismo

—Crítica literaria R40

ICAZA, Jorge

   Atrapados (Trilogía) **S5**

   El chulla Romero y Flores **S5, R73**

   Huasipungo **L18**

IDEOLOGÍA Y LITERATURA

   P84, R1

INCAS

   —Narrativa **R12**

INCHÁUSTEGUI CABRAL, Héctor

   —Poesía **E48**

INDOAMÉRICA

   L68, L102, P131, V23

   —Como tema **C104, S202**

   —Lingüística **M253**

   Colonial **C111**

   Precolombina **G53, L70**

INGLATERRA

   P31

   Contemporánea

   —Crítica literaria **F50**

   Siglo XIX

   —Crítica literaria **M205**

   —Viajes **A99**

IRISARRI, Antonio José

   El cristiano errante **B157, M156**

ISTARÚ, Ana

   La estación de fiebre **R199**

ITALIA

   F3

   Contemporánea **B76**

   —Crítica literaria **M247**

J

JACOME, Gustavo

   Porque se fueron las garzas **L140**

JAIMES FREYRE, Ricardo

   R147

   "Voz extraña ..." **R51**

JAMIS, Fayad

   Las grandes puertas **F26**

JAPÓN

   —Poesía **C45, G33**

JARA IDROVO, Efraín

   —Poesía **M228**

JARAMILLO AGUDELO, Darío

   La muerte de Alec **M37**

JARAMILLO ESCOBAR, Jaime

   —Poesía **J5**

JICOTÉNCAL

L33

JIMENES GRULLÓN, Juan Isidro

Una gestapo en América L17

JIMÉNEZ, Juan Ramón

P97

—Cartas F78

—Poesía F40

JIMÉNEZ RUEDA, Julio

M216

JOYCE, James

Finnegans Wake S4

Ulysses J29, S76

JUARROZ, Roberto

—Poesía P26, R248

K

KLEINBURGH, Gerardo

Tríptico S62

KOREMBLIT, Bernardo Ezequiel

Coherencia de la paradoja W5

KORN, Alejandro

A82, R82, T11, V20

—Filosofía R85

KOZER, José

—Poesía P79

Bajo este cien L131

Carece de causa G177

La garza sin sombras L131

L

LABRADOR RUIZ, Enrique

—Narrativa M89, R243

LACUNZA, Manuel

Venida del Mesías en gloria y majestad L100

LAFORET, Carmen

Nada K41

LAFORGUE, Jules

—Poesía P43, P92

LAFOURCADE, Enrique

—Narrativa G81

Frecuencia modulada G82

Invención a dos voces G81

LAIR, Clara

—Poesía F35

LANDALUZE, Víctor Patricio de

—Humor S36

LANDÍVAR, Rafael

   Rusticatio Mexicana **D**87, **K**13

LARA, Jesús

   —Narrativa **M**271

LARRA, Mariano José de

   C65

LARREA, Juan

   Z22

LAS CASAS, Bartolomé de

   A12

   Brevísima relación de la destrucción de Indias **D**85

   Historia de las Indias **G**54

LASTARRIA, José Victorino

   S6, **S**193

LATCHAM, Ricardo

   D80

LATINOAMÉRICA

   B3, **C**148, **H**48, **H**55, **L**45, **L**61, **L**69, **L**95, **L**144, **N**23, **P**70, **R**149, **S**134

   —Americanismo **C**37

   —Animales (como tema) **C**220

   —Autobiografías

   —Autoras **C**193, **F**64, **S**20

   —Carnavalización **R**117

   —Censura **G**152

   —Crítica literaria **L**144, **U**18

   —Cuadros de costumbres **P**149

   —Diccionarios **R**84

   —Dictadura (como tema) **M**176, **T**22

   —España, y **A**134

   —Filosofía **H**64, **M**20

   —Francia, y **N**39

   —Historia **C**89, **F**54

   —Lingüística **S**186

   —Mestizaje **N**24

   —Mujer (como tema) **Z**14

   —Narrativa **C**104, **F**15, **MB**66, **P**118, **P**149, **T**22, **U**16

   —Negritud (como tema) **B**102

   —Poesía **M**212, **S**149

   —Policial **C**36

   —Política **S**143

   —Protesta **P**113

   —Sociología **S**99

   —Teatro **A**80, **J**22

   —Traducciones **N**38

   Colonial **C**61, **D**83

   —Bibliografías **C**200

   —Crónicas **C**46

   —Narrativa **C**H24

   —Negro (como tema) **M**201

   —Poesía **B**105, **C**155, **M**201

   Conquista **C**175

   Contemporánea **F**7, **H**50, **K**34, **M**113, **O**32, **R**101, **V**10

—Autoras F66, F106, G13, M80, V11

—Narrativa A139, B41, B59, B101, B103, C136, E21, F95, F110, J26, M13, M80, M181, R95, R113, R233, R244, U19, V11

—Poesía F106, S198

—Política R94

—Teatro M84, P45

Postmodernismo

—Narrativa T13

Siglo XIX B107, C182, M225

—Cuadros de costumbres A107

—Narrativa CH24

Siglo XX G121, R48, R163

—Autoras M237

—España, y A129

—Narrativa B114, C35, R115

—Poesía G33

Vanguardismo A11, V4, V35, V45

—Poesía G166, M174, Y18

LATORRE, Mariano

C90, C95

La paquera S107

LAUTRÉAMONT, conde de

G138, R122

Les Chants de Maldoror R108

LEMOS, Darío

—Poesía J5

LEÑERO, Vicente

—Narrativa A68

Los albañiles R69

LEONARD, Irving A.

CH28

—Crítica literaria R179

LEROUX, Pierre

M46

LEVINSON, Luisa Mercedes

—Narrativa J46, L112

LEVRERO, Mario

L82

Espacios libres F74

LEZAMA LIMA, José

G124, K35, K37, M223, S49

—Ensayo P48, S43

—Poesía C15, P132, S200, U15

"Cangrejos, golondrinas" U6

La expresión americana Y21

Oppiano Licario S44

Paradiso A31, A123, B28, C14, C232, CH38, F49, G66, G145, G161, K3, O27, R111, U4

LIDA, Raimundo

B40

LIHN, Enrique

   El paseo Ahumada **F**71

LILLO, Baldomero

   —Narrativa **A**51

LIMA, Jorge de

   Invenção de Orfeu **B**155

LIMA BARRETO, Alfonso Henrique de

   —Narrativa **A**117

   Triste Fim de Policarpo Quaresma **S**46

LINKE, Lilo

   —Viajes **M**213

LINS, Osman

   J37

   —Narrativa **A**84

LISPECTOR, Clarice

   F72, **R**121

   —Narrativa **J**33, **J**41, **N**36, **S**1, **S**139

   Agua Viva **A**64

   "*Amor*" **J**33

   Onde estivestes de noite **J**43

   Um sopro de vida **J**42

   A Paixão Segundo G.H. **B**6

LISPECTOR, Elisa

   A última porta **J**32

LISCANO, Carlos

   El método carcelario y ... **R**6

   Memorias de la guerra reciente **R**6

   ¿Estarás nomás cargadas de futuro? **R**6

   Agua estancada y otras historias **R**6

LOAYZA, Luis

   —Narrativa **C**H14

LONDON, Jack

   —Narrativa **E**25

LOPE DE VEGA

   "La Venus de mármol" **C**156

LÓPEZ, Luis Carlos

   —Poesía **S**54, **V**71

LÓPEZ-ADORNO, Pedro

   Las glorias de su ruina **C**201

LÓPEZ ALBÚJAR, Enrique

   —Indio (como tema) **G**90

   —Narrativa **G**90

   La diestra de don Juan **C**H12

LÓPEZ DE PRIEGO, Antonio

   —Poesía **P**109

LÓPEZ VELARDE, Ramón

   R161

   —Poesía **E**47, **P**96, **P**99

   —Prosa **P**95

LOSADA, Alejandro

—Crítica literaria L103

LOUSTAUNAU, Fernando

Pot Pot V33

LOZZIA, Luis Mario

Domingo sin fútbol B67

LUGONES, Leopoldo

A128, R152

—Ensayo R16

—Poesía M144, P99

"Himno a la luna" C50

Las fuerzas extrañas S173

Lunario sentimental C126, P92, R174

Odas seculares C34

LUSSICH, Antonio D.

Los tres gauchos orientales A30

LYNCH, Benito

—Narrativa N2

LYNCH, Elisa Alicia

R139

M

MACÍAS, Elva

Imagen y semejanza M41

MACHADO DE ASSIS, Joaquim Maria

—Narrativa CH2, D64

Dom Casmurro C151, D55, LL3, M255

Helena L123

Memórias postumas de Bras Cubas B46

Yaya García G164

MAGDALENO, Mauricio

—Teatro S61

MALLARMÉ, Stephane

—Poesía S4

MALLEA, Eduado

P110

—Narrativa L88, L92, P120

Historia de una pasión argentina P49

La ciudad junto al río inmóvil M161

Posesión L94

Todo verdor perecerá C73

MANZANO, Juan Francisco

B85

MAÑACH, Jorge

 R46

MAPES, Erwin Kempton

 R150

MARCOS, Juan Manuel

 El invierno de Gunter S131

 Poemas y canciones B169

MARECHAL, Leopoldo

 Adán Buenosayres G180

MARIÁTEGUI, José Carlos

 —Indigenismo CH10

 —Indio F32

 Siete ensayos de interpretación de la realidad peruana F32

MARÍN, Juan

 S9

MARINO, Giambattista

 La Galeria C156

MARQUÉS, René

 B31, C157, G97

 —Narrativa C163

MARQUES PEREIRA, Nuno

 O peregrino da América C221

MÁRQUEZ, Selva

 —Poesía E51

MÁRQUEZ, Velia

 El Cuauhtémoc de plata R157

MARRERO ARISTY, Ramón

 Over S156

MARROQUÍN, Lorenzo y José María Rivas Groot

 Pax M118

MARTÍ, José

 B22, C83, K18, L49, L146, L151, M129, M131, P48, R44, S69, T7

 —Ensayo C153

 —Periodismo D34, L116, M33

 —Poesía C79, C80, D34, H13, J7, O3, O11, P98, R50, R181, S68

 —Prosa F21, M189, O3, R10

 —Traducido S142

 Amistad funesta P142, R45

 Ismaelillo H6, S45, S73

 "La niña de Guatemala" D34

 Versos sencillos R1

MARTÍN GAITE, Carmen

 —Narrativa D74

 El cuarto de atrás D74

MARTÍN-SANTOS, Luis

 Tiempo de destrucción S65

 Tiempo de silencio F16

Martínez, José Luis

—Crítica literaria C56

Martínez, Manuel

Tiempo, lugares y sueños U22

Martínez, Tomás Eloy

La novela de Perón F57

Martínez Estrada, Ezequiel

S84

—Ensayo C153, M15, Z6

—Teatro A77

Muerte y transfiguración de "Martín Fierro" R109

Martínez Moreno, Carlos

—Narrativa A28, F82

Martínez Sotomayor, José

El puente L32

Mártir de Anglería, Pedro

Décadas del Nuevo Mundo G54

Massis, Mahfud

Elegía bajo la tierra P121

Mastretta, Ángeles

Arráncame la vida Ll2

Mattos, Tomás de

¡Bernabé! ¡Bernabé! P8

Matute, Ana María

La torre vigía E30

Maya, Rafael

—Poesía Ch31

Mayas

—Narrativa V24

Mazzanti, Carlos

El sustituto L66, M151

Medinaceli, Carlos

La Chaskañawi T26

Meireles, Cecilia

M69

Mar Absoluto P42

Mejía Sánchez, Ernesto

—Poesía Ll4

Melgar, Mariano

—Poesía C179

Mendiola, Víctor Manuel

—Poesía M30

Mendoza, María Luisa

De Ausencia F101

Menéndez Pelayo, Marcelino

—Historia literaria O2

MERA, Juan León

   Cumandá C234

MÉXICO

   L34, L42, O35, S128

   —Historia G143

   —Indigenismo B69, V7

   —Narrativa G148, K19, L35, L46, S176, V7

   —Poesía L29, M28

   —Teatro A110

   —Viajes M213

   Colonial

   —Música popular H8

   Conquista

   —Crónicas G87

   Contemporánea R173, Z4

   —Autoras P51

   —Historia M214

   —Narrativa D59, F61, K17, M165, M180, S159, Z23

   —Poesía B134, D22, D71, G36, G147, V15, Z5

   —Revistas B134, D76, G36

   —Teatro R7, S61

   Precolombina L70

   Revolución mexicana B71

   —Historia D51, V19

   —Narrativa C224, G40, G77, L142

   Siglo XX

   —Historia G157

   —Narrativa L149

   —Poesía D9, F40

   —Revistas M100

   —Teatro D4, D13, L13

   Vanguardismo

   —Poesía G141, L153

   —Revistas D75

MEZA, Ramón

   Mi tío el empleado A113

MIR, Pedro

   —Poesía M93

   Cuando amaban las tierras comuneras B100

MIRÓ DENIS, Ricardo

   S28

MISTRAL, Gabriela

   B154, C94, K33, L150, M215, S119

   —Cartas J13, L152

   —Indio H5

   —Poesía H5, Y9

   "Cima" G85

   "La flor del aire" V57

   "Poema de Chile" N15

MITRE, Eduardo

   —Poesía Q4

ÍNDICE TEMÁTICO

Mogrovejo y de la Cerda, Juan

"La endiablada" Ch13, M188

Molina, Enrique

—Poesía O23, P88

Molloy, Sylvia

M193

En breve cárcel G28, M55, M220, V14

Monserrat, María de

El caballo azul C53

Montello, Josué

Os tambores de São Luis J35

Montenegro, Ernesto

—Ensayo C110

Montero, Felipe

Terra nostra P23

Monterroso, Augusto

—Narrativa M50

Montes de Oca, Marco Antonio

—Poesía F75

Delante de la luz cantan los pájaros S90

Montes Huidobro, Matías

Desterrados al fuego E46, R68

Exilio E46

Mora, José Joaquín de

R223

Morábito, Fabio

—Poesía M30

Moreno, Marvel

En diciembre llegaban las brisas O17

Moreno-Durán, Rafael Umberto

Feina suite (Trilogía) M251

Moro, Tomás

Utopía D84

Mourão, Rui

Cidade calaboço J30

Moyano, Daniel

—Narrativa G62, R77

Libro de navíos y borrascas S183

El fuego interrumpido C69

Mujer M64

Mujica Láinez, Manuel

—Narrativa F69

El unicornio F27

Muñoz, Alicia

—Teatro M24

Muñoz, Elías Miguel

Crazy Love P139

MURENA, H. A.

J10, L3

—Ensayo F113

—Narrativa D39, F113

Las leyes de la noche L93

Relámpago de la duración L3

MURÚA, Martín de

Historia general del Perú O10

MÚSICA Y LITERATURA

B84, M245

MUTIS, Alvaro

—Poesía C137, R209

La última escala del Tramp Steamer O19

MUTIS DURÁN, Santiago

La novia enamorada del cielo B99

Tu también eres de lluvia B99

N

NABUCO, Joaquim

E34

NÁHUALT

S87

NANDINO, Elías

Nocturno día R146

NARANJO, Carmen

M143

—Narrativa P107

NARRATIVA

P149

NASCIMENTO, Abdias do

Sortilégio C25

NEALE-SILVA, Eduardo

R189

NEJAR, Carlos

A árvore do mundo J36

NERUDA, Pablo

A136, C168, C169, C197, C206, C214, F50, M247, N21, R55, R100, V63

—Cartas S32

—Poesía A37, C170, F31, K25, L156, L159, M242, N8, P17, R107, S31

"Alturas de Macchu Picchu" L154

Canto general F71, R56, Y13

"El empalado" G113

El habitante y su esperanza C202

El hondero entusiasta L158

Fin de mundo B77

La barcarola A57, A93

"La muerte" G113

La rosa separada R54

Memorial de Isla Negra G116, R53

"Oda con un lamento" B152

Residencia en la tierra K44, P147, S101

Tentativa del hombre infinito L157

NERVO, Amado

L152

—Poesía L41

El estanque de los lotos D30

NEZAHUALCÓYOTL

L31

NICARAGUA

S12

Conquista

—Crónicas R79

Ensayo C154

Mitología U21

Narrativa A112, L26

Poesía M198, U13

—Poesía "femenina" Z9

Teatro G1, L26, P77, V6

NOGALES, Lydia

A49

NOVÁS CALVO, Lino

—Narrativa B88

NOVELA

E28, G162, L39, S34

Novo, Salvador

D73

—Poesía F86, P2

Yocasta, o casi F86

O

O'HARA, Edgar

Lengua en pena F34

OBLIGADO, Pastor S.

Tradiciones argentinas A96

OCAMPO, Silvina

—Narrativa B16

OCAMPO, Victoria

V27

El archipiélago L169

Testimonios B60, G7

ODIO, Eunice

Los elementos terrestres A47

OLAVIDE Y JÁUREGUI, Pablo de

S30

OLMEDO, José Joaquín de
—Poesía G20, T20
La victoria de Junín M205

ONETTI, Juan Carlos
F112, V37
—Narrativa A7, C167, L8, M55
"El infierno tan temido" R28
Cuando entonces F17, M51
Dejemos hablar al viento D53
El astillero D45
El pozo Y8
Juntacadáveres F116
La vida breve M168
Los adioses P85, P130

OÑA, Pedro de
Arauco domado D81

OREAMUNO, Yolanda
La ruta de su evasión V5

ORIBE, Emilio
—Poesía A48

OROZCO, Olga
—Poesía L109
En el revés del cielo M258

ORPHÉE, Elvira
Aire tan dulce D48, M187

ORTEGA, Julio
—Teatro F93

ORTEGA Y GASSET, José
G127

ORTIZ, Fernando
—Etnología I1

ORTIZ, Juan L.
—Poesía S92

OSORIO, Amílcar
—Poesía J5

OTERO SILVA, Miguel
Lope de Aguirre, príncipe de la libertad M32

OTHÓN, Manuel José
—Poesía M178

OVALLE, Alonso de
Histórica relación del reino de Chile D88

OVIEDO, Gonzalo Fernández de
Historia general G54

OWEN, Gilberto
—Poesía D21

P

PACHECO, José Emilio

—Narrativa **B**148

—Poesía **G**142

El principio del placer **P**20

PADILLA, Heberto

En mi jardín pastan los héroes **R**8

Fuera del juego **S**16

PAGANO, Mabel

Trabajo a reglamento **F**11

PALACIO, Pablo

—Narrativa **C**187

"Un hombre muerto a puntapiés" **Q**2

PALÉS MATOS, Luis

Puerta al tiempo en tres voces **M**239

PALLAIS, Azarias

En la nueva nicaragua **U**20

PALMA, Clemente

—Ensayo **C**82

PALMA, Ricardo

P114

"No hay trampa con el demonio" **G**18

Tradiciones peruanas **D**86, **G**19

PANAMÁ

—Dialectología **C**40

PANÉ, Ramón

Relación acerca de las antigüedades de los indios **G**123

PARAGUAY

B24, **B**25

—Exilio **M**267

—Indio **L**67

Contemporánea

—Narrativa **M**267

Siglo XIX

—Historia **R**139

Vanguardismo **R**88

PAREJA DIEZCANSECO, Alfredo

—Narrativa **R**39

PARENTE CUNHA, Helena

Woman Between Mirrors **B**167

PARRA, Nicanor

—Poesía **B**132, **M**42, **M**242, **S**21

La cueca larga **A**50

PARRA, Teresa de la

Ifigenia **A**34

PARTNOY, Alicia

The little school **B**91

PASO, Fernando del

—Narrativa **F41**

José Trigo **B54, L**134

PASOS, Joaquín

—Poesía **C**117

PAZ, Octavio

B26, **E**3, **G**172, **L**54, **L**55, **R**166, **U**2, **V**40, **V**62, **X**1

—Crítica literaria **L**43

—Ensayo **A**43, **F**108, **G**159, **L**34, **M**8, **P**101, **R**110

—Poesía **C**47, **D**70, **F**105, **F**108, **G**106, **L**64, **L**65, **M**17, **M**260, **N**13, **S**83, **S**197, **Y**2, **Y**12

"Aspa" **L**53

"Bajo tu clara sombra" **G**83

Blanco **L**52, **P**9, **P**87

"Concorde" **L**53

Children of the Mire **M**138

El arco y la lira **R**99

La hija de Rappaccini **C**55

"Máscaras mexicanas" **A**47

Pasado en claro **L**113, **P**102

Piedra de Sol **F**19, **M**79, **P**1

Primeras letras **V**43

Topoemas **P**100

PAZ, Edmundo

Las máscaras de la nada **M**273

PAZ, Senel

Un rey en el jardín **M**266

PAZOS, Julio

—Poesía **J**4

PEDREIRA, Antonio S.

Insularismo **C**158

PELLICER, Carlos

—Poesía **M**137, **R**153, **Z**1

PEMÁN, José María

"Homenaje a Antonia Mercé. 'La Argentina'" **A**26

PERALTA, Alejandro

—Poesía **P**10

PERALTA BARNUEVO, Pedro de

R221

PÉREZ GALDÓS, Benito

Tormento **A**86

PÉREZ TORRES, Raúl

—Narrativa **P**82

PERI ROSSI, Cristina

S24

El libro de mis primos **V**41

Solitario de amor **G**79, **R**76

Cosmoagonías **E**36

PERÚ

P66

—Historia **D86**

—Indigenismo **Ch10, V25**

—Indio **F32**

—Neoindigenismo **C180**

Colonial **M206**

—Crónica **Ch22**

—Indio **Ch22**

—Plástica **M132**

—Poesía **R90, R186**

—Revistas **R222**

Contemporánea **P115**

—Poesía, **M97, Z13**

Emancipación **C179**

—Historia **M203**

Modernismo

—Revistas **C82**

Siglo XX

—Indigenismo **W17**

PETRARCA, Francisco

—Poesía **C155**

PEZOA VÉLIZ, Carlos

—Poesía **T21**

PEZZONI, Enrique

M197

PICÓN SALAS, Mariano

L148

PIGLIA, Ricardo

Respiración artificial **E8**

Nombre falso **G80**

PIGNATARI, Décio

—Poesía **M5**

PINEDA BOTERO, Alvaro

Trasplante a Nueva York **B164**

PINEDA Y BASCUÑÁN, Núñez de

Cautiverio feliz **A72**

PINELO, Antonio de León

Epítome de la Bibliografía Oriental y Occidental, Náutica y Geográfica **C200**

PINTO, Gilberto

Los fantasmas de Tulemón **D19**

PIÑERA, Virgilio

—Narrativa **F28, I2**

—Teatro **C77**

PIÑON, Nélida

—Narrativa **P111**

A casa da paixão **M208**

A força do destino **N33**

O calor das coisas **N37**

PIRANDELLO, Luigi
—Teatro K43

PITA, Juana Rosa
Viajes de Penélope B27

PITA RODRÍGUEZ, Félix
—Poesía G111

PITOL, Sergio
—Narrativa K40
Domar a la divina garza G32

PIZARNIK, Alejandra
—Poesía L19
"El hombre del antifaz azul" C18

PLÁSTICA Y LITERATURA
F52, G21

POESÍA
M70

POMBO, Rafael
L86

POMPÉIA, Raúl
O Ateneu C166

PONIATOWSKA, Elena
—Testimonio A68
Hasta no verte Jesús mío K46, L11, L59

PORTOCARRERO, Elena
La multiplicación de las viejas CH15

PORTUGUESA, lengua
B10, CH35

POSSE, Abel
—Narrativa G31

POSTMODERNIDAD
T13
—Narrativa M53

PRADA OROPEZA, Renato
—Narrativa T6
Los fundadores del alba E11, V36

PRATES PICCOLI, Elbio
De um Mealheiro de Histórias M210

PROUST, Marcel
—Narrativa V5
A la recherche du temps perdu D61

PUBLICACIONES
R32, R33

PUERTO RICO
B1, C2, O6
—Autoras S18
—Cultura F76
Contemporánea B2

—Narrativa G91

—Teatro D8

—Vida cultural A130

Modernismo

—Poesía R226

PUEYRREDÓN, Victoria

Acabo de morir R87

PUIG, Manuel

B4, C177

—Narrativa B141, G144, L124, L129, M114, M115, O44, P27

Boquitas pintadas A86, S10, S48

El beso de la mujer araña C140, E4, M265, R22

La traición de Rita Hayworth B108, C66, M269, P27

Pubis angelical B93, L89

Sangre de amor correspondido B5, M264

Q

QUECHUA (lengua)

—Española, y lengua H9, R2

QUECHUA, poesía

H9

QUINTANA

—Poesía T20

QUIROGA, Facundo

K6

QUIROGA DE, Giancarla

De angustias e ilusiones M274

QUIROGA, Horacio

A131

—Narrativa C132, E19, E25, P32

"El almohadón de plumas" G11

"El crimen del otro" G12

QUIROGA SANTA CRUZ, Marcelo

Los deshabitados P127

R

RADRIGÁN, Eric

—Teatro P50

RAMA, Ángel

Z11

—Crítica literaria M59

RAMOS, José Antonio

—Teatro M227

RAMOS, Lilia

C11

Ramos Otero, Manuel

   El cuento de la mujer del mar **B**32

Ramos Sucre, José Antonio

   —Poesía **R**247, **S**201

Real de Azúa, Carlos

   H4

Realismo mágico

   G120

Rein, Mercedes

   Blues los domingos **G**39

   El poder **P**73

Relación de un ciego

   B162

República Dominicana

   —Dictadura (como tema) **K**9

   —Historia **L**17

   —Lengua **N**7

   —Mesianismo **C**5

   —Narrativa **P**145

   —Poesía **B**97, **D**27

   —Teatro **R**197

   Contemporánea

   —Narrativa **B**35, **F**30, **O**8

   —Poesía **B**9, **P**143, **P**144

   —Revistas **O**9

Reseñas literarias

   C136

Reverdy, Pierre

   —Poesía **B**51

Revueltas, José

   —Narrativa **N**19

Reyes, Alfonso

   A135, **B**119, **H**64, **R**64, **R**65, **R**66, **R**176, **S**38

   —Autobiografía **S**57

   —Cartas **R**63, **Z**2

   —Ensayo **R**61

   —Narrativa **L**38, **R**62

   —Teoría literaria **L**38, **M**240, **R**160

Reyes, Jaime

   La oración del ogro **V**15

Reyles, Carlos

   R83

   —Ensayo **O**40

Ribeiro, João Ubaldo

   Vila Real **S**125

Ribeyro, Julio Ramón

   Crónica de San Gabriel **G**51

Ricci, Julio

   —Narrativa **M**164, **U**3

Cuentos civilizados **C**145

El grongo **V**38

RIVA PALACIO, Vicente

—Narrativa **L**28

RIVAS, José Luis

Tierra nativa **V**15

RIVAS GROOT, José María y Lorenzo MARROQUÍN

Pax **M**118

RIVERA, José Eustasio

M130

La vorágine **C**28, **F**83, **M**195, **P**40

RIVERO, Eliana

Cuerpos breves **C**122

ROA BASTOS, Augusto

S138

—Narrativa **A**88, **A**133, **R**210

Hijo de hombre **A**87, **F**90, **M**218

Moriencia **L**102

Yo el supremo **B**7, **M**34

RODÓ, José Enrique

C212, **R**118

—Cartas **F**78

—Ensayo **R**105

RODRÍGUEZ ALCALÁ, Hugo

—Ensayo **R**142

RODRÍGUEZ JULIÁ, Edgardo

La noche oscura del Niño Avilés **G**98

RODRÍGUEZ MONEGAL, Emir

—Crítica literaria **B**112, **R**184

RODRÍGUEZ TORRES, Carmelo

La casa y la llama fiera **O**42

ROJAS, Gonzalo

—Poesía **B**173, **H**62

La miseria del hombre **D**3

"La salvación" **C**204

Oscuro **C**139, **J**11

ROJAS, Manuel

R127, **S**120

Punta de rieles **R**74

ROJAS, Ricardo

C37, **G**74, **H**44, **M**257, **P**4

—Crítica literaria **C**84

—Ensayo **S**170

—Historia literaria **M**211

—Teatro **C**84

ROJAS GONZÁLEZ, Francisco

—Narrativa **S**157

Rojas Herazo, Héctor

—Poesía **R**209

Respirando el verano **M**159

Roggiano, Alfredo

C184

Rokha, Pablo de

R195

Romero, Armando

—Poesía **E**50

La casa de los vespertilios **C**12

Las combinaciones debidas **V**12

Romero, Francisco

—Filosofía **T**10

Teoría del hombre **A**127

Romero, José Rubén

La vida inútil de Pito Pérez **H**53

Romero de Terreres, Manuel

—Teatro **D**5

Rose, Juan Gonzalo

Hallazgos y extravíos **M**134

Rosencof, Mauricio

Teatro escogido **C**116

Rousseau, Jean Jacques

La Nouvelle Héloïse **C**63

Rovinski, Samuel

Ceremonia de casta **C**57

Rubiao, Murilo

—Narrativa **S**75

Rubín, Ramón

El callado dolor de los tzotziles **B**69

Rulfo, Juan

G110, **K**11, **R**3

—Guiones de cine **B**133

—Narrativa **B**58, **F**6, **H**10, **H**43, **J**14, **L**141, **R**245

El gallo de oro **B**133, **G**109

El llano en llamas **K**39

"La vida no es muy seria en sus cosas" **R**228

"No oyes ladrar los perros" **K**7

Pedro Páramo **B**54, **B**57, **C**42, **F**6, **F**24, **F**119, **G**184, **L**76, **U**24, **V**69

Rusia

—Bibliografías **E**16

Russell, Dora Isella

Oleaje **P**54

S

SAAVEDRA MOLINA, Julio

—Cartas C134

—Teoría literaria C134

SÁBATO, Ernesto

B8, D43, H49, M18, M230

—Narrativa B150, D44, G67, K4, M95, M229, S88, S102, U11

Abaddón el exterminador F92, L118, S97

El túnel F36, M126, N3, S89, 2182

Sobre héroes y tumbas C128, H51, H52, H59, M61, M259, S97, U14

—Pintura F12

SÁENZ, Jaime

—Narrativa T1

—Poesía T2

SAÉNZ, Vicente

—Ensayo O48

SAER, Juan José

—Narrativa S184

El limonero real J17

Glosa G78

SAHAGÚN, Bernardino de

Historia general de las cosas de la Nueva España G57

SAINZ, Gustavo

D90

—Narrativa B161

La princesa del Palacio de Hierro N29

SÁNCHEZ, Luis Alberto

CH8

SÁNCHEZ, Luis Rafael

—Narrativa C160

—Teatro G43

La guaracha del Macho Camacho B29, L132

La importancia de llamarse Daniel Santos C165

SÁNCHEZ, Néstor

S34

Cómico de la lengua G5

El amhor, los Orsinis y la muerte B137

SANCHO, Mario

—Ensayo O48

SÁNDOR, Malena

Yo me divorcio, papá D29

SANÍN CANO, Baldomero

C132

SANTA CRUZ, Joan de

Relación de antigüedades deste reyno del Pirú P154

SANTIVÁN, Fernando

—Memorias S109

SANTO TOMÁS, Domingo de

A12

SARDUY, Severo

G118, G119, P135, S49

—Ensayo S50

—Narrativa G61, M222, V67

Barroco R203

Cobra L77, M47, R58

Colibrí M145, P136

De donde son los cantantes M141, M161, R58, U5

El Cristo de la Rue Jacob C209

"El seguro" G129

Maitreya L81, M68

Nueva inestabilidad C209

SARMIENTO, Domingo Faustino

A101, A108, B43, C65, G139, K4, M131, N26, R217, S6

—Ensayo P46

—Indio Z8

Argirópolis R126

Facundo A97, B37, G38, G130, L143, R9, S161, Z18

Las ciento y una P134

Recuerdos de provincia M196, N31

SCALABRINI ORTIZ, Raúl

El hombre que está solo y espera L108

SCORZA, Manuel

—Narrativa C180

Cantar de Agapito Robles E22

El jinete insomne E22

Historia de Garabombo, el invisible E17

SCHMIDHUBER, Guillermo

—Teatro R200

SCHOPENHAUER

El mundo como voluntad y representación B80

SCHOPF, Federico

Escenas de peep-show N16

SEGURA, Manuel Ascencio

—Teatro Z12

SELVA, Salomón de la

—Poesía P2, W12

SEMPRÚN, Jorge

Autobiografía de Federico Sánchez A68

SERENO, Eugênia

O Pássaro da Escuridão (Romance antigo de uma cidadezinha brasileira) M256

SHIMOSE, Pedro

—Poesía M185

SIGÜENZA Y GÓNGORA, Carlos de

S100

SILVA, Alfonso de

—Cartas M108

SILVA, José Asunción

O18

—Poesía A132, G59, M118, M119, R215, S81

—Narrativa R215

De sobremesa L147, V55

Intimidades M119

SINÁN, Rogelio

C16

SKARMETA, Antonio

Match Ball C150

SOCA, Susana

L145

SOLARES, Ignacio

El árbol del deseo U8

SOLER PUIG, José

—Narrativa R29

SOLÓRZANO, Carlos

—Teatro F20

SOLÓRZANO PEREIRA, Juan de

—Derecho C61

SOMERS, Armonía

S155

La mujer desnuda R129

SORIA GAMARRA, Oscar

"Seis veces la muerte" C4

SOSA, Roberto

Hasta el sol de hoy (Antología) C118

SOSA LÓPEZ, Emilio

—Poesía Z21

Mundo de dobles C27, R18

SOTO, Luis Emilio

L155

SOUSA, Salomão

A moenda dos dias M209

SPELL, Jefferson Rea

S174

STEVENSON, Robert L.

A142

STORNI, Alfonsina

K33

Cimbelina de 1900 y pico D29

SUARDÍAZ, Luis
—Poesía L138

SUÁREZ LYNCH, B.
Un modelo para la muerte M7

SUDAMÉRICA
—Policial G117
Siglo XIX
—Filosofía O58

SURREALISMO
O26

SWEDENBORG, Emanuel
A92

T

TABLADA, José Juan
—Poesía D70, M144, M183, P99

TALCIANI, Jaime
La vida de nadie S123

TARIO, Francisco
Una violeta de más M133

TEATRO
A80

TEHUELCHES
Contemporánea
—Narrativa V22

TEORÍA LITERARIA
E33, F5, G89, G162, J19, J20, J28, K24, M45, M173, M174, M236, P60, P84, P132, R117, S146, U15, U18, W4

TESTIMONIO
A68

TORRE BODET, Jaime
—Poesía D7

TORRES, Anabel
—Poesía A102

TORRES BODET, Jaime
D73, R159
—Poesía D7
Sin tregua F77

TORRES RIOSECO, Arturo
R80, R167
—Poesía R156
Autobiografía R156
Cautiverio P55
Madurez de la muerte C100

TORRI, Julio
K27, Z2, Z3
—Prosa K32

Traba, Marta

P122

Trevisan, Dalton

—Narrativa W6

Triana, José

—Teatro E45, W11

La noche de los asesinos N18

Troyo, Rafael Angel

S72

Truscott, Lucian K., IV

Dress Gray D28

U

Ulacia, Manuel

—Poesía M30

Umaña Bernal, José

—Poesía CH31

Umpierre, Luz María

... Y otras desgracias. And Other Misfortunes ... P78

The Margarita Poems C113

Unamuno, Miguel de

A129, A134

—Crítica literaria M171

Unión Soviética

Contemporánea

—Crítica literaria V63

Urbina, Luis G.

B159, S8

—Reseñas F87

Ureña, Salomé

—Poesía L12

Uruguay

Z26

—Gauchesca N1

—Revistas literarias A35

Modernismo

—Poesía A8

Siglo XIX

—Gauchesca W10

—Teatro D77

Siglo XX

—Narrativa A32, V46

—Poesía A8, P44

—Revistas P36

—Teatro A90, L50

Vanguardismo

—Poesía R120

—Revistas V52

Urzagasti, Jesús

Tirinea G50, T1

URZÚA, María

   Altovalsol S116

USIGLI, Rodolfo

   —Teatro G107, S61, S151

   El gesticulador M244

   Ensayo de un crimen S180

USLAR PIETRI, Arturo

   "El fuego fatuo" P35

V

VALENCIA, Guillermo

   —Poesía S55

VALENZUELA, Luisa

   V2

   —Narrativa O14

   Cambio de armas C10

   Cola de lagartija P22, U10

   Como en la guerra M62

   El gato eficaz M23

VALERY, Paul

   B122

   L'Ame et la Danse A26

VALLBONA, Rima de

   —Narrativa CH33

VALLE, Rafael Heliodoro

   T9

VALLE GOICOCHEA, Luis

   —Poesía CH17

VALLE-INCLÁN, Ramón del

   —Narrativa E44

VALLEJO, César

   L16, M104, M107, M109, M110, N12, O22, O53, R165, T15

   —Cartas M108

   —Ensayo C223, M106

   —Indigenismo P28, R124

   —Narrativa C85

   —Periodismo S29

   —Poesía B75, C223, F105, H42, M96, M103, M105, M111, M101, M112, M117, P80, Z15

   —Teatro C144, E23

   —Traducido M102

   Poemas humanos H39, M102

   Trilce C127, M111, O25, M101, O55

   Trilce LXIV N9

   Trilce LXXV N9

   Trilce XLIX N9

   Trilce XXV N11

   Tungsteno C85

ÍNDICE TEMÁTICO

VALVERDE, Umberto

   Celia Cruz: Reina Rumba **M**19

   En busca de tu nombre **M**19

VANGUARDISMO

   B49

   —Poesía **O**31, **Y**18

VARGAS, Germán

   —Periodismo **G**63

VARGAS LLOSA, Mario

   —Narrativa **E**28, **G**144

   Conversación en la catedral **F**109

   La casa verde **M**231

   La ciudad y los perros **D**28

   La guerra del fin del mundo **B**95, **M**12, **M**149

   La tía Julia y el escribidor **P**151, **R**22

   Los cachorros **F**47, **O**49

   Pantaleón y las visitadoras **R**231

   ¿Quién mató a Palomina Molero? **O**34

   El elogio de la madrastra **R**31

VASCONCELOS, José

   G157

   La raza cósmica **M**123

VASSEUR, Alvaro Armando

   —Poesía **A**8

VAZ FERREIRA, María Eugenia

   —Poesía **K**15

VÁZQUEZ, Juan Adolfo

   P131

VÁZQUEZ, María Esther

   Desde la niebla **R**190

VÁZQUEZ DÍAZ, René

   La era imaginaria **M**56

VEGA, Ana Lydia

   B34

VEGA, Daniel de la

   Confesiones imperdonables **S**121

VEGA, Garcilaso de la

   —Poesía **L**71

VEGA, Inca Garcilaso de la

   Comentarios reales **B**92, **D**84, **D**88, **O**30, **P**150, **Z**10

   La florida del Inca **R**128

VELA, Arqueles

   Poemontaje **M**136

VELARDE, Fernando

   Las flores del desierto **R**89

VÉLEZ DE PIEDRAHITA, Rocío

   La cisterna **L**87

VELOZ MAGGIOLO, Marcio

—Narrativa **K**9

De abril en adelante **L**17

VENEZUELA

Contemporánea

—Teatro **M**84

Siglo XX **M**175

Vanguardismo **C**58

VERA, Pedro

El pueblo soy yo **M**76

VERGÉS, Pedro

Sólo cenizas hallarás (bolero) **C**231

VERLAINE, Paul

"Crimen Amoris" **C**H32

VIANA, Javier de

"La tísica" **K**20

VIDALES, Luis

Suenan timbres **C**H31

VIELE-GRIFFIN, Francis

"Sainte Agnès" **A**26

VILARIÑO, Idea

No **L**130

VILLAURRUTIA, Xavier

M170

—Teatro **K**43, **R**52, **S**61, **S**95

Nostalgia de la muerte **M**49

Reflejos **M**252

VILLAVERDE, Cirilo

Excursión a Vueltabajo **B**87

VILLEGAS, Víctor Hugo

Chuño Palma, novela de cholos **T**26

VINYES, Ramón

G63

Entre sambas y bananas **A**17

VIÑAS, David

—Crítica literaria **R**15

—Narrativa **D**39, **R**15

Los años despiadados **B**66

Los hombres de a caballo **C**44

VITIER, Cintio

—Ensayo **S**43

—Poesía **H**27

La fecha al pie **C**125

VODANOVIC, Sergio

Deja que los perros ladren **V**50

VON VACANO, Arturo

Morder el silencio **P**126

W

WALSH, Rodolfo
—Narrativa **A**67, **A**68

WHITMAN, Walt
M131

WIETHÜTCHER, Blanca
—Poesía **O**15

WILCOCK, Juan Rodolfo
B17
—Narrativa **B**16

WILLIAMS, Williams Carlos
Spring and all **C**13

WOLFF, Egon
C115

WOOLF, Virginia
Orlando **L**74

Y

YÁNEZ COSSÍO, Alicia
Yo vendo unos ojos negros **H**7

YÁÑEZ, Agustín
L46
—Narrativa **B**160, **M**154
Al filo del agua **B**54, **C**176, **J**2, **M**161
La tierra pródiga **G**112
Las tierras flacas **A**21

YÁÑEZ, Ricardo
Escritura sumaria **V**15

YUPANQUI, Titu Cusi
Relación de la Conquista del Perú **P**154

YURKIEVICH, Saúl
—Narrativa **Y**14

Z

ZALAMEA, Jorge
—Poesía **CH**31

ZAMBELLI, Hugo
De la mano del tiempo **C**142

ZAMORA, Bernice
Restless Serpents **N**30

ZAPATA OLIVELLA, Manuel
La calle 10 **H**23

Zea, Leopoldo

   M20

   —Ensayo R94

Zenea, Juan Clemente

   —Poesía V60

Zepeda, Eraclio

   Andando el tiempo M39

www.ingramcontent.com/pod-product-compliance
Lightning Source LLC
Chambersburg PA
CBHW071410300426
44114CB00016B/2249